Acquisition.com Band II

100 Millionen Dollar Leads

Wie Sie Fremde dazu bringen,
Ihre Sachen kaufen zu wollen

ALEX HORMOZI

Acquisition.com, LLC

7710 N FM 620
Building 13C, Suite 100

Austin, TX 78726

HAFTUNGSAUSSCHLUSS

Der Inhalt dieses Buches dient dazu, hilfreiche Informationen zu den behandelten Themen zu liefern. Dieses Buch ist nicht für die Diagnose oder Behandlung von Krankheiten gedacht und sollte auch nicht dafür verwendet werden. Die Zahlen in diesem Buch sind theoretisch und dienen nur zur Veranschaulichung. Der Herausgeber und der Autor sind nicht verantwortlich für Handlungen, die Sie aufgrund der Lektüre dieses Buches vornehmen oder nicht vornehmen, und haften nicht für Schäden oder negative Folgen, die sich aus Handlungen oder Untätigkeit für Personen ergeben, die die Informationen in diesem Buch lesen oder befolgen. Die Verweise dienen nur zu Informationszwecken und stellen keine Befürwortung von Websites oder anderen Quellen dar. Die Leser sollten sich auch bewusst sein, dass sich die in diesem Buch aufgeführten Websites ändern oder veralten können.

Leitprinzipien

Tue mehr.

Danksagungen

An Trevor:

Danke für deine wahre Freundschaft. Vielen Dank für deinen unermüdlichen Einsatz, die Ideen aus meinem Kopf zu extrahieren. Und für deine anhaltende Unterstützung bei der Tötung des Nihilismus-Monsters.
Die Leute sagen, man hat Glück, wenn man in seinem ganzen Leben einen echten Freund hat. Danke, dass du der beste Freund bist, den ein Mann sich wünschen kann.

An Leila:

Auch wenn Lady Gaga es zuerst gesagt hat, ist es dadurch nicht weniger wahr.
„Du hast das Licht in mir gefunden, das ich nicht finden konnte.
Der Teil von mir, der du bist, wird niemals sterben."

Inhaltsverzeichnis

Abschnitt I: Beginnen Sie hier

„Es ist schwer, arm zu sein, wenn einem die Leads direkt vor der Tür stehen"
— Hormozi Familien-Jingle

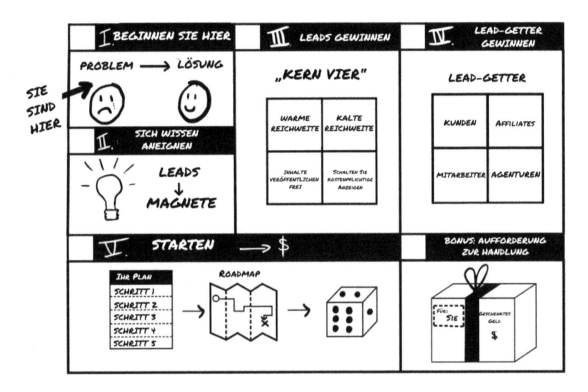

Um Geld zu verdienen, muss man Sachen verkaufen. Es scheint einfach genug, aber jeder versucht, direkt zum Abschnitt „Geld verdienen" zu springen. Es funktioniert nicht. Ich habe es versucht. Man braucht alle Abschnitte. Sie brauchen das Zeug zum Verkauf – ein Angebot. Sie brauchen Leute, an die Sie es verkaufen können – Leads. Dann muss man diese Leute dazu bringen, es zu kaufen – Verkäufe. Erst wenn Sie alle diese Voraussetzungen erfüllt haben, *dann* können Sie Geld verdienen.

Mein erstes Buch, „$100M Offers" („100 Millionen Dollar Angebote"), behandelt den ersten Schritt und gibt Ihnen das *Zeug* dazu. Es beantwortet die uralte Frage *„Was soll ich verkaufen?"*. Antwort – ein so gutes Angebot, dass die Leute sich dumm fühlen, wenn sie Nein sagen. Aber Fremde können Ihre Sachen nur kaufen, wenn sie wissen, dass es Sie gibt. Dies erfordert Leads. „Leads" bedeuten für viele verschiedene Menschen viele verschiedene Dinge. Aber die meisten sind sich einig, dass sie der erste Schritt sind, um mehr Kunden zu gewinnen. Einfacher ausgedrückt bedeutet es, dass sie das Problem lösen und das Geld ausgeben müssen.

Wenn Sie dieses Buch lesen, wissen Sie bereits, dass Leads nicht auf magische Weise entstehen. Sie müssen Sie sich holen. Genauer gesagt müssen Sie ihnen helfen, Sie zu finden, damit sie Ihre Sachen kaufen können! Und das Beste daran ist, dass Sie nicht warten müssen – Sie können sie *zwingen*, Sie zu finden.

Das macht man durch Werbung. **Werbung**, *der Prozess der Bekanntmachung*, informiert Fremde über die Dinge, die Sie verkaufen. Wenn mehr Leute von den Dingen erfahren, die Sie verkaufen, dann verkaufen Sie mehr davon. Wenn Sie mehr Sachen verkaufen, verdienen Sie mehr Geld. *Wenn man viele Leads hat, ist es schwer, arm zu sein.*

Mit Werbung können Sie ein schreckliches Produkt haben ... und trotzdem Geld verdienen. Sie können noch so schlecht verkaufen ... und trotzdem Geld verdienen. Damit können Sie eine Menge Fehler machen und *trotzdem. Geld. verdienen.* Kurz gesagt, wenn Sie über diese Fähigkeit verfügen, haben Sie endlose Chancen, es *richtig zu machen.*

Und in der gnadenlosen Geschäftswelt ist es schwierig, eine zweite Chance zu bekommen. Sie können also genauso gut in die Vollen gehen. *Werbung ist eine Fähigkeit, die es wert ist, erworben zu werden.*

Und dieses Buch, „100 Millionen Dollar Leads", zeigt Ihnen *genau*, wie es geht.

***

„100 Millionen Dollar Leads" basiert auf der Grundlage meines ersten Buches *„100 Millionen Dollar Angebote".* Es wird davon ausgegangen, dass Sie bereits ein *Grand-Slam-Angebot* zum Verkauf haben – die entsprechenden Sachen. Sobald Sie ein Verkaufsangebot haben, entsteht das nächste Problem - *An wen verkaufe ich es?* Dieses Buch ist meine Antwort auf diese Frage. Leads. Viele Leads.

Und bevor man weiß, wie man Leads bekommt, ist das Leben *Mist.* Sie wissen nicht, woher Ihr nächster Kunde kommt. Sie kämpfen darum, die Miete zu decken und Rechnungen zu bezahlen. Sie haben Angst davor, Leute zu entlassen, Essen auf Ihren Tisch zu bringen und ... *unterzugehen.* Sie geben Ihr Bestes, um erfolgreich zu sein, und andere lachen Sie aus, wenn Sie es versuchen. Es fühlt sich an wie der Tod. Ich war dort. Ich verstehe es. Dieses Buch versetzt Sie in eine bessere Situation. Eine, bei der Sie mehr Leads haben, als Sie bearbeiten können, und mehr Geld, als Sie ausgeben können.

Hier zeige ich Ihnen folgendes:

Erstens wird erklärt, wie Werbung funktioniert.

Zweitens werden die vier Grundprinzipien zur Gewinnung von Leads aufgezeigt.

Drittens wird Ihnen gezeigt, wie Sie andere Menschen dazu bringen können, Werbung für Sie zu machen.

Abschließend erhalten Sie einen Werbung-Auf-Einer-Seite-Plan (One-Page-Werbung), mit dem Sie Ihr Geschäft *heute* ausbauen können.

***

Sobald Sie wissen, wie Sie Leads gewinnen, wird das Leben leichter.

Was die Frage betrifft, warum Sie mir blind zuhören sollten, wenn es darum geht, mehr Leads zu erhalten – tun Sie es nicht. Bilden Sie sich Ihre eigene verdammte Meinung! Aber ganz im Sinne des Mottos „Lass' den Worten Taten folgen", ist hier meine Erfolgsbilanz:

Über meine Holdinggesellschaft Acquisition.com werbe ich in verschiedenen Branchen. Unser Portfolio umfasst Software, E-Commerce, Unternehmensdienstleistungen, Verbraucherdienstleistungen, stationäre Ketten, digitale Produkte und viele andere. Zusammen erwirtschaften sie einen Jahresumsatz von über 250.000.000 US-Dollar. Und das erreichen sie, indem sie mehr als 20.000 Leads pro Tag gewinnen und Angebote von 1 bis über 1.000.000 US-Dollar verkaufen.

Persönlich gesehen habe ich eine lebenslange durchschnittliche Werberendite von 36:1. Das heißt, für jeden Dollar, den ich für Werbung ausgebe, bekomme ich 36 Dollar zurück. Eine Rendite von 3600 %. Manche Menschen haben ihr Vermögen an der Börse aufgebaut. Andere im Immobilienbereich. Ich habe meines mit Werbung aufgebaut.

Dieses Jahr habe ich im Alter von 32 Jahren ein Nettovermögen von über 100.000.000 US-Dollar erreicht. Und wenn Sie aus der Zukunft kommen, dann in US-Dollar des Jahres 2022. Was zu meiner großen Bestürzung ganz ohne Flyer passierte. Keine Auszeichnungen. Keine Paraden. Ich bin immer noch 2000x ärmer als der reichste Mann der Welt. Mein Leben ist ziemlich gleich. Ich bin immer noch gleich groß, mit derselben Frau verheiratet und werde schneller grau als damals, als ich arm war.

Auf diesen Seiten teile ich die Fähigkeiten, die für den Großteil meines materiellen Erfolgs verantwortlich sind. Ich habe alles mit den Werbemethoden erreicht, die Sie in diesem Buch finden. Ich habe nichts ausgelassen. Dies ist kein Buch mit Theorien oder Sesselanalysen. Dieses Buch baut auf dem auf, was für mich funktioniert hat. Und ich habe es in der Hoffnung geschrieben, dass es für Sie noch besser funktioniert.

Um eine Frage zu beantworten, die mir nach der Veröffentlichung meines ersten Buches gestellt wurde: „Warum sehen Ihre Bücher aus, als wären sie für Kinder geschrieben?" Die Antwort ist einfach: Meine Bücher müssen Bücher sein, die ich lesen würde. Und ich habe eine kurze Aufmerksamkeitsspanne. Daher vergleiche ich meine Lesevorlieben mit denen eines Kindes: kurz, einfach in Worten und mit vielen Bildern. Diese Bücher sind mein Versuch, das zu tun.

Bei „*100 Millionen Dollar Leads*" geht es darum, Fremde dazu zu bringen, Interesse an den Dingen zu zeigen, die Sie verkaufen. Und sobald ich Ihnen diese Fähigkeit übertrage, sind Sie an der Reihe, sie zu nutzen.

Nachdem das erledigt ist, lassen Sie uns doch reich werden, oder?

Profi-Tipp: Schnelles, Tiefergehendes Lernen Durch Gleichzeitiges Lesen & Zuhören

Hier ist ein Life-Hack (Lebens-Trick, Kniff), über den ich vor Jahren gestolpert bin. Wenn Sie ein Hörbuch hören und gleichzeitig das physische Buch oder E-Book lesen, lesen Sie schneller und erinnern sich mehr. Sie speichern die Inhalte an mehr Orten in Ihrem Gehirn. Schicke Sache. So lese ich lesenswerte Bücher.

Ich mache auch beides, weil es mir schwerfällt, konzentriert zu bleiben. Wenn ich mir beim Lesen den Ton anhöre, hilft mir das, ein Abdriften zu vermeiden. Ich habe zwei Tage gebraucht, um dieses Buch laut aufzunehmen. Ich habe es getan, damit Sie es nicht mehr tun müssen, wenn Sie genau solche Probleme haben wie ich.

Wenn Sie es ausprobieren möchten, holen Sie sich die Audioversion und überzeugen Sie sich selbst. Ich hoffe, Sie finden sie genauso wertvoll wie ich.

Ich dachte, ich setze diesen „Hack" (Trick) schon recht früh ein. Auf diese Weise hätten Sie die Chance, es auszuprobieren, wenn Sie das erste Kapitel wertvoll genug finden, um Ihre Aufmerksamkeit zu erregen.

Profi-Tipp: Hack Zum Fertigstellen von Büchern

Ich lasse mich leicht ablenken. Ich brauche also kleine Tricks, um meine Aufmerksamkeit zu behalten. Das hilft mir sehr: Beenden Sie die Kapitel. Hören Sie nicht mittendrin auf. Das Abschließen eines Kapitels gibt Ihnen positive Bestärkung. Es hält Sie am Laufen. Wenn Sie also auf ein schwieriges Kapitel stoßen, beenden Sie es, damit Sie mit dem nächsten neu beginnen können.

Wie ich hier her gekommen bin

„Hoffnung bedeutet, trotz aller Dunkelheit das Licht sehen zu können"
— Desmond Tutu

März 2017.

Während ich an meinem Schreibtisch arbeitete, spürte ich, wie mir hastig auf die Schulter geklopft wurde. Es war Leila, meine (damalige) Freundin und Geschäftspartnerin.

„Was ist los? Geht es dir gut?"

„Wir haben ein Problem", sagte sie.

Was jetzt? Dachte ich.

„Schau dir das an." Sie schob einen Stapel Bücher beiseite, um Platz für ihren Laptop zu schaffen.

„Was schau ich mir da an?" Ich blinzelte.

„Ein Disaster".

Sie fuhr mit dem Finger über den Bildschirm, um meinen Blick zu lenken.

-\$99… -\$499…-\$499… -\$299…-\$399… -\$499…-\$499…

Jede zweite Zahl war höher als meine Miete.

„Was ist das?"

Sie begann zu scrollen. „Rückerstattungen. Jede Einzelne davon.

Von den beiden Fitnessstudios, die wir letzten Monat eröffnet haben."

„Warte mal. Wie? Warum?"

Sie scrollte weiter. „Ich habe letzte Nacht viele seltsame Textnachrichten von den Mitgliedern bekommen, an die wir im Fitnessstudio in Kentucky verkauft haben. Ich schätze, der Besitzer stand auf einem Stuhl und forderte alle auf, ihr Geld zurückzuerstatten und nach Hause zu gehen. Er wollte sich nicht mit all den neuen Kunden herumschlagen."

„Das ist verrückt", sagte ich.

Sie scrollte immer noch. „Ja, und der andere Fitnessstudio-Besitzer sagte seinen neuen Kunden, dass er sie zum halben Preis nehmen würde, wenn sie von uns eine Rückerstattung verlangen würden, und stattdessen an ihn bezahlen würden."

„Warte mal, was? Das können sie nicht", sagte ich.

„Nun, das haben sie." *Sie scrollte schneller, die Zahlen verschwammen.*

„Hast du sie angerufen? Das ist laut Vereinbarung nicht erlaubt", sagte ich.

„Ja. Ich weiß. Sie ignorieren meine Anrufe."

Ich legte meine Hand auf ihre. Der Rückerstattungs-Wasserfall erstarrte. Hunderte tropfengroße Erinnerungen daran, wie viel ich Mist ich gebaut habe.

„Wie schlimm ist es? Wie viele Rückerstattungen? Nur Gewinne schmälern? Oder genug, um negativ zu werden und Geld zu schulden?" Ich versuchte, meine Stimme ruhig zu halten. Ich habe versagt.

Leila hielt inne, bevor sie antwortete. „Es sind hundertfünfzig Riesen." Die Zahl hing in der Luft. „...wir werden meine Freunde nicht bezahlen können."

Ihre Gesichter schossen mir durch den Kopf und die kleine Hoffnung, die ich aus meiner Brust gesaugt hatte. Einen Monat zuvor hatte ich ihre Freunde dazu gebracht, dafür ihren Job zu kündigen. Jetzt musste ich ihnen sagen, dass ich nicht das Geld hatte, um sie zu bezahlen.

Sie fuhr fort. „Wir können uns auch nicht einfach da herauskaufen. Es führt lediglich dazu, dass mehr Rückerstattungen bearbeitet werden müssen. Und wir haben kein Geld mehr." Ihr Blick traf meinen und suchte nach den Antworten, die sie verdiente. Ich hatte keine.

Ich fühlte mich krank.

Ein Jahr zuvor-

Ich war gut darin, Leads für meine Fitnessstudios zu gewinnen. Ich bin in nur drei Jahren auf fünf Standorte gewachsen. Mein Anspruch auf Ruhm bestand darin, dass meine Fitnessstudios vom ersten Tag an mit voller Kapazität geöffnet waren. Also habe ich so schnell wie möglich so viele eröffnet, wie ich konnte.

Mein schnelles Tempo erregte allmählich Aufmerksamkeit. Ich wurde gebeten, auf einer Konferenz über meine Werbemethode zu sprechen. Für mich war mein Prozess jedoch nichts Besonderes. Ich nahm an, dass es jeder so machte. Also ging ich meine Präsentation durch und hoffte, dass ich das Publikum nicht langweile. Sie schwiegen.

In dem Moment, als ich die Bühne verließ, formierte sich eine Menschenmenge um mich. Sie warfen mir von links und rechts Fragen entgegen. Ich konnte kaum mithalten. Sie folgten mir sogar ins Badezimmer. Ich fühlte mich wie eine Berühmtheit. Es war verrückt. Bis heute wurde ich in meinem Leben noch nie so bombardiert. Alle wollten, dass ich ihnen beibringe, wie man das macht, was ich gerade vorgestellt habe. Sie wollten meine Hilfe. Mich. Aber ich hatte nichts, was ich ihnen verkaufen konnte. Allerdings haben mir über hundert Leute ihre Telefonnummern und Visitenkarten hinterlassen, für den Fall, dass ich es täte. Dann kam mir eine verrückte Idee.

Damit könnte ich etwas Geld verdienen ...

3 Monate später wird aus einer Idee ein Geschäft.

Da ich Werbung genutzt habe, um meine Fitnessstudios auf Hochtouren zu bringen, dachte ich, ich könnte vielleicht auch die Fitnessstudios anderer Leute auf Hochtouren bringen. Ich nannte die Firma Gym Launch. Originell, ich weiß.

Mein Angebot war einfach. *Ich fülle Ihr Fitnessstudio in 30 Tagen kostenlos. Sie zahlen nichts. Ich bezahle für alles. Ich werbe neue Mitglieder an und behalte die Mitgliedsbeiträge der ersten 6 Wochen als Bezahlung. Alles andere bekommen sie. Wenn ich Ihr Fitnessstudio nicht fülle, verdiene ich kein Geld. Sie geben so oder so nichts aus.*

Es war ein einfaches Verkaufsangebot. Ich würde sehr raffiniert vorgehen. Meine Lead-Maschine einschalten. Die Leads bearbeiten. Dann die Leads anwerben. Anstatt sie jedoch an mein Fitnessstudio zu vermitteln, würde ich sie an das Fitnessstudio vermitteln, in dem ich diesen Monat meine Zelte aufgeschlagen hatte. Jeden Monat ging ich in ein neues Fitnessstudio. Wegfegen und wiederholen. Es *funktionierte*.

Die Nachricht von diesem Typen, der einem sein Fitnessstudio umsonst füllte, sprach sich schnell herum. Wenn ich keine Hilfe engagiert hätte, hätten mich Empfehlungen für mehr als zwei Jahre am Stück ausgebucht. Ich konnte meine Fitnessstudios nicht weiter betreiben und so weitermachen, also habe ich meine Fitnessstudios verkauft *und* bin bei Gym Launch aufs Ganze gegangen.

Ich sah jedoch ein Problem. Ich füllte ihre Fitnessstudios und *sie* durften alle langfristigen Gewinne behalten. Ich würde eine Gelegenheit verpassen, mehr Geld zu verdienen oder profitabler zu sein. Aber wenn ich Teilhaber einiger Fitnessstudios wäre, könnte ich Monat für Monat Einnahmen erzielen. *Bingo*. Nicht viel später machte einer der Fitnessstudiobesitzer ein solches Angebot. Wir einigten uns auf fünfzig-fünfzig. Ich würde das Fitnessstudio mit Mitgliedern füllen, und er würde es mit Personal füllen. Mit diesem neuen Modell könnte ich 1 bis 2 Fitnessstudios pro Monat eröffnen und sie alle besitzen. Das würde viel besser funktionieren, als nur das Vorabgeld einzusammeln. Eine win-win-Partnerschaft.

Allerdings gibt es einen kleinen Haken im Plan. Mein neuer Partner hatte „schlechte Finanzen". Der nette Kerl Alex bot an, alle Kosten zu tragen und die gesamte Haftung für den ersten Start zu übernehmen. Ich habe den Mietvertrag persönlich garantiert und würde *meine* Zeit und *mein* Geld darauf verwenden, ihn mit Mitgliedern zu füllen. Sobald es gefüllt war, übergab ich ihm das Fitnessstudio. Ich habe das gesamte Geld aus dem Verkauf meiner Fitnessstudios, einschließlich meiner Ersparnisse, in dieses „Launch-and-Go"-Modell gesteckt. Es hat alles gekostet, was ich hatte.

Ein paar Wochen später, mitten in der Startphase, wachte ich auf und stellte fest, dass das gesamte Geld auf dem Konto verschwunden war. Alles davon. Der Partner beschuldigte mich des Diebstahls und nahm das Geld als „seinen Anteil" am Gewinn. Aber *wir hatten keinen Gewinn gemacht*. Dann schickte er das Geld an einen ausländischen Kontakt und meldete Insolvenz an. Das hat er mir jedenfalls gesagt. Als ich anbot, die Finanzen durchzugehen und jeden Dollar abzurechnen, lehnte er ab. Da wusste ich, dass ich einen schrecklichen Fehler begangen hatte.

Es stellte sich heraus, dass er einige Jahre zuvor wegen Betrugs angeklagt worden war. Und um die Sache noch schlimmer zu machen: *Ich wusste es bereits*. Er sagte mir, es sei „nur ein großes Missverständnis".

Ich hatte ihm geglaubt. Wie das Sprichwort besagt: *Wenn Geld auf Erfahrung trifft, bekommt das Geld die Erfahrung und die Erfahrung bekommt das Geld.* Lektion gelernt.

Innerhalb von drei Monaten entfernte ich mich davon, ein erfolgreicher Besitzer eines Fitnessstudios mit mehreren Standorten zu sein. Dahin, alle meine Fitnessstudios zu verkaufen. Zu einer coolen Sache mit den neuen Fitnessstudios. Völlig pleite. Alles, was ich durch den Verkauf meiner Fitnessstudios verdient habe, war weg. Meine Ersparnisse waren weg. Ausgelöscht. Alles davon. Vier Jahre Arbeit, Sparen, Schlafen auf dem Boden – gelöscht in einer … oh nein … *Leila*.

Leila gab ihr Leben auf, wie sie es bisher kannte, um das mit mir zu machen. Sie hat meine ständigen Veränderungen überstanden. Sie hat mich in der halbherzigen Partnerschaft unterstützt, obwohl sie dagegen war. Trotz dieses großen Misserfolgs hat sie nicht einmal angedeutet, *das habe ich dir doch gesagt.* Stattdessen sagte sie mir: „Das Gym Launch-Modell ist immer noch gut. Lass uns mehr davon machen." Also haben wir es getan.

Ich habe 3.300 US-Dollar *pro Tag* auf eine Kreditkarte geladen, um Anzeigen, Flugpreise, Hotels, Mietwagen usw. für sechs Vertriebsmitarbeiter zu bezahlen. Leilas Freunde. Ich sage das leichtfertig, aber was für ein Albtraum es war, habe ich bereits im ersten Buch beschrieben. Deshalb werde ich es hier nicht wiederholen.

Im ersten Monat eröffneten wir sechs Fitnessstudios und sammelten 100.117 US-Dollar. Wir verdienten genug, um die 100.000-Dollar-Kreditkartenrechnung zu decken. Und fürs Protokoll: Das bedeutete, dass ich immer noch pleite war. Im nächsten Monat machten wir 177.399 $ mit einem Gewinn von 30.000 bis 40.000 $. Das gab mir etwas Raum zum Atmen. *Endlich.*

Und das war der Zeitpunkt, als Leila mir auf die Schulter tippte,
um mir schlechte Nachrichten im Wert von 150.000 US-Dollar mitzuteilen.
Jetzt sind Sie auf dem neuesten Stand.

Am nächsten Morgen teilte Leila mir mit, dass wir $150,000 an Rückerstattungen aufbringen mussten und unser ganzes Geld verloren hatten. Schon wieder.

Um 3 Uhr morgens erschreckte mich ein Hupen. Meine Probleme kehrten zurück. *Na ja. Ich bin jetzt wach.* Ich erhob mich aus dem Bett und schlich in meine Arbeitsecke. Ich ging eher aus Gewohnheit als aus Verlangen hinüber. Ich zog den Stuhl heraus und ließ mich fallen – Notizbuch und Stift bereit. Ich musste in dreißig Tagen einen Gewinn von 150.000 US-Dollar erzielen, keinen Umsatz. Und ich musste es tun, ohne Geld oder Erfahrung damit zu haben, in einem Monat so viel Gewinn zu machen. Jemals. Also fing ich an, Ideen zu kritzeln:

…Eine Vorabgebühr für neue Fitnessstudios erheben

…Einen Prozentsatz der Einnahmen aus alten Fitnessstudios einfordern

…Fitnessstudios, die ich bereits eröffnet habe, mit der Vorauszahlung für eine zukünftigen Produkteinführung beauftragen

…Jeden alten Kunden anrufen und ihm am Telefon Nahrungsergänzungsmittel verkaufen

So habe ich die Rechnung weiter durchgeführt. Nichts davon würde genug Geld einbringen. Jedenfalls nicht in dreißig Tagen. Ich fühlte mich wie festgeklebt. *Ich muss das irgendwie hinkriegen.* Ich starrte auf das Notizbuch und hoffte, dass es etwas wusste. Das war nicht der Fall. *Gott, bin ich erbärmlich*.

Ein paar Stunden später wachte Leila auf. Sie ging in die Küche und schenkte sich eine Tasse Kaffee ein. Am Küchentisch hinter mir machte sie sich sofort an die Arbeit.

„Was machst du'?" fragte ich und versuchte mich abzulenken.

„Check-ins bei Online-Fitness-Kunden", sagte sie.

„Was bringt das nochmal?"

„Letzten Monat 3600 $."

„Was verlangst du?"

„300 Dollar im Monat. Warum?"

„Wie lange brauchst du dafür?"

„Ein paar Stunden pro Woche"

„Und es gibt keinen verwaltungstechnischen Mehraufwand? Nur Zeit?"

„Ja…warum?"

Ich fuhr fort: „Ich weiß, das sind alte Personal-Training-Kunden, aber glaubst du, dass du das auch mit Fremden schaffen könntest?"

„Ich weiß nicht … möglich wär's … was denkst du?"

„Ich glaube, ich habe etwas", sagte ich.

„Warte mal, wofür?"

„Um die hundertfünfzig Riesen zusammenzubekommen."

„Was, mein Online-Training? Wie?" Sie sah skeptisch aus.

„Wir verzichten einfach auf den Zwischenhändler und verkaufen direkt. Ich denke, ich könnte einfach Anzeigen auf einer Verkaufsseite schalten, auf der Telefontermine gebucht werden. Dann können wir die Fitnessprogramme, die wir in den Fitnessstudios verkauft haben, als Online-Programm verkaufen. Wir haben bereits die Materialien. Wir wissen es inzwischen, wie die Anzeigen funktionieren. Und es fallen keine weiteren Kosten an. Es gibt keine Flüge mehr. Keine Vermietung. Keine Motels. Und kein Fitnessstudio-Besitzer verlangt eine Rückerstattung ..."

Sie zögerte. „Glaubst du, es könnte funktionieren?"

„Ehrlich gesagt...keine Ahnung. Aber jeder Tag, an dem wir etwas nicht tun, ist ein Tag weniger, um das Geld aufzubringen."

Sie dachte angestrengt nach. „Okay, lass es uns tun."

Das war alles was ich brauchte.

Ich habe achtunddreißig Stunden am Stück gearbeitet, um das Angebot live zu schalten. Ein paar Stunden später begannen die Leads zu fließen. Ihren ersten Anruf nahm sie am nächsten Tag entgegen. Als das Gespräch beendet war, kam ich herein:

„499 $ … ja … und welche Karte wollten Sie verwenden?" *Sie hatte die Offenherzigkeit eines Profis.*

Ein paar Minuten später fragte ich voller Vorfreude: „War das ein Verkauf??"

„Ja." *Verdammt, sie* is*t ein Profi.*

Ich habe sogar ein Foto von Leila gemacht, wie sie unseren ersten Verkauf abschloss, weil es sich so bedeutsam anfühlte.

Innerhalb weniger Tage erzielten wir mit Online-Fitnessverkäufen einen Umsatz von 1.000 US-Dollar pro Tag. Wir haben das Geld auch im Voraus erhalten, fast ohne Risiko einer Rückerstattung. *Das hat funktioniert.* Aber wir waren immer noch *weit* von 150.000 $ entfernt.

Beim Mittagessen hörte sie sich zwischendurch meinen Masterplan an. „Okay, die Verkäufer können zu Hause bleiben und das Ganze am Telefon verkaufen. Wenn sie mit acht Leuten die gleichen 1.000 Dollar pro Tag verdienen wie du, sollten wir 8.000 Dollar pro Tag erreichen. In dreißig Tagen werden wir 240.000 Dollar verdienen. Nach Abzug der Werbeausgaben und Provisionen haben wir genug, um die 150.000 US-Dollar zu decken."

„Was ist mit den Fitnessstudios, die wir eröffnen sollen?"

„Ich rufe sie an und sage ihnen, dass wir eine andere Richtung einschlagen. Da sie uns nichts bezahlt haben, gibt es nicht viel, wogegen sie etwas einzuwenden haben könnten. Ich werde sie nach dem Mittagessen anrufen."

Der erste Anruf ging an den Besitzer eines Fitnessstudios in Boise, Idaho.

„Hallo?"

Ich schaute nach unten, um die Aufzählungspunkte in meinem kleinen Skript zu lesen. „Hey Mann, wir machen keine Einführungen mehr. Wir verkaufen Produkte zur Gewichtsreduktion direkt an den Verbraucher. Also werden wir nicht rauskommen und–"

Er unterbrach mich. „Aber ich brauche das jetzt *wirklich*. Ich habe gerade mein Haus refinanziert und alle meine Kreditkarten ausgeschöpft, um mein Fitnessstudio über Wasser zu halten. Ich habe meine Ersparnisse hier angelegt. Können Sie mir irgendwie helfen? Sie haben das Fitnessstudio meines Kumpels eröffnet. Ich weiß, was Sie tun können."

Angesichtes meiner *mir-geht-es-schlechter-als-Ihnen-Situation*, war es mir egal, wie schlecht seine Finanzen waren. Also versuchte ich, höflich zu klingen. „Ich verstehe, dass es eine schwere Zeit ist, aber wir können nicht mal eben hin und herfliegen. Es tut mir leid."

„Okay okay. Ich verstehe, dass Sie nicht kommen können. Aber gibt es eine Möglichkeit, mir einfach zu zeigen, was ich tun soll? Das brauchen wir wirklich."

Ich war am Boden zerstört, erschöpft, pleite und fühlte mich von der gesamten Branche betrogen. Ich hätte „Nein" sagen sollen, aber stattdessen sagte ich… „Gut. Ich zeige Ihnen, wie Sie Leads gewinnen, aber ich werde nicht extra kommen, um Sie zu retten, wenn Sie nicht verkaufen können."

„Völlig verstanden. Es liegt bei mir. Ich kann schließen. Es kommt einfach niemand. Ich brauche LEADS. Wie viel kostet es, mir zu zeigen, wie man startet?"

Ich schaute auf meine Notizen. *So sollte es nicht laufen.* Ich wollte nein sagen und auflegen. Unser Gewichtsreduktionsangebot funktionierte und ich wollte keine Ablenkungen. Er hatte mir bereits gesagt, dass er pleite sei, also nannte ich die höchste Zahl, die mir einfiel, um ihn vom Telefon zu bringen.

„6000 $. Betrachten Sie es als meinen „Verkauf meiner Geheimnisse"-Verkauf."

„6k?"

„Ja. Sechstausend." Sagte ich und sprach die ganze Zahl aus, in der Hoffnung, ihn abzuschrecken.

„6k? OK - abgemacht."

Wie bitte. Ich stand mit offenem Mund da, erstarrt vor Unglauben. *Sechs. Tausend. Dollar.* Ich schwebte aus mir selbst heraus und beobachtete das Gespräch. Mir stockt immer noch der Atem, wenn ich darüber nachdenke.

„Oh… äh… großartig… welche Karte möchten Sie verwenden?" Nun, ich versuchte, die *Sechs. Tausend. Dollar. nicht* abzuschrecken. In Panik schrieb ich seine Karteninformationen auf die Klappe eines Kartons.

„Wann fange ich an?" fragte er.

„Ich schicke Ihnen Montagmorgen alles." Ich stelle mir die wahnsinnige Aufgabe, meine gesamten Leads und mein gesamtes Verkaufssystem für Fitnessstudios in 48 Stunden zu verpacken. Er hat zugestimmt.

Ich legte auf und saß geschockt da. Als ich zur Besinnung kam, überprüfte ich die Kreditkarte. *6000 \$… Erfolg. Ist das echt?*

Ich wollte es Leila unbedingt sagen, aber sie war in einem Verkaufsgespräch. Eine Viertelstunde später kam sie herein.

„Ich habe noch einen", sagte sie.

„Das wirst du nicht glauben. Ich habe gerade unser Gym Launch-System für 6.000 US-Dollar an das Fitnessstudio in Boise verkauft."

„Was? Ich dachte, wir machen die Abnehmsache."

„Ja, ich weiß. Ich auch, aber…" Sie wartete. „…Ich glaube, wir sind immer noch im Fitnessstudio-Geschäft tätig…Ich glaube, wir haben es einfach falsch gemacht." Sie brauchte weitere Details. Ich hatte noch keine. „Ich werde die Fitnessstudios anrufen, die wir nächsten Monat eröffnen wollten, und sehen, ob sie es auch kaufen."

„Ähhh…okay." Sagte sie.

Der nächste Anruf verlief genauso, außer als er fragte: „Wie viel?" Ich einfach sagte: „8.000 Dollar." Er hat zugestimmt.

Beim nächsten Anruf dasselbe, nur dass ich „10.000 \$" sagte. Er hat zugestimmt.

Alle acht Fitnessstudios, die wir eröffnen wollten, stimmten stattdessen der Lizenzierung der Einführungsmaterialien zu. *An einem einzigen Tag habe ich 60.000 US-Dollar gesammelt, indem ich etwas verkauft habe, für dessen Erfüllung keinerlei Kosten anfielen.* An einem einzigen Tag war ich zu einem Drittel aus meinem 150.000-Dollar-Gefängnis herausgekommen. Ich habe fünf Jahre damit verbracht, dieses Werbesystem zu entwickeln. Es hat sich endlich ausgezahlt. Das zu tun, was mir am meisten Angst machte – *meine Geheimnisse preiszugeben* – führte zum größten Durchbruch in meinem Leben.

„Ich kann es nicht glauben", sagte ich. „Ich denke, wir kommen da raus."

„Also… machen wir nicht die Sache mit dem Abnehmen?"

„NEIN. Ich denke nicht … Ich denke, wir hatten hier die ganze Zeit etwas. Wir mussten nur die Teile zusammenfügen."

„Glaubst du, dass es noch jemand anderes kaufen wird?"

„Ich werde die dreißig Fitnessstudios anrufen, die wir bereits eröffnet haben. Sie wissen, dass unser System funktioniert, weil wir es vor ihnen getan haben. Wir haben auch ein paar Fitnessstudio-Besitzer-Leads von dieser Konferenz. Das sollte die 150.000 US-Dollar decken und uns eine saubere Weste geben."

„OK, was dann? Ist es das, was wir machen?" Sie suchte nach etwas wohlverdienter Stabilität.

„Ich meine – warum nicht? Es bringt mehr Geld ein als das andere, und es ist viel einfacher zu liefern." Sie hat zugestimmt. „Nachdem ich diese Leads angerufen habe, fange ich an, Anzeigen zu schalten. Ich werde unsere Erfolgsgeschichten in einigen Fitnessstudio-Gruppen veröffentlichen, um von dort Leads zu erhalten. Und ich werde den Fitnessstudios auch sagen, dass ich für jedes Fitnessstudio, das sie mir bringen und dass unterschreibt, 2.000 US-Dollar in bar bezahle. Dadurch erhalten wir Werbe-Leads, zufriedene Leads *und* Empfehlungs-Leads."

***

In den nächsten 30 Tagen machten wir einen *Gewinn* von 215.000 US-Dollar. Wir haben die Rückerstattung in Höhe von 150.000 US-Dollar mit Bargeld gedeckt. Wir haben so gut abgeschnitten, weil das durchschnittliche Fitnessstudio, das unser Werbesystem nutzt, in den ersten 30 Tagen zusätzliche 30.000 US-Dollar an Bargeld einbrachte. *Es brachte ihnen mehr Geld ein, als sie dafür bezahlten. Es hat geliefert – in Hülle und Fülle.* Außerdem durften sie das gesamte Geld behalten. Sie liebten es. Es gingen zahlreiche Empfehlungen ein.

Ich habe die Verarbeitungsaufzeichnungen von Mai bis Juni 2017 gefunden, dem Monat, in dem alles passierte:

	Ausstehende Autorisation		Gebühren		Rückerstattungen		Einbehaltungen/ Rückbuchungen		Hohlräume		Deklinationen		Gesamtbetrag	
	Rech-nung	Betrag	Rech-nung	Betrag	Rech-nung	Betrag	Rech-nung	Betrag	Rech-nung	Betrag	Rech-nung	% der Aprob-ation	Rech-nung	Betrag
01/2017	0	$0.00	348	$102,605.64	7	-$2,488.33	0	$0.00	12	$2,002.98	148	70%	515	$100,117.31
02/2017	0	$0.00	847	$190,809.50	56	-$13,243.77	1	-$166.00	5	$1,247.00	232	78%	1141	$177,399.73
03/2017	0	$0.00	782	$177,820.58	61	-$12,701.50	4	-$997.00	21	$3,458.50	285	73%	1153	$164,122.08
04/2017	0	$0.00	704	$204,461.25	49	-$10,725.00	10	-$6,315.00	2	-$50.00	354	67%	1119	$187,421.25
05/2017	0	$0.00	191	$260,754.00	4	-$797.00	11	-$16,984.00	0	$0.00	42	82%	248	$242,973.00
06/2017	0	$0.00	214	$272,835.00	5	-$1,498.00	30	-$55,375.00	0	$0.00	1	100%	250	$215,962.00
07/2017	0	$0.00	282	$316,917.98	0	$0.00	21	-$23,450.00	0	$0.00	7	98%	310	$293,467.98
08/2017	0	$0.00	346	$393,370.62	0	$0.00	28	-$32,998.99	1	$100.00	45	88%	420	$360,371.63
09/2017	0	$0.00	478	$543,376.29	1	-$1,000.00	64	-$65,792.00	0	$0.00	41	92%	584	$476,584.29
10/2017	0	$0.00	799	$828,709.31	7	-$5,798.00	50	-$49,887.00	8	$8,000.00	31	96%	895	$773,024.31
11/2017	0	$0.00	1076	$1,132,319.31	8	-$8,000.00	66	-$64,296.00	1	$1.00	92	92%	1243	$1,060,023.31
12/2017	0	$0.00	1315	$1,363,956.31	13	-$17,296.00	83	-$82,099.00	1	$1,000.00	111	92%	1523	$1,264,561.31
01/2018	0	$0.00	1609	$1,621,972.81	15	-$28,175.00	97	-$88,995.00	8	$9,000.00	102	94%	1831	$1,504,802.81
Ge-samt-betrag	0	$0.00	8991	$7,409,908.60	226	-$101,722.60	465	-$487,354.99	59	$24,759.48	1491	86%	11232	$6,820,831.01

Wir schlossen das erste Jahr mit einem Umsatz von 6.820.000 US-Dollar ab. Im nächsten Kalenderjahr machten wir 25.900.000 $ Umsatz und 17.000.000 $ Gewinn. Ja, *zig Millionen*. Es war verrückt. Richtig irre. Das Unternehmen besteht bis heute mit mehr als 4.500 Fitnessstudio-Standorten, Tendenz steigend. Und niemand ist mehr überrascht als ich. Etwas, das ich gemacht habe, hat tatsächlich funktioniert... *endlich.*

Im Jahr 2018 haben wir Prestige Labs gegründet, um Nahrungsergänzungsmittel über unseren Fitnessstudio-Kundenstamm zu verkaufen. Wir nutzten Prestige Labs und die Fitnessstudios als Affiliate-Netzwerk, um gegenseitig Leads zur Gewichtsreduktion zu generieren. Im Jahr 2019 haben wir ALAN gegründet. Ein neuartiges Softwareunternehmen, das Leads für lokale Unternehmen erarbeitet. Im Jahr 2020 haben wir Acquisition.com als Holdinggesellschaft für unsere Geschäftsinteressen gegründet. Im Jahr 2021 haben wir 75 % von ALAN an ein größeres Unternehmen verkauft. Ich darf nicht sagen, wie viel, aber ALAN hat in den letzten zwölf Monaten einen Umsatz von 12.000.000 US-Dollar erzielt. So können Sie Ihrer Fantasie freien Lauf lassen. Wir haben 66 % unseres Nahrungsergänzungsmittel- und Fitnessstudio-Lizenzgeschäfts zu einem Wert von 46.200.000 US-Dollar an die American Pacific Group verkauft. Und das war nach der Einnahme von 42.000.000 US-Dollar an Eigentümergehältern in den ersten 4 Jahren.

Ich teile das, weil ich es immer noch kaum glauben kann. All dies war einem Mädchen zu verdanken, das an mich glaubte, einer Kreditkarte und *der Fähigkeit, Leads zu gewinnen.*

Wichtiger Haftungsausschluss

Zu wissen, wie ich Leads bekomme, rettete mein Geschäft, meinen Ruf und wahrscheinlich auch mein Leben. Nur so blieb ich über Wasser. Das war der Grund, warum ich immer wieder zweite, dritte, vierte und fünfte Chancen bekam..

Alex Hormozi ✔
@AlexHormozi

Während meiner schwersten Tage, wiederholte ich für mich den selben Satz:

Ich kann nicht verlieren, wenn ich nicht aufgebe.

Ich habe für viele verschiedene Dinge auf viele verschiedene Arten geworben. Ich habe Werbung gemacht, um Mitgliederkontakte für örtliche Fitnessstudios zu gewinnen. Ich habe dafür geworben, Online-Leads zur Gewichtsabnahme für Leila zu bekommen. Ich habe Werbung gemacht, um Fitnessstudio-Besitzer für den Verkauf von Geschäftsdienstleistungen zu gewinnen. Ich habe Werbung gemacht, um Affiliate-Leads für unser Nahrungsergänzungsmittel-Unternehmen zu gewinnen. Ich habe Werbung gemacht, um Agentur-Leads für unsere Software zu gewinnen. Und so weiter. Das Gewinnen von Leads war meine „Du-kommst-aus-dem-Gefängnis-frei" - Karte ohne Ablaufdatum. Und zu diesem Zeitpunkt ist sie durch den Gebrauch verblasst und abgenutzt.

Diese Fähigkeit möchte ich gerne mit Ihnen teilen. Ich zeige Ihnen, wie Sie mehr Leads gewinnen. Und hier ist Ihre erste gute Nachricht: Wenn Sie diese Worte lesen, gehören Sie bereits zu den oberen 10 Prozent.

Die meisten Leute kaufen Sachen und öffnen sie nie. Ich möchte Ihnen noch ein Geheimnis verraten: Je weiter Sie lesen, desto größer werden die Goldklumpen zum Aufsammeln. Sehen Sie selbst.

Ich danke Ihnen von ganzem Herzen. Vielen Dank, dass Sie mir die Arbeit ermöglichen, die ich für sinnvoll halte. Vielen Dank, dass Sie mir Ihr wertvollstes Gut schenken – Ihre Aufmerksamkeit. Ich verspreche, mein Bestes zu geben, um Ihnen das bestmögliche zurückzugeben. Dieses Buch liefert.

Die Welt braucht mehr Unternehmer. Es braucht mehr Kämpfer. Es braucht mehr Magie. Und genau das teile ich mit Ihnen: Magie.

Das Problem, das dieses Buch löst

"Leads, viele leads."

Sie haben ein Problem:

Sie erhalten nicht so viele Leads, wie Sie möchten, weil Sie nicht genug Werbung schalten. Zeitläufig. Infolgedessen wissen Ihre potenziellen Kunden nichts von Ihrer Existenz. Wie traurig! Das bedeutet, dass Ihnen weniger Geld zufließt.

Da Sie nun wissen, dass Sie ein Problem haben, müssen Sie es irgendwie lösen, es sei denn, Sie hassen es, Menschen zu helfen und Geld zu verdienen.

Wie dieses Buch es löst:

Um mehr Geld zu verdienen, müssen Sie Ihr Geschäft ausbauen. Sie können Ihr Unternehmen nur auf zwei Arten wachsen lassen:

1) Mehr Kunden gewinnen

2) Diese wertvoller machen

Das ist alles. Ich baue unsere Portfoliounternehmen mit genau diesem Rahmen aus. *„100 Millionen Dollar Leads"* konzentriert sich auf das Wichtigste – mehr Kunden zu gewinnen. Sie gewinnen mehr Kunden, durch generieren von:

1) Mehr Leads

2) Besseren Leads

3) Günstigeren Leads

4) Zuverlässige Leads (denken Sie an „von vielen Orten aus").

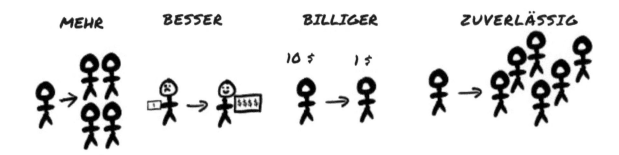

Im Endeffekt: Wenn alles andere gleich bleibt…wenn Sie Ihre Leads verdoppeln, verdoppeln Sie Ihr Geschäft.

Dieses Buch zeigt Ihnen, wie Sie Ihr Unternehmen in eine Lead-Gewinnmaschine verwandeln. Sobald Sie die Modelle anwenden, erhöhen Sie *sofort* den Lead-Flow. Und wenn Leads fließen, ist es wie beim Cashflow schwer, kein Geld zu verdienen. Dieses Buch wird Ihr Problem, nicht genügend Leads zu bekommen, endgültig lösen.

Kurz gesagt: Ich zeige Ihnen, wie Sie Fremde dazu bringen, Ihre Sachen kaufen zu *wollen*.

Was Ist Für Mich Drin?

Mit einem Wort: ***Vertrauen***.

Ich gebe dieses Buch und den dazugehörigen Kurs kostenlos (oder gegen Gebühr) in der Hoffnung, Ihr Vertrauen zu gewinnen. Ich möchte, dass dieses Buch mehr Wert bietet als jeder 1.000-Dollar-Kurs, jedes 30.000-Dollar-Coaching-Programm oder jeder 100.000-Dollar-Abschluss. Obwohl ich diese Materialien auf diese Weise verkaufen könnte, *möchte ich das nicht*. Ich habe ein anderes Modell. Ich erkläre es weiter unten.

Wem möchte ich helfen?

Ich möchte zwei Arten von Unternehmern einen Mehrwert bieten. Der erste liegt bei einem Gewinn von *weniger* als 1.000.000 US-Dollar pro Jahr. Mein Ziel ist es, Ihnen dabei zu helfen, einen Gewinn von 1.000.000 US-Dollar pro Jahr (kostenlos) zu erzielen und auf diese Weise *Ihr Vertrauen zu gewinnen*. Probieren Sie ein paar Taktiken aus diesem Buch aus, gewinnen Sie einige Leads, probieren Sie dann noch ein paar weitere aus und gewinnen Sie mehr Leads. Je mehr Leads Sie erhalten, desto besser.

Wenn Sie es oft genug so machen, werden Sie zum zweiten Unternehmertyp: dem Typ, der über 1.000.000 US-Dollar EBITDA (ein schickes Wort für Gewinn) pro Jahr macht. Sobald Sie dort angekommen sind, oder wenn Sie es schon sind, wäre es mir eine Ehre, in Ihr Unternehmen zu investieren und Ihnen bei der Skalierung zu helfen.

Ich verkaufe keine Coachings, Masterminds, Kurse oder ähnliches, sondern investiere. <u>Ich kaufe Beteiligungen an wachsenden, profitablen, etablierten Unternehmen.</u> Anschließend nutze ich die Systeme, Ressourcen und Teams *aller meiner Unternehmen*, um das Wachstum Ihres Unternehmens zu beschleunigen.

Aber glauben Sie mir noch nicht ... *wir haben uns gerade erst kennengelernt.*

Anmerkung des Autors: Unsere Investment-Kriterien Haben Sich Seit Dem Letzten Buch Geändert

Wenn Ihnen einige Änderungen bei unseren Anlagekriterien aufgefallen sind, haben Sie Recht. Wir haben unsere Mindestinvestitionsschwelle von 3.000.000 US-Dollar Umsatz auf 1.000.000 US-Dollar Gewinn geändert.

Darüber hinaus haben wir früher vor allem in Bildungs- und Dienstleistungsunternehmen investiert. Aber unser Portfolio hat sich erweitert. Außerhalb dieser Branchen haben wir uns recht gut geschlagen. Solange also ein Unternehmen unseren Größenanforderungen entspricht und profitabel ist, Cashflow hat und wächst, denken wir darüber nach, in dieses zu investieren.

Mein Geschäftsmodell

Mein Geaschäftsmodell ist einfach :

1) Bieten Sie bessere kostenlose Produkte an als die kostenpflichtigen Produkte des Marktplatzes.

2) Gewinnen Sie das Vertrauen von Unternehmern, die einen Gewinn von über 1.000.000 US-Dollar pro Jahr erzielen.

3) Investieren Sie in diese Unternehmen, um deren Wachstum zu beschleunigen.

4) Helfen Sie allen anderen kostenlos, immer.

Unser Prozess führt zum Erfolg. Die Gewinner wissen, dass meine Modelle für sie funktionieren werden, weil sie es bereits getan haben. Und ich weiß, dass die Gewinner sie nutzen werden, weil sie es bereits tun. Wir arbeiten also auf der Grundlage gemeinsamen Vertrauens.

Dieser Ansatz vermeidet Misserfolge *und* erhöht die Erfolgswahrscheinlichkeit. Win-win-Situation. Das ist leicht gesagt, aber lassen Sie mich Ihnen zeigen, welchen großen Unterschied unser Prozess macht …

Innerhalb der ersten 12 Monate steigerte unser durchschnittliches Portfoliounternehmen den **Umsatz um das 1,8-fache und den Gewinn um das 3,01-fache**. Und wir arbeiten auf lange Sicht zusammen, das sind nur die ersten 12 Monate. Unser durchschnittliches Portfoliounternehmen, das zwischen 12 und 24 Monaten bei uns ist, erreicht das **2,3-fache des Umsatzes und den 4,7-fachen Gewinn**. Geben Sie als Spaßübung Ihre Zahlen ein, um zu sehen, wie das für Sie aussehen würde. Ich sage Ihnen, das funktioniert.

Daran erkenne ich, dass die Modelle, die ich Ihnen gleich zeige, funktionieren. *Das haben sie bereits.*

Die Mission von Acquisition.com

Ein anständiges Geschäft für jedermann zugänglich zu machen. Geschäfte lösen Probleme. Geschäfte machen die Welt besser. Es gibt zu viele Probleme, als dass eine einzelne Person sie lösen könnte.

Und ich kann (vorerst) weder Krebs heilen, den Hunger beenden noch die weltweite Energiekrise lösen. Aber ich *kann* den Unternehmern, die die entsprechenden Betriebe aufbauen, einen Mehrwert bieten. Ich möchte dazu beitragen, so viele Unternehmen wie möglich zu gründen, damit wir so viele Probleme wie möglich lösen können. Deshalb teile ich diese Geschäftsaufbau-Strukturen, anstatt sie zu horten. Fair genug?

Cool. Machen wir weiter.

Grundriss Dieses Buches

Ich habe dieses Buch von null Kunden, null Leads, null Werbung, null Geld, null Fähigkeiten (Abschnitt II) bis hin zu maximalen Kunden, maximalen Leads, maximaler Werbung, maximalem Geld und maximalen Fähigkeiten (Abschnitt IV) gegliedert. Je weiter wir im Buch fortschreiten, desto mehr Fähigkeiten erlernen wir. Und wenn wir über mehr Fähigkeiten verfügen, können wir *in der gleichen Zeit mehr Leads gewinnen.* Wir schließen also mit den komplexesten Fähigkeiten ab, die uns in unserer aufgewendeten Zeit die meisten Leads verschaffen. Wir bewahren sie für den Schluss auf, weil sie viel Geschick *und* Geld erfordern. Und, um gut zu werden und Geld zu haben, braucht es Zeit. Ich möchte, dass dieses Buch einer Person hilft, ihre ersten fünf Kunden zu gewinnen *und* ihre ersten zehn Millionen Dollar im Monat und darüber hinaus zu knacken.

Diese Ordnung erinnert auch diejenigen *mit* Fähigkeiten und Geld, mich eingeschlossen, an die Grundlagen, mit denen wir aufgehört haben. *Unsere Unternehmen verdienen etwas Besseres.* Wenn Sie die bewährten Methoden beherzigen, die Sie auf Ihr aktuelles Niveau gebracht haben, werden Sie wahrscheinlich zum nächsten gelangen. *Meister beherrschen niemals die Grundlagen nicht.*

Wir gehen also von der Gewinnung Ihres ersten Leads bis hin zum Aufbau einer Lead-Maschine im Wert von über 100.000.000 US-Dollar. Hier ist die Aufschlüsselung:

<u>Abschnitt I</u>: *Sie sind gerade dabei, es zu Ende zu lesen.*

<u>Abschnitt II</u>: Ich verrate, wie Werbung *wirklich* funktioniert. Die meisten Unternehmer denken falsch über Werbung. Da sie über Werbung falsch denken, tun sie auch das Falsche, um Leads zu gewinnen. Sie möchten das Richtige tun, um Leads zu gewinnen. *Das ist der Weg.*

<u>Abschnitt III</u>: Wir lernen die „vier Grundprinzipien" der Werbung kennen. Es gibt nur vier Möglichkeiten, Leads zu gewinnen. Wenn es also einen sehr wichtigen „Wie macht man"-Abschnitt gibt, dann ist es dieser.

<u>Abschnitt IV</u>: Wir lernen, wie wir andere Menschen (Kunden, Mitarbeiter, Agenturen und Partner) dazu bringen, alles für Sie zu tun. Und damit ist die Montage Ihrer voll funktionsfähigen *100-Millionen-Dollar-Leads*-Maschine abgeschlossen.

<u>Abschnitt V</u>: Wir schließen mit einem <u>One-Page-Werbeplan ab</u>, mit dem Sie Leads *heute* mehr <u>gewinnen können</u>.

GOLDENES TICKET:

Wir investieren in Unternehmen mit einem Gewinn von über 1.000.000 US-Dollar, um ihnen bei der Skalierung zu helfen. Wenn Sie möchten, dass wir skalierbar in Ihr Unternehmen investieren, besuchen Sie **Acquisition.com**. Sie können auch **kostenlose** Bücher und Kurse finden, die so gut sind, dass sie Ihr Geschäft ohne Ihre Zustimmung wachsen lassen. Und wenn Sie nicht gerne tippen, können Sie den QR-Code unten scannen, um sie zu erhalten.

SCANNE MICH

Abschnitt II: Sich Wissen aneignen

Werbung. Vereinfacht dargestellt.

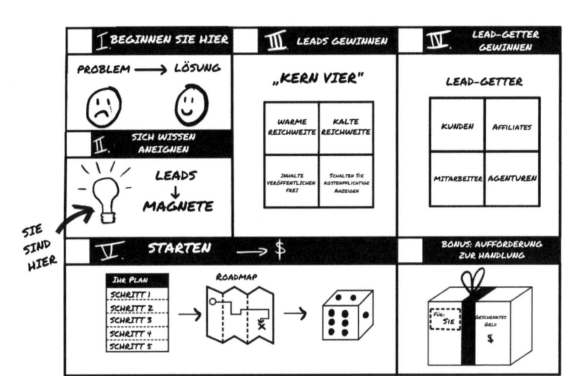

In diesem Abschnitt behandeln wir drei Dinge, um sicherzustellen, dass Werbung genau das tut, was wir wollen.

Zunächst sprechen wir darüber, was ein Lead eigentlich ist. Wenn wir mehr davon wollen, dann sollten wir verdammt sicher sein, dass wir über dasselbe reden. Zweitens lernen wir, wie Sie Leads, die Ihnen Geld einbringen, von Leads trennen, die Ihre Zeit verschwenden. Drittens zeige ich Ihnen die besten Möglichkeiten, die ich kenne, um die Leads zu gewinnen, mit denen Sie Geld verdienen, um Interesse an *den von Ihnen verkauften Produkten zu zeigen.*

Lassen Sie uns in die Materie eintauchen.

Leads Allein Reichen Nicht Aus

„Wenn du etwas nicht mit einfachen Worten erklären kannst, dann verstehst du es nicht."
— *Dr. Richard Feynman, Nobelpreis-Gewinner der Physik*

Ich verrate Ihnen ein kleines Geheimnis. Dieses Buch entstand, weil mich jemand fragte, was ein Lead sei. Man könnte meinen, es wäre einfach, aber ich konnte keine eindeutige Antwort geben. Und nachdem ich sechs Monate lang versucht hatte, es herauszufinden, war ich verwirrter als zuvor. Es wurde klar, *dass ich nicht so viel über Leads wusste, wie ich dachte.* Meine Suche nach einer *klaren* Definition von „Lead" führte zu dem riesigen Projekt, aus dem *„100-Millionen Dollar Leads"* hervorgingen. Vor diesem Hintergrund müssen wir uns darauf einigen, was zum Teufel ein Lead ist, bevor wir uns kopfüber daranmachen, ihn zu gewinnen …

Was also ist überhaupt ein Lead?

Jemand, der auf eine Anzeige klickt?

Eine Telefonnummer?

Eine Person, die einen Anruf plant?

Eine Namensliste?

Eine Tür, an die Sie klopfen?

Ein Walk-In?

Eine E-Mail Adresse?

Ein Abonnent?

Eine Person, die Ihre Inhalte sieht?

Usw…

Sie sehen, Worte sind wichtig, weil sie unser Denken beeinflussen. Wie wir denken, beeinflusst, was wir tun. Und wenn uns Worte dazu bringen, falsch zu denken, werden wir wahrscheinlich das Falsche tun. Ich hasse es, das Falsche zu tun. Um also das Richtige mehr und das Falsche weniger zu tun, ist es am besten, wenn wir wissen, was Wörter bedeuten, und sie verwenden.

Um die Spannung zu kürzen: Ein **Lead** ist eine *Person, mit der Sie Kontakt aufnehmen können*. Das ist alles. Wenn Sie eine Liste mit E-Mails gekauft haben, handelt es sich dabei um Leads. Wenn Sie Kontaktinformationen von einer Website oder Datenbank erhalten, handelt es sich um Leads. Die Nummern in Ihrem Telefon sind Leads. Menschen auf der Straße sind Leads. *Wenn Sie sie kontaktieren können, handelt es sich um Leads.*

Aber mir wurde klar - *Leads allein reichen nicht aus.* Wir wollen **engagierte Leads**: *Menschen, die Interesse an den von Ihnen verkauften Produkten *zeigen*.* Wenn jemand seine Kontaktinformationen auf einer Website *angibt*, handelt es sich um einen engagierten Lead. Wenn Ihnen jemand in den sozialen Medien *folgt* und Sie ihn kontaktieren können, handelt es sich um einen engagierten Lead. Wenn Personen auf Ihre E-Mail-Kampagne *antworten*, handelt es sich um engagierte Leads. Die Leads, die *Interesse zeigen*, sind die Leads, auf die es ankommt.

Engagierte Leads sind der wahre Ertrag von Werbung.

In diesem Buch geht es darum, *engagierte* Leads zu gewinnen. Aber ich konnte das Buch nicht „engagierte Leads" nennen, weil es niemand verstehen würde. Aber das ist jetzt anders. Die nächste Frage lautet also: *Wie bringen wir Leads dazu, sich zu engagieren?*

Binden Sie Ihre Leads ein: Angebote und Lead-Magnete

„Ich nehme keine Drogen. Ich bin Drogen"
— Salvador Dali

April 2016.

Ich habe 25.000 US-Dollar bezahlt, um in dieser Gruppe dabei zu sein, und alle sagten mir, ich solle ein Webinar veranstalten. Tatsächlich sagte mir mein damaliger Mentor: „Machen Sie jede Woche ein Webinar, bis Sie eine Million Dollar verdienen." Bis dahin fragen Sie mich nach nichts Anderem." *Das ist mein einziger Weg zum Erfolg. Ich muss das herausfinden.*

Ein Webinar war für mich eine magische Präsentation mit unzähligen Folien. Wenn jemand zusah, würde es ihn hypnotisieren, mein Ding zu kaufen.

Es gab so viel, was ich nicht wusste. Startseiten. Registrierungsseiten. Folge-E-Mails. E-Mails erneut abschicken. E-Mails zum Schließen des Warenkorbs. Präsentationsprogramm. Website-Integration. Anzeigen schreiben. Werbung kreativ gestalten. Herausfinden, wo die Anzeigen platziert werden sollen. Wem die Anzeigen gezeigt werden sollen. Erstellen einer Zahlungsseite. Abwicklung von Zahlungen. Geschweige denn, *das eigentliche Webinar zu veranstalten.* Die Liste hat mich überwältigt.

Also begann ich mit dem, was ich am besten verstand: der Zielseite (Landing Page). Ich habe einige davon für meine Fitnessstudios gebaut. Mein Mentor hat mit Webinaren Millionen verdient, also habe ich seine Zielseite modelliert. Aber ich brauchte sie nicht, um Millionen zu verdienen. Ich brauchte sie nur, um *etwas* zu machen.

Okay... jetzt die „Vielen Dank"-Seite.

Einen ganzen Sonntag später ging die „Vielen Dank"-Seite online. *Nun zum großen Test.* Ich habe meine E-Mail-Adresse in die Zielseite eingegeben, auf „Registrieren" geklickt und gewartet. Meine brandneue Vielen-Dank-Seite wurde geladen. *Erfolg.* Ich war immer noch kein Millionär, sehr schade. Aber es war etwas.

Am darauffolgenden Sonntag setzte ich mich, um mein regelmäßiges „Arbeit *am* Unternehmen, nicht *im* Unternehmen"-Ritual zu vollziehen. Ich hatte zehn Stunden Zeit, um das nächste Teil dieses Webinar-Puzzles auszuarbeiten. Nach meiner ersten Tasse Kaffee beschloss ich, dass ich nicht wirklich arbeiten, mich aber trotzdem produktiv fühlen wollte. Also ging ich zum Forum meiner Werbegruppe, um ein paar Tipps zu erhalten.

„Ich komme gerade von meinem Webinar. 32.000 $ in einer Stunde! Ich habe die gesamten Studiengebühren in meiner ersten Woche bezahlt! Webinare rocken!"

Ich werde das nie zum Laufen bringen. Er kam im selben Monat wie ich dazu. Er war in der gleichen Branche wie ich. Er hat vor mir herausgefunden, wie man mit seinem Webinar Geld verdienen kann. Er hat alle Kunden gestohlen, bevor ich überhaupt eine Chance dazu hatte. *Alle außer mir verdienen Geld.*

Verzweifelt rief ich andere Leute in der Gruppe an. „Ich werde alles für Ihr Unternehmen tun: ein Vertriebsteam aufbauen … Ihre Verkaufsskripte schreiben … Ihren Verkaufsprozess anpassen … alles … *Helfen Sie mir einfach, dieses Webinar zu beenden … bitte?"* Eine Person erklärte sich bereit, mir zu helfen. *Gott sei Dank.*

Acht Sonntage später wurde der kleine Kreis neben meiner Werbekampagne grün. *Sie lebt!* Ich habe offiziell 150 Dollar pro Tag für Werbung ausgegeben. Jetzt musste ich nur noch zusehen, wie das Geld hereinströmte. Ich würde reich werden!

Drei Tage, 450 $, 80 Leads und 0 Verkäufe später …

Ich habe alles abgeschaltet. *Ich bin ein Versager.*

Niemand hat mein Webinar gesehen. In der Zwischenzeit hat dieser Typ erneut gepostet, wie viel Geld er mit diesem Webinar-Zeug verdient. *Warum versage ich so sehr?*

Ich habe den größten Teil meines Geldes ausgegeben, um dieser Gruppe beizutreten, und habe gerade *weitere* 450 Dollar in Brand gesetzt. Ich hatte nicht das Geld, um noch einmal zu scheitern. Ich *musste* das nächste Ding zum Laufen bringen. Und wenn ich nicht einmal jemanden dazu bringen konnte, zuzusehen, welchen Sinn hatte es dann?

Die Falsstudie:

Ich habe durch meinen Newsfeed gescrollt, um zu sehen, was andere Leute taten. Eine Anzeige fiel mir ins Auge. „Kostenlose Fallstudie darüber, wie ich an einem Wochenende 1 US-Dollar ausgegeben und 123.000 US-Dollar verdient habe" oder so ähnlich. Ich gab meine E-Mail-Adresse ein und die Seite führte mich zu einem Video, in dem ich eine erfolgreiche Werbekampagne durchlief. Nichts Besonderes. Keine Folien. Kein „Präsentieren". Nur ein Typ, der erklärt, wie seine Sachen funktionieren.

Das kann ich tun.

Ich habe meinen Bildschirmrekorder gestartet:

Okay, alle zusammen. Hier ist der Werbeaccount eines Fitnessstudios, das wir gerade eröffnet haben. Hier sind die Anzeigen, die wir geschaltet haben. So viel haben wir ausgegeben. Wir haben sie mit diesem Angebot auf diese Seite platziert. Wie viele Leads wir erhalten haben, können Sie hier sehen. Die Anzeigen haben so viele Leute erreicht. So oft wurden sie gezeigt. So viel haben sie an Verkauf eingebracht. So viel hat der Fitnessstudiobesitzer verdient. Das ist alles, was wir getan haben. Wenn Sie Hilfe bei der Einrichtung von so etwas benötigen, erledigen wir das Ganze kostenlos. Und wir werden nur aus den von Ihnen getätigten Verkäufen bezahlt. Wenn das fair klingt, buchen Sie einen Anruf.

Es dauerte vielleicht 13 Minuten. Einfach. Ich habe das Webinar gegen dieses Video ausgetauscht und die Überschrift geändert:

„KOSTENLOSE Fallstudie: Wie wir ein kleines Fitnessstudio in San Diego um 213 Mitglieder und einen Umsatz von 112.000 US-Dollar bereicherten."

Sie könnten auf der nächsten Seite einen Anruf buchen.

Ich richtete eine neue Werbekampagne ein und ging zu Bett.

Am nächsten Morgen…

„Alex… was hast du gemacht?" fragte Leila.

„Was meinst du?"

„Fremde haben meinen Kalender für die nächste Woche komplett ausgebucht."

„Wirklich?"

„Ja. Hast du eine neue Kampagne gestartet oder so?"

„Ja… aber ich hätte nicht gedacht, dass es so schnell live gehen würde. Warte. Die Leute haben Anrufe gebucht!?"

„Ja. Tonnenweise."

Der Anblick von Leilas Kalender voller Termine erfüllte mich mit Freude. *Es funktioniert!*

Ich habe eine wichtige Lektion gelernt. *Sie wollten mein Webinar nicht. Aber sie wollten meine Fallstudie.* Diese zufällige Entdeckung hat mir gezeigt, wie es tatsächlich funktioniert, Leads zu gewinnen…*man muss den Leuten etwas geben, was sie wollen.* Das Beste daran ist – es ist einfacher als Sie denken.

Anmerkung des Autors: Webinare Funktionieren Immer Noch

Offensichtlich haben sie für den anderen Mann in meiner Gruppe funktioniert. Aber ich hatte damals nicht die Fähigkeiten, es zum Laufen zu bringen. Ich war von meiner ersten Erfahrung so gezeichnet, dass ich jahrelang kein weiteres Webinar mehr ausprobiert habe. Verbringen Sie Ihre Zeit damit, das Angebot zu testen, anstatt ein ungetestetes Produkt zu perfektionieren. Das war mein Durchbruch. Ich musste den Leuten einfach etwas geben, das sie wollten. Für Fitnessstudiobesitzer war es eine Fallstudie, die zeigte, wie ich Fitnessstudios in 30 Tagen füllte.

Lead Magnete Bringen Leads Dazu, Sich Zu Engagieren

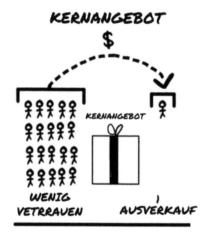

Unter **Angeboten** versteht man das, was Sie als Gegenleistung für etwas Wertvolles zu geben versprechen. Oftmals verspricht ein Unternehmen, sein Produkt oder seine Dienstleistung gegen Geld anzubieten. Dies ist ein *Kernangebot*. Wenn Sie Ihr Kernangebot bewerben, gehen Sie direkt in den Verkauf – den direkten Weg zum Geld. Die Werbung für Ihr Kernangebot reicht möglicherweise aus, um Leads zum Engagement zu bewegen. Versuchen Sie es zunächst auf diese Weise.

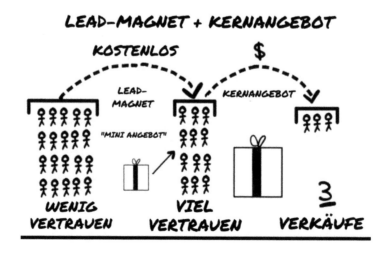

Manchmal möchten die Leute jedoch mehr über Ihr Angebot erfahren, bevor sie kaufen. Dies ist bei Unternehmen üblich, die teurere Produkte verkaufen. Wenn das auf Sie zutrifft, erhalten Sie häufig mehr Leads, die Sie ansprechen können, indem Sie zunächst mit einem Lead-Magneten werben. Ein **Lead-Magnet** ist eine Komplettlösung für ein kleines Problem. In der Regel handelt es sich um ein günstigeres oder kostenloses Angebot, um zu sehen, wer sich für Ihre Sachen interessiert. Und sobald es gelöst ist, offenbart es ein weiteres Problem, *das durch Ihr Kernangebot gelöst wurde*. Dies ist wichtig, da Leads, die *jetzt* an günstigeren oder kostenlosen Angeboten interessiert sind, *später* mit größerer Wahrscheinlichkeit ein entsprechendes, teureres Angebot kaufen.

Stellen Sie es sich wie Salzbrezeln in einer Bar vor. Wenn jemand die Brezeln isst, wird er durstig und bestellt sich ein Getränk. Die Salzbrezeln lösen das eng gefasste Problem des Hungers. Sie enthüllen auch ein Durstproblem, das durch ein Getränk gelöst wird, *das sie gegen Geld bekommen können*. Die Brezeln sind mit Kosten verbunden, aber wenn sie richtig gehandhabt werden, decken die Getränkeeinnahmen die Kosten der Brezeln *und* bringen einen Gewinn mit sich.

Ihr Lead-Magnet sollte also für sich genommen so wertvoll sein, dass Sie dafür eine Gebühr erheben *könnten*. Und nachdem die Leute es bekommen haben, sollten sie *mehr* von dem wollen, was Sie anbieten. Das bringt sie dem Kauf Ihrer Sachen einen Schritt näher. *Wer jetzt mit seiner Zeit bezahlt, zahlt später eher mit seinem Geld.*

Gute Lead-Magnete generieren mehr engagierte Leads und Kunden als ein Kernangebot allein, und das für weniger Geld. Also lassen Sie uns einen Lead-Magneten produzieren, ja?

Profi Tipp: Auch Gratisartikel Haben Ihren Preis

Die Leute geben Ihnen Zeit, bevor sie Ihnen Geld geben. Aber Zeit ist immer noch ein Kostenfaktor. Wenn Ihr Lead-Magnet seine Zeit nicht wert ist, *ist er überteuert*. Und ob kostenlos oder nicht, man wird nie wieder bei Ihnen kaufen.

Betrachten Sie es also so: *Wenn die Leute meinen, dass Ihr Lead-Magnet ihre Zeit wert ist, werden sie annehmen, dass Ihr Kernangebot ihr Geld wert ist.*

Sieben Schritte Zur Erstellung eines Effektiven Lead-Magneten

Schritt 1: Erkennen Sie das Problem, das Sie lösen möchten und für wen Sie es lösen möchten

Schritt 2: Finden Sie heraus, wie Sie es lösen können

Schritt 3: Entscheiden Sie, wie Sie es liefern können

Schritt 4: Testen Sie, wie Sie es benennen sollen

Schritt 5: Machen Sie es einfach zu konsumieren

Schritt 6: Machen Sie es verdammt gut

Schritt 7: Machen Sie es den Menschen leicht, Ihnen zu sagen, dass sie mehr wollen

Bevor wir beginnen, sollten Sie Folgendes bedenken - Grand-Slam-Angebote funktionieren für kostenlose Angebote genauso gut oder sogar besser als für kostenpflichtige Angebote. Gestalten Sie Ihren Lead-Magneten also so unfassbar gut, das die Leute dumm wären, wenn sie ablehnen würden. Und ja, das bedeutet, dass Sie möglicherweise ein paar wahnsinnig wertvolle Angebote haben (auch wenn einige kostenlos sind). Aber das ist eine *gute* Sache. Das Unternehmen, das den meisten Wert bietet, gewinnt. Zeitläufig. Also lassen Sie uns anfangen.

Schritt 1: Finden Sie das Problem, das Sie lösen möchten und für wen Sie es lösen möchten

Hier ist ein einfaches Beispiel, das wir gemeinsam durchgehen können…dieses Buch ist ein Lead-Magnet. Sie sind ein Lead. Ich möchte ein engagiertes Lead-Problem lösen. Und ich möchte es für Unternehmen lösen, die *weniger als* 1.000.000 US-Dollar Jahresgewinn erzielen. Mit genügend engagierten Leads könnten diese *mehr als* 1.000.000 US-Dollar Jahresgewinn erzielen. Dann qualifizieren sie sich für mein Kernangebot: Ich investiere in deren Unternehmen, um ihnen bei der Skalierung zu helfen.

Der erste Schritt besteht darin, das zu lösende Problem auszuwählen. Um das herauszufinden, verwende ich ein einfaches Modell. Ich nenne es den Problem-Lösungs-Zyklus. Sie können es unten sehen.

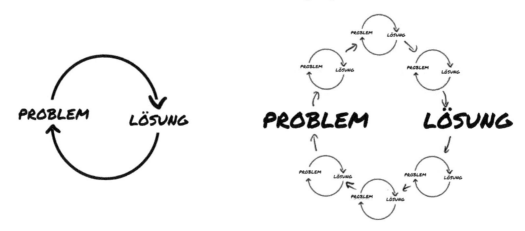

Für jedes Problem gibt es eine Lösung. Jede Lösung deckt weitere Probleme auf. Dies ist der nie endende Kreislauf des Geschäfts (und des Lebens). Und kleinere Problemlösungszyklen liegen innerhalb größerer Problemlösungszyklen. Wie wählen wir also das richtige Problem zur Lösung aus?

Wir beginnen mit der Auswahl eines Problems, das eng gefasst *und* bedeutungsvoll ist. Dann lösen wir es. Und wie wir gerade gelernt haben: Wenn wir ein Problem lösen, offenbart sich ein neues Problem. Hier kommt der wichtige Teil - *wenn wir dieses neue Problem mit unserem Kernangebot lösen können, haben wir einen Gewinner*. Denn wir lösen dieses neue Problem *gegen Geld*. Das ist es. Denken Sie nicht zu viel darüber nach.

Beispiel: Stellen Sie sich vor, wir helfen Hausbesitzern beim Verkauf ihrer Häuser. Das ist eine *umfassende* Lösung. Aber wie sieht es mit den Schritten *vor* dem Verkauf eines Hauses aus? Eigentümer möchten wissen, was ihr Haus wert ist. Sie wollen wissen, wie sie seinen Wert steigern können. Sie brauchen Bilder. Sie müssen es reinigen. Sie brauchen Landschaftsgestaltung. Es müssen kleinere Dinge repariert werden. Sie benötigen Umzugsdienste. Sie benötigen möglicherweise eine Inszenierung. Usw. Das sind alles *kleine* Probleme – ideal für Lead-Magneten. Wir wählen eines der kleinen Probleme aus und lösen es kostenlos. Und obwohl es hilft, macht es ihr anderes Problem deutlicher – *sie müssen ihr Haus immer noch verkaufen*. Aber jetzt haben wir ihr Vertrauen verdient. So können wir mit unserem Kernangebot die verbleibenden Probleme lösen und ihnen helfen, ihr umfassenderes Ziel zu erreichen.

Aktionsschritt: Wählen Sie das eng definierte Problem aus, das Sie lösen möchten. Stellen Sie dann sicher, dass Ihr Kernangebot das nächste auftretende Problem lösen kann.

Schritt 2: Finden Sie heraus, wie Sie es lösen können

Es gibt drei Arten von Lead-Magneten und jede bietet eine andere Art von Lösung.

Erstens: Wenn Ihr Publikum ein Problem hat, von dem es nichts weiß, wird Ihr Lead-Magnet es darauf aufmerksam machen. Zweitens könnten Sie ein wiederkehrendes Problem für kurze Zeit mit einer Probe oder einem Test Ihres Kernangebots lösen. Drittens können Sie ihm einen Schritt in einem mehrstufigen Prozess bieten, der ein größeres Problem löst. Alle drei lösen ein Problem und offenbaren andere. Ihre drei Typen sind also: 1) Probleme Aufzeigen, 2) Muster und Proben und 3) Ein Schritt Eines Mehrstufigen Prozesses.

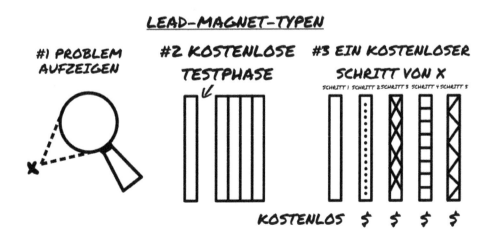

LEAD-MAGNET-TYPEN

#1 PROBLEM AUFZEIGEN

#2 KOSTENLOSE TESTPHASE

#3 EIN KOSTENLOSER SCHRITT VON X

SCHRITT 1 SCHRITT 2 SCHRITT 3 SCHRITT 4 SCHRITT 5

KOSTENLOS $ $ $ $

1) **Zeigen Sie Deren Probleme Auf.** Denken Sie an „Diagnose". Diese Lead-Magnete funktionieren hervorragend, wenn sie Probleme aufzeigen, <u>die sich verschlimmern, je länger Sie warten.</u>

- o Beispiel: Sie führen einen Geschwindigkeitstest durch, der zeigt, dass die Auslastung Ihrer Webseite 30% unter der Sollgeschwindigkeit liegt. Sie ziehen eine klare Grenze zwischen dem, wo Sie sein sollten, und dem, wieviel Geld Sie verlieren, wenn Sie unter den Standards bleiben.

- o Beispiel: Sie führen eine Haltungsanalyse durch und zeigen den Menschen, wie ihre Haltung aussehen sollte. Sie zeichnen eine klare Linie, wie ihr schmerzfreies Leben aussehen würde, wenn ihre Haltung korrigiert wäre und wie Sie helfen können.

- o Beispiel: Sie führen eine Termiteninspektion durch, die zeigt, was passiert, wenn die Käfer ihr Zuhause fressen. Wenn sie Termiten haben, können Sie diese für einen günstigeren Preis beseitigen, als…ein anderes Zuhause kosten würde. Wenn sie keine haben, bezahlen sie Sie dafür, dass von vornherein erst gar keine Termiten kommen! Sie verkaufen so oder so. Win-win!

2) **Muster Und Proben.** . Sie gewähren vollständigen, aber kurzen Zugang zu Ihrem Kernangebot. Sie können die Anzahl der Nutzungen, die Zugriffszeit oder beides begrenzen. Dies funktioniert hervorragend, wenn Ihr Kernangebot eine wiederkehrende Lösung für ein wiederkehrendes Problem ist.

- o Beispiel: Sie lenken die Aufmerksamkeit der Kunden auf Ihren schnelleren Server und zeigen, dass Ihre Webseite blitzschnell lädt. Sie gewinnen mehr Kunden durch Ihre schnelleren Ladezeiten. Wenn diese Ihre Lösung behalten wollen, müssen sie Sie weiterhin bezahlen.

- o Beispiel: Sie geben eine kostenlose Korrektur für eine Körperhaltung und der Kunde erfährt Erleichterung. Um dauerhafte Vorteile zu erzielen, muss er mehr kaufen.

- o Beispiel: Lebensmittel, Kosmetika, Medikamente oder andere *Verbrauchsgüter*. Verbrauchsgüter sind von Natur aus nur begrenzt einsetzbar und lösen wiederkehrende Probleme … bei wiederkehrendem Gebrauch. Einzelportionen, „Spaßproben" usw. Sind daher großartige Leadmagneten. Das ist die Art und Weise, wodurch Costco anders verkauft als andere Geschäfte – sie verschenken Muster.

Profi-Tipp: Seien Sie Ein Drogendealer

Viele Menschen verdienen Geld mit dem Verkauf von Drogen (legal und illegal). Eine kostenlose Medikamentenprobe ist ein Lead-Magnet. Sie können es sich leisten, einen „Treffer" zu verschenken, denn wenn die Leute es einmal ausprobiert haben, sind sie süchtig. Er ist so gut, dass sie zurückkommen, um mehr zu bekommen. Aus diesem Grund „verwässern" wir den Wert unserer Lead-Magnete nicht und verschenken keinen Schnickschnack. Wenn überhaupt, möchten Sie, wie ein Drogendealer, *zuerst* den stärksten „Treffer" verabreichen. Dadurch kommen sie immer wieder zurück, um mehr zu erhalten. Ihr Lead-Magnet ist Ihr erster „Treffer". Für den nächsten werden sie bezahlen müssen. Seien Sie ein (legaler) Drogendealer, und Sie werden wie ein solcher Geld verdienen.

PS: Was auch immer Sie tun, stellen Sie sicher, dass es legal ist.

---

3) **Ein Schritt Eines Mehrstufigen Prozesses.** Wenn Ihr Kernangebot Schritte enthält, können Sie einen wertvollen Schritt kostenlos geben und die restlichen beim Kauf. Dies funktioniert hervorragend, wenn Ihr Kernangebot ein komplexeres Problem lost.

o Beispiel: Dieses Buch. Ich helfe Ihnen, einen Gewinn von über 1.000.000 $ pro Jahr zu erzielen. Dann haben Sie neue Probleme, bei deren Lösung wir Ihnen behilflich sind und von dort aus skalieren können.

o Beispiel: Sie verschenken eine kostenlose Holzversiegelung für ein Garagentor. Für den Versiegelungsprozess sind jedoch drei verschiedene Anstriche erforderlich, um vor allen Witterungseinflüssen zu schützen. Ich gebe den ersten kostenlos, erkläre, warum er nur einen Teilschutz bietet, und biete die anderen beiden im Paket an.

o Beispiel: Sie verschenken kostenlose Finanzkurse, Leitfäden, Rechner, Vorlagen, usw. Diese sind so wertvoll, dass die Leute wirklich alles selbst machen können. Aber sie zeigen auch, wieviel Zeit, Mühe und Opfer es kostet, das alles zu tun. Sie bieten also Finanzdienstleistungen an, um all das zu lösen.

Aktionsschritt: Wählen Sie aus, wie Sie Ihr eng definiertes Problem lösen möchten.

Anmerkung des Autors: Was Wir Von Umkleidekabinen Lernen Können "Probieren Sie es, bevor Sie es kaufen"

Vor Jahren durfte man Dinge nicht anprobieren, bevor man sie kaufte. Dann richtete ein kluger Geschäftsinhaber eine Umkleidekabine ein. Seine Verkäufe stiegen vermutlich sprunghaft an. So sehr, dass es mittlerweile in *allen* Bekleidungsgeschäften zur Standardpraxis gehört. Deshalb ist die Umkleidekabine so leistungsstark: Sie vereint alle drei Arten von Lead-Magneten *in einem*. Man darf etwas anprobieren – *quasi eine Probeversion*. Es offenbart auch *ein Problem*, denn sobald Sie etwas anprobieren, stellen Sie möglicherweise fest, dass Sie etwas Anderes benötigen, als Sie beabsichtigt hatten. Und wenn Sie ein Hemd gefunden haben, das Ihnen gefällt, würde ein guter Verkäufer fragen: „Möchten Sie eine Hose dazu?" Es wird zum ersten Schritt in einem mehrstufigen Prozess zur Erstellung *eines Outfits*. Versuchen Sie also, wenn Sie können, einen Lead-Magneten zu finden, der alle drei Funktionen erfüllt: ein Problem aufzeigen, einen Vorgeschmack auf die Lösung geben und diesen als kleinen Teil eines Gesamtpakets präsentieren.

Schritt 3: Entscheiden Sie, wie Sie liefern können

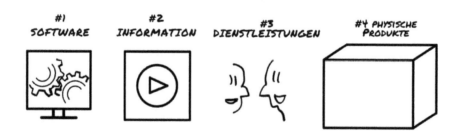

Es gibt unbegrenzte Möglichkeiten, Probleme zu lösen. Aber meine Lieblings-Lead-Magnete werden durch Software, Informationen, Dienstleistungen und physische Produkte gelöst. Und jedes davon funktioniert hervorragend mit den drei Arten von Lead-Magneten aus Schritt zwei. Ich zeige Ihnen, was ich getan habe, um Fitnessstudiobesitzer mit jedem Lead-Magnet-Typ anzulocken.

1) <u>Software</u>: *Sie geben ihnen ein Werkzeug.* Wenn Sie über eine Tabellenkalkulation, einen Taschenrechner oder eine kleine Software verfügen, übernimmt Ihre Technologie deren Arbeit.

   Beispiel: Ich verschenke eine Tabelle oder ein Dashboard, das einem Fitnessstudio- Besitzer alle relevanten Geschäftsstatistiken liefert, sie mit Branchendurchschnitten vergleicht und ihm dann eine Rangfolge gibt.

2) <u>Information</u>: *Sie bringen ihnenn etwas bei.* Kurse, Lektionen, Interviews mit Experten, Keynote-Präsentationen, Live-Events, Fehler und Fallstricke, Hacks/Tipps, usw. Alles, woraus sie <u>lernen</u> können.

Beispiel: Ich verschenke einen Minikurs für Fitnessstudios zum Verfassen einer Anzeige.

3) <u>Dienstleistungen</u>: *Sie arbeiten kostenlos.* Passen Sie ihre Haltung an. Führen Sie ein Website-Audit durch. Tragen Sie die erste Schicht Garagenversiegelung auf. Verwandeln Sie ihr Video in ein E-Book. Usw.

Beispiel: Ich schalte 30 Tage lang kostenlos Anzeigen für Fitnessstudio-Besitzer.

4) <u>Physische Produkte</u>: *Sie geben ihnen etwas, das sie in ihren Händen halten können.* Eine Tabelle zur Beurteilung der Körperhaltung, ein Nahrungsergänzungsmittel, eine kleine Flasche Dichtungsmittel für Garagentore, Boxhandschuhe, um Box-Fitness-Starthilfen zu erhalten, usw.

Beispiel: Ich verkaufe ein Buch für Fitnessstudio-Besitzer mit dem Titel *„Eröffnungsgeheimnisse für Fitnessstudios".*

Mit drei verschiedenen Arten von Lead-Magneten und vier Möglichkeiten, diese zu liefern, sind das bis zu zwölf Lead-Magnete, die ein einziges kleines Problem lösen. So viele Magnete, so wenig Zeit!

Ich mache so viele Versionen eines Lead-Magneten wie möglich und lasse sie rotieren. Dadurch bleibt die Werbung aktuell *und* der Aufwand gering. Außerdem sehen Sie, welche am besten funktionieren. Wie in meiner Fallstudiengeschichte am Anfang des Kapitels sind die Ergebnisse oft überraschend. Und Sie werden dies erst erkennen, wenn Sie es versucht haben.

<u>Aktionsschritt</u>: Denken Sie als Gedankenübung an einen Lead-Magneten und dann an eine Version davon für jede Versandmethode. Das können Sie immer, das verspreche ich. Wählen Sie dann aus, wie Sie *Ihren* Lead-Magneten vermitteln möchten.

Schritt 4: Testen Sie Wie Sie ihn Benennen Möchten

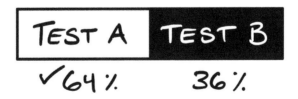

David Ogilvy sagte: „Wenn Sie Ihre Überschrift geschrieben haben, haben Sie 80 Cent Ihres (Werbe-)Dollars ausgegeben." Das bedeutet, dass Ihre Überschrift fünfmal mehr Menschen lesen als jeden anderen Teil Ihrer Werbung. Sie lesen sie und treffen eine schnelle Entscheidung, weiterzulesen … oder nicht. Wie Ogilvy andeutet, müssen Leads Ihren Lead-Magneten bemerken, *bevor* sie ihn konsumieren können. Ob es Ihnen gefällt oder nicht, das bedeutet, dass die Art und Weise, wie wir ihn präsentieren, wichtiger ist als alles andere. Wenn Sie beispielsweise die Überschrift, den Namen und die Anzeige Ihres Lead-Magneten verbessern, können Sie Ihr Engagement verdoppeln, verdreifachen oder verzehnfachen. Es ist *so* wichtig. Außerdem: Wenn niemand Interesse an Ihrem Lead-Magneten zeigt, wird niemand jemals erfahren, wie gut er ist. Sie können es nicht dem Zufall überlassen. Also hören Sie zu. Folgendes tun Sie als Nächstes - **Sie testen**.

Die drei Dinge, die Sie testen möchten, sind die Überschrift, die Bilder und die Unterüberschrift in dieser Reihenfolge. Die Überschrift ist das Wichtigste. Wenn Sie also nur eine Sache testen, testen Sie diese. Ich hatte zum Beispiel keine Ahnung, wie ich dieses Buch betiteln sollte. Um herauszufinden, welcher Name am besten funktioniert, habe ich Folgendes getan - **Ich habe es getestet.** Die Ergebnisse werden Sie vielleicht genauso überraschen wie mich.

Überschriften Tests

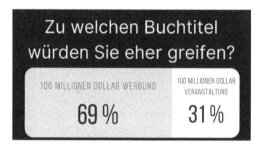

Runde I: Werbung ✔ vs. Veranstaltung

Runde II: Werbung vs. Leads ✔

Runde III: Marketing vs. Leads ✔

Bild-Test

✔ Real vs. Karikatur

Unterüberschrift

Runde I :

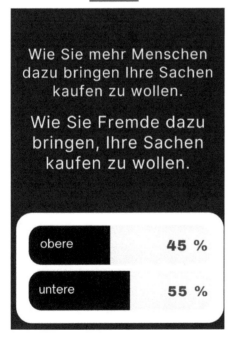

„Wie Sie mehr Menschen dazu bringen, Ihre Sachen kaufen zu wollen"

„Wie Sie Fremde dazu bringen, Ihre Sachen kaufen zu wollen" ✔

Runde II :

„Wie Sie mehr Fremde dazu bringen, Ihre Sachen kaufen zu wollen"

„Wie Sie Fremde dazu bringen, Ihre Sachen kaufen zu wollen" ✔

Runde III :

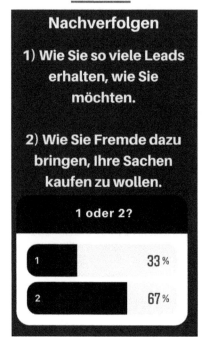

Runde IV :

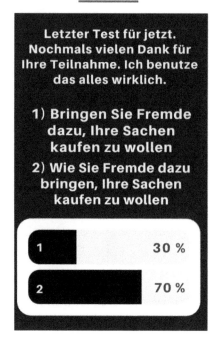

„Wie Sie so viele Leads bekommen, wie Sie wollen"

„Wie Sie Fremde dazu bringen, Ihre Sachen kaufen zu wollen" ✔

„Bringen Sie Fremde dazu, Ihre Sachen kaufen zu wollen"

„Wie Sie Fremde dazu bringen, Ihre Sachen kaufen zu wollen" ✔

Beachten Sie bei den Unterüberschriften-Tests zwei Dinge:

1) „Wie Sie Fremde dazu bringen, Ihre Sachen kaufen zu wollen" übertrifft mit überwältigender Mehrheit „Bringen Sie Fremde dazu, Ihre Sachen kaufen zu wollen". Der einzige Unterschied besteht in zwei kleinen Worten: „Wie man". Und es übertrifft auch „Wie Sie *mehr* Fremde dazu bringen, Ihre Sachen kaufen zu wollen", indem ein einziges Wort „mehr" entfernt wurde. Kleine Änderungen können große Unterschiede bewirken.

2) Da so viele Leute gefragt haben, dachte ich, ich würde die Frage hier beantworten. Ich habe das Buch nicht mit dem Untertitel „Wie Sie Fremde dazu bringen, Ihre Sachen zu kaufen" versehen, weil es da um Verkäufe geht und nicht darum, Leads zu gewinnen. Der Sinn dieses Buches besteht darin, Fremde dazu zu bringen, Interesse zu zeigen und nicht zu kaufen (noch nicht). Mit einer erhobenen Hand endet dieses Buch. „*100 Millionen Dollar Verkäufe*" oder „*Überzeugungskraft*" (ich habe mich noch nicht entschieden), wird ein zukünftiges Buch sein. Ein Problem nach dem anderen.

Aktionsschritt: Testen Sie. Wenn sich die Leute in Scharen engagieren, haben Sie einen Gewinner.

Und wenn Sie überhaupt Anhänger haben, können Sie Umfragen wie diese durchführen. Man braucht nicht viele Stimmen, um eine richtungsweisende Idee zu bekommen. Wenn Ihnen das nicht gelingt, erstellen Sie auf jeder Plattform einen Beitrag und bitten Sie die Leute, mit einer „1" oder einer „2" zu antworten, und zählen Sie dann nach. Wenn Sie das dann immer noch nicht können, dann schreiben Sie den Leuten einfach eine Nachricht und fragen Sie. Es gibt immer einen Weg, und das ist eine der größten Hebelwirkungen, den Sie mit Ihrer Zeit erreichen können – stellen Sie sicher, dass die Art und Weise, wie Sie Ihre Zeit verpacken, Interesse weckt und Ihnen einen großen Vorsprung verschafft.

Bonuspunkte: Wenn die Leute auf die Umfrage antworten _und_ fragen, wann sie Ihr Produkt erhalten können, haben Sie einen Mega-Gewinner.

Schritt 5: Machen Sie es ihnen leicht, zu konsumieren

Menschen ziehen es vor, Dinge zu tun, die weniger Aufwand erfordern. Wenn wir also möchten, dass mehr Menschen unseren Lead-Magneten annehmen und konsumieren, müssen wir es ihnen einfach machen. Sie können eine 2-, 3- und sogar 4-fache Steigerung der Einnahmerate _und_ des Verbrauchs feststellen, indem Sie einfach den Konsum erleichtern.

1) <u>Software</u>: Sie möchten Ihr Produkt auf ihren Telefonen, auf einem Computer und in verschiedenen Formaten zugänglich Machen. Auf diese Weise wählen Sie dasjenige aus, die für Sie am Einfachsten ist.

2) <u>Information</u>: Menschen konsumieren Dinge gerne auf unterschiedliche Weise. Manche Leute schauen gerne zu, andere lesen gerne, andere hören gerne zu, usw. Erstellen Sie Ihre Lösung in so vielen Formaten wie möglich: Bilder, Video, Text, Audio, usw. Bieten Sie sie alle an. Deshalb gibt es dieses Buch in allen Formaten, die Menschen konsumieren.

3) <u>Dienstleistungen</u>: Seien Sie zu mehr Zeiten und auf mehr Arten verfügbar. Mehr Tageszeiten. Mehr Tage in der Woche. Per Videoanruf, Telefonanruf, persönlich, usw. Je einfacher Sie an die Leads gelangen, desto wahrscheinlicher ist es, dass sich die Leute engagieren und den Gratiswert beanspruchen.

4) <u>Physische Produkte</u>: Machen Sie es ganz einfach, zu bestellen und schnell ausliefern zu können. Sorgen Sie dafür, dass das Produkt schnell selbst und einfach zu öffnen ist. Geben Sie einfache Anweisungen zur Verwendung des Produkts. <u>Beispiel</u>: Apple hat seine Produkte so gut hergestellt, dass nicht einmal eine Anleitung erforderlich war. Und die Verpackung ist so gut, dass die meisten Leute die Kartons behalten.

<u>Aktionsschritt</u>: Verpacken Sie Ihren Lead-Magneten so gut wie möglich. Dadurch erhöht sich die Anzahl der engagierten Leads, die zu Ihnen kommen, erheblich. Und je mehr Leads mit Ihrem Lead-Magneten interagieren, desto mehr Leads profitieren davon. Das ist immens.

Interessante Tatsache: Mein Buch „*100 Millionen Dollar Angebote*" hat eine nahezu perfekte Aufteilung von ¼, ¼, ¼, ¼ zwischen E-Books, physischen Büchern, Hörbüchern und Videos (kostenlos auf Acquisition.com). Das Buch in mehreren Formaten zur Verfügung zu stellen, ist meines Wissens nach die einfachste Möglichkeit, die zwei-, drei- bis vierfache Anzahl an Leads für die gleiche Arbeit zu erhalten. Wenn ich es nur in einem Format zur Verfügung stellen würde, würde ich das Drei- bis Vierfache der Leute verpassen, die das Buch andernfalls nicht gelesen hätten. Was für eine Schande wäre das gewesen und was für eine Verschwendung.

Schritt 6: Machen Sie es verdammt gut:

Geben Sie Die Geheimnisse Preis, Verkaufen Sie Die Implementierung

Der Marktplatz beurteilt alles, was Sie zu bieten haben – *kostenlos oder nicht*. Und Sie können nie zu viel Wert bieten. Aber Sie *können* zu wenig bereitstellen. Sie möchten also, dass Ihr Lead-Magnet einen so hohen Mehrwert bietet, dass sich die Leute verpflichtet fühlen, Ihnen Geld zu zahlen. Das Ziel besteht darin, mehr Wert zu bieten als die <u>Kosten Ihres Kernangebots</u> ausmachen, *bevor sie es gekauft haben*.

Denken Sie so darüber nach. Wenn Sie Angst davor haben, Ihre Geheimnisse preiszugeben, stellen Sie sich die Alternative vor: Sie verschenken ekligen Flaum. Dann denken Leute, die vielleicht zu Kunden geworden sind, dass *diese Person erbärmlich ist! Sie haben nur ekligen Flaum*! Dann kaufen sie bei jemand anderem. So traurig. Darüber hinaus sagen sie anderen Leuten, die möglicherweise bei Ihnen gekauft hätten, dass sie es nicht tun sollten. Es ist ein Teufelskreis, den Sie nicht durchmachen wollen.

Aber denken Sie daran: Menschen kaufen Dinge auf der Grundlage des Werts, den sie ihrer Meinung nach *nach* dem Kauf zu erwarten haben. Und der einfachste Weg, sie glauben zu lassen, dass sie nach dem Kauf einen enormen Mehrwert erhalten, ist … Trommelwirbel bitte … ihnen *vor* dem Kauf einen Mehrwert zu bieten.

Stellen Sie sich ein Unternehmen vor, das allein durch die Nutzung meiner kostenlosen Inhalte von 1 Mio. auf 10 Mio. US-Dollar skaliert. Die Chance, dass sie mit Acquisition.com zusammenarbeiten, ist riesig, *da ich meinen Anteil bezahlt habe, bevor wir überhaupt angefangen haben.*

<u>Aktionsschritt</u>: 99 % der Leute werden nicht kaufen, aber sie werden Ihren Ruf aufbauen (oder zerstören), basierend auf dem Wert Ihrer kostenlosen Inhalte. Machen Sie also Ihre Lead-Magnete so gut wie Ihre bezahlten Produkte. Ihr Ruf hängt davon ab. Bieten Sie Mehrwert. Stapeln Sie das Deck. Ernten die Früchte.

Schritt 7: Machen Sie es den Menschen leicht, Ihnen zu sagen, dass sie mehr möchten

Sobald die Leads den Lead-Magneten konsumieren, sind einige von ihnen bereit, Ihr Angebot zu kaufen oder mehr über Ihr Angebot zu erfahren. Jetzt ist es an der Zeit, einen **Call-to-Action (Aufforderung zum Handeln) zu geben**. Ein Call-to-Action (CTA) *sagt dem Publikum, was als nächstes zu tun ist.* Aber es steckt noch etwas mehr dahinter. Zumindest wenn Ihre Werbung funktionieren soll. Gute CTAs haben zwei Dinge: 1) was zu tun ist und 2) Gründe, es *sofort* zu tun.

<u>Was zu tun ist</u>: CTAs fordern das Publikum auf, die Nummer anzurufen, auf die Schaltfläche zu klicken, Informationen zu vermitteln, den Anruf zu buchen usw. Es gibt viel zu viele, um sie aufzulisten. CTAs zeigen dem Publikum einfach, wie man zu engagierten Leads wird. Gute CTAs haben eine klare, einfache und direkte Sprache. Nicht *„nicht zögern"*, sondern *„jetzt anrufen"*. Lesen Sie den nächsten Absatz, um mehr zu erfahren (sehen Sie, was ich dort gemacht habe?).

<u>Gründe, es sofort zu tun</u> – Wenn Sie den Menschen einen Grund geben, Maßnahmen zu ergreifen, werden mehr Menschen ganau das tun. Aber ein paar Dinge sollten Sie im Hinterkopf behalten: Erstens funktionieren gute Gründe besser als schlechte Gründe. Und zweitens funktioniert jeder Grund (auch ein schlechter) tendenziell besser als gar kein Grund. Um mehr Menschen zum Handeln zu bewegen, nenne ich so viele wirksame Gründe wie möglich. Hier sind meine Lieblingsgründe, jetzt zu handeln:

a) Knappheit – Knappheit *liegt vor, wenn es nur eine begrenzte Menge von etwas gibt.* Vor allem, wenn das Angebot im Vergleich zur Nachfrage gering ist. Wenn etwas knapp ist, wie Ihr Lead-Magnet oder Ihr Angebot, tendieren die Leute auch eher dazu, es zu wollen. Und deshalb ist es wahrscheinlicher, dass sie jetzt handeln. Je weniger Sie haben, für desto wertvoller halten die Leute es. Aber es gibt einen Haken: Je weniger Sie haben, desto weniger engagierte Leads können Sie gewinnen, bevor Ihnen alles ausgeht. Die beste Strategie, die ich gegen Knappheit kenne, ist also - *Realität*. Lassen Sie mich erklären. Wenn Sie morgen das 1000-fache an Kunden anwerben würden, könnten Sie damit umgehen? Wenn nicht, gibt es *eine* Grenze für den Verkauf. Möglicherweise sind Sie durch Kundenservice, Onboarding, Inventar, Zeitfenster pro Woche usw. eingeschränkt. Halten Sie es nicht geheim - Machen Sie Werbung dafür. Dies führt zu *ethischer* Knappheit. Wenn Sie nicht mehr als fünf neue Kunden pro Woche betreuen können, *sagen Sie es*. Machen Sie auf die natürliche Knappheit in Ihrem Unternehmen aufmerksam. Wenn Sie Einschränkungen haben, können Sie diese auch zum Geldverdienen nutzen.

Bsp: *„Die günstigsten Unterrichtszeiten sind schnell ausgebucht. Rufen Sie jetzt an, um das zu bekommen, was Sie wollen."*

„Ich kann nur fünf Leuten pro Woche handhaben. Wenn Sie also wollen, dass das Problem schnell gelöst wird, machen Sie xyz …"

„Wir haben nur eine Charge Hemden gedruckt und werden dieses Design nie wieder drucken. Besorgen Sie sich eines, damit Sie es nicht für immer bereuen, etwas verpasst zu haben …"

b) Dringlichkeit. Sie können unbegrenzt viele Einheiten verkaufen, aber nehmen wir an, Sie hören in einer Stunde auf, sie zu verkaufen … *mit Absicht*. Ich wette, in dieser Stunde werden mehr Leute als sonst Ihr Ding kaufen. Das ist Dringlichkeit in Aktion. **Dringlichkeit** *liegt vor, wenn Menschen schneller handeln, weil sie nur wenig Zeit haben.*

Und je weniger Zeit die Menschen haben, desto schneller (dringlicher) handeln sie tendenziell. Wenn Sie also die Zeit verkürzen, in der sie auf Ihren CTA reagieren können, können Sie mehr von ihnen dazu bringen, schneller darauf zu reagieren. Sie können die gleiche Dringlichkeit auch mit Rabatten oder Boni nutzen, die nach X Minuten oder Stunden verschwinden. Danach wird dieses Angebot nie wieder verfügbar sein.

Beispiel: *„Unsere Aktion am 4. Juli endet am Montag um Mitternacht. Wenn Sie es also nutzen möchten, ergreifen Sie jetzt Maßnahmen."*

„Unsere Black Friday-Aktion endet um Mitternacht. Es sind nur noch vier Stunden übrig. Holen Sie es sich, solange Sie noch können."

„Bis Freitag werde ich außerdem jedem, der mehr als drei Bücher kauft, einen Gratishut dazugeben. Wenn Sie also in einem Acquisition.com-Hut schick aussehen möchten, kaufen Sie jetzt."

Profi-Tipp: Die Dringlickkeitstaktik, Die Ich Am Häufigsten Verwende

<u>Ich habe Boni zeitlich begrenzt.</u> Auf diese Weise muss ich meine Preise oder Produkte nicht ständig ändern. Ich kann einfach den Bonus ändern. Ich mache gerne eine Handvoll wertvoller Boni und wechsle sie jede Woche. Und wenn sie bis zum Ende der Woche nichts unternehmen, verpassen sie *tatsächlich* den Bonus. Das Beste daran ist, dass es eine einfache Möglichkeit ist, CTAs effektiver zu gestalten, *ohne den Umsatz zu begrenzen.*

Bruderschafts-Party Planer (mein Favorit) – Erfinden Sie einen Grund. Burschenschaften brauchen keinen Grund zum Feiern – aber sie sind auf jeden Fall ein echter Hingucker. „John wurden seine Weisheitszähne entfernt … Fassbier!" „Margherita Montag!" „Toga-Dienstag" „Durstiger Donnerstag!" usw. Ihre Begründung muss nicht einmal einen Sinn ergeben, *und sie wird trotzdem mehr* Menschen zum Handeln bewegen. Tatsächlich führte Harvard ein Experiment durch, das zeigte, dass die Wahrscheinlichkeit höher ist, dass Menschen Schlange stehen, *wenn sie nur einen Grund dafür bekommen.* Die Anzahl der Menschen, die andere beschnitten, *nahm zu,* wenn der Grund sinnvoll war (z. B. Knappheit und Dringlichkeit). Aber *jeder Grund* funktioniert immer noch besser als *kein Grund.* Deshalb versuche ich immer, einen miteinzubeziehen. Denken Sie, nach dem Wort *weil,* an „das, was Sie sagen". Beispiele:

- *Weil…*Mütter es am besten wissen .

- *Weil…*Ihr Land Sie braucht.

- *Weil…*es mein Geburtstag ist und ich möchte, dass du mit mir feierst.

Aktionsschritt: Geben Sie einen klaren, einfachen und handlungsorientierten CTA. Geben Sie dann einen „Grund dafür" an, indem Sie Knappheit, Dringlichkeit und alle anderen Gründe nennen, die Ihnen einfallen. Und machen Sie das oft. Seien Sie nicht schlau, seien Sie klar.

Auch wenn die Lieferung Ihres Lead-Magneten Geld kostet, sollte es Ihre Kosten für die Neukundengewinnung dennoch *senken*. Denn mehr engagierte Leads bedeuten mehr Chancen, Kunden zu gewinnen. Und die zusätzlichen Kunden decken mehr als Ihre Kosten. Das ist der Punkt.

Nehmen wir an, Sie erzielen mit Ihrem Kernangebot einen Gewinn von 10.000 $. Und es kostet Sie 1.000 US-Dollar an Werbung, jemanden dafür zu gewinnen. Wenn Sie eine von drei Personen ausschließen, kostet Sie das 3000 $ Werbung, um einen Kunden zu gewinnen. Da wir einen Gewinn von 10.000 US-Dollar haben, mit dem wir arbeiten können, ist das in Ordnung. Aber wir sind klug, wir können es besser machen. Also, lassen Sie es uns besser machen.

Stellen Sie sich vor, Sie bewerben einen kostenlosen Lead-Magneten anstelle Ihres Kernangebots. Die Lieferung Ihres Lead-Magneten kostet Sie 25 US-Dollar, und da er für sie kostenlos ist, werden sich mehr Personen engagieren. Das zusätzliche Engagement bedeutet, dass es nur 75 US-Dollar an Werbung kostet, jemanden zu einem Anruf zu bewegen. Alles in allem sind es 100 $ pro Anruf. Indem Sie einen Mehrwert liefern, bevor sie kaufen, *erhalten Sie bei gleichen Kosten zehnmal mehr engagierte Leads*. Hinweis: Dies passiert jedes Mal, wenn Sie den Lead-Magneten auswerfen.

Nehmen wir an, einer von zehn Leuten, die den Lead-Magneten erhalten, kauft Ihr Kernangebot. Das bedeutet, dass Ihre neuen Kosten für die Kundenakquise 1.000 US-Dollar betragen (100 US-Dollar x 10 Personen). Wir haben unsere Kosten, um einen Kunden zu gewinnen, einfach um das Dreifache gesenkt. Anstatt also 3.000 US-Dollar auszugeben, um einen neuen Kunden zu gewinnen, geben wir durch den Einsatz eines Lead-Magneten nur 1.000 US-Dollar aus. Wenn wir davon ausgehen, dass wir 10.000 US-Dollar verdienen, ist das eine Rendite von 10:1. Wenn wir also unser Werbebudget gleich halten und einen Lead-Magneten verwenden, *verdreifachen wir unser Geschäft*. Denken Sie daran: Das Ziel besteht darin, Geld zu drucken und nicht nur unseren „gerechten Anteil" zu verdienen.

Das ist es, womit erfahrene Unternehmer die Neulinge schlagen. Mit einem Budget von 25 $ für die Bereitstellung Ihres Lead-Magneten können Sie WEIT mehr Wert bieten als mit einem Budget von 0 $. Verrückt, ich weiß. Sie ziehen mehr Kunden an, weil Ihr Lead-Magnet wertvoller ist als der anderer Leute. Oftmals um einiges. Dies führt dazu, dass mehr Fremde zu engagierten Leads werden. Es führt auch zu mehr Verkäufen, weil Sie im Voraus einen Mehrwert geschaffen haben. Gewinnen. Gewinnen. Gewinnen.

Aktionsschritte:

Schritt 0: Wenn Sie Schwierigkeiten haben, Leads zu gewinnen, erstellen Sie einen tollen Lead-Magneten.

Schritt 1: Entscheiden Sie, welches Problem Sie für den richtigen Kunden lösen möchten.

Schritt 2: Finden Sie heraus, wie Sie es lösen möchten

Schritt 3: Entscheiden Sie, wie Sie es liefern können

Schritt 4: Formulieren Sie den Namen interessant und klar.

Schritt 5: Machen Sie den Konsum einfach

Schritt 6: Stellen Sie sicher, dass es verdammt gut ist

Schritt 7: Sagen Sie den Menschen, was als nächstes zu tun ist, warum es eine gute Idee ist, tun Sie dies verständlich und häufig

Abschnitt II Schlussfolgerung

Mein Ziel mit diesem Buch ist es, den Lead-Gewinnungsprozess zu entmystifizieren. Im ersten Kapitel haben wir erläutert, warum Leads allein nicht ausreichen – Sie brauchen *engagierte Leads*. Im zweiten Kapitel haben wir erläutert, wie Sie Leads dazu bringen, sich zu engagieren – *ein wertvoller Lead-Magnet oder ein wertvolles Angebot*. Und ein guter Lead-Magnet bewirkt vier Dinge:

1) Er bindet Kunden ideal ein, wenn sie ihn sehen.

2) Er bringt mehr Menschen dazu, sich zu engagieren als Ihr Kernangebot allein

3) Er ist wertvoll genug, dass sie ihn konsumieren.

4) Er erhöht die Wahrscheinlichkeit, dass die richtigen Leute kaufen.

Dadurch zeigen mehr Menschen Interesse an unseren Produkten. Wir verdienen mehr Geld damit. Und wir liefern mehr Wert als jemals zuvor – und das alles gleichzeitig.

Als Nächstes:

Wir haben uns mit einem starken Lead-Magneten ausgestattet. Jetzt zeige ich Ihnen die vier Möglichkeiten, wie wir dafür werben können. Mit anderen Worten: Jetzt, wo wir „das Zeug" haben, müssen wir den Leuten davon erzählen. Lassen Sie uns ein paar Leads gewinnen.

KOSTENLOSES GESCHENK: Bonus-Tutorial Zur Herstellung Des Ultimativen Lead-Magneten

Wenn Sie einen genaueren Blick darauf werfen möchten, wie wir wahnsinnig gute Lead-Magnete herstellen, gehen Sie zu Acquisition.com/training/leads. Es ist kostenlos und öffentlich verfügbar. Wie versprochen ist es mein Ziel, Ihr Vertrauen zu gewinnen. Und Vertrauen wird Stein für Stein aufgebaut. Lassen Sie zu, dass dieses Training der erste von vielen Bausteinen ist. Genießen Sie. Sie können auch den QR-Code unten scannen, wenn Sie nicht gerne tippen.

SCANNE MICH

47

Abschnitt III: Leads Gewinnen

Die Vier Grund-Werbemethoden

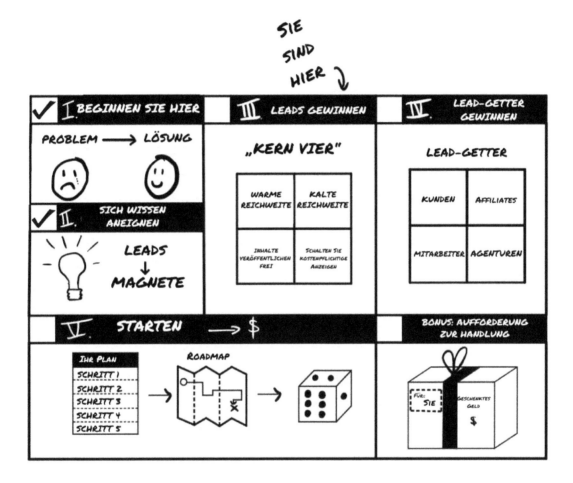

Wir gewinnen engagierte Leads, indem wir die Leute über unsere Produkte informieren. Und es gibt zwei Arten von Menschen, die wir informieren: Menschen, die uns kennen, und Menschen, die uns nicht kennen. Und es gibt zwei Möglichkeiten, sie darüber zu informieren: eins-zu-eins und eins-zu-viele. Daraus ergeben sich die vier grundlegenden Möglichkeiten, wie eine Person andere Menschen über alles informieren kann. Lassen Sie uns aufschlüsseln, wie wir diese vier Möglichkeiten nutzen können, um Leads zu gewinnen.

Zwei Arten von Publikum: Warmes und Kaltes

Warmes Publikum sind *Personen, die Ihnen die Erlaubnis gegeben haben, sie zu kontaktieren.* Denken Sie an „Menschen, die Sie kennen" – also Freunde, Familie, Follower, aktuelle Kunden, frühere Kunden, Kontakte usw.

Kaltes Publikum sind Personen, *die Ihnen nicht die Erlaubnis gegeben haben, mit ihnen Kontakt aufzunehmen.* Denken Sie an „Fremde" – auch bekannt als – Zielgruppen anderer Leute: Kontaktlisten kaufen, Kontaktlisten erstellen, Plattformen für den Zugang bezahlen, usw.

Der Unterschied ist wichtig, weil er die Art und Weise verändert, *wie* wir ihnen gegenüber Werbung machen.

Zwei Möglichkeiten der Kommunikation: Eins-zu-Eins (Privat), Eins-zu-Viele (Öffentlich)

Wir können Menschen 1-zu-1 oder 1-zu-viele kontaktieren. Eine andere Möglichkeit, die man in Betracht ziehen kann, ist die private oder öffentliche Kommunikation. Bei privater Kommunikation erhält jeweils nur eine Person eine Nachricht. Denken Sie an „Telefonanruf" oder „E-Mail". Wenn man etwas öffentlich ankündigt, können es viele Leute gleichzeitig bekommen. Denken Sie an „Social-Media-Beiträge", „Werbetafeln" oder „Podcasts".

Nun kann die Automatisierung dazu führen, dass dies verwirrend *erscheint*. Lassen Sie dies nicht zu. Automatisierung bedeutet lediglich, dass ein Teil der Arbeit von Maschinen erledigt wird. Die Art der Kommunikation bleibt gleich. E-Mails zum Beispiel sind eins zu eins. Eine Liste mit 10.000 Personen „einmal" per E-Mail zu versenden, gleicht eher einer *sehr schnellen* eins-zu-eins-Benachrichtigung durch eine Maschine. Die Automatisierung, auf die wir später eingehen, ist eine der vielen Möglichkeiten, Leads auf Steroide zu erhalten. Wie beim Publikum ist auch der Unterschied zwischen öffentlicher und privater Kommunikation wichtig, weil sie die Art und Weise verändern, *wie* wir werben.

Abschnitt III Gliederung: Leads Gewinnen

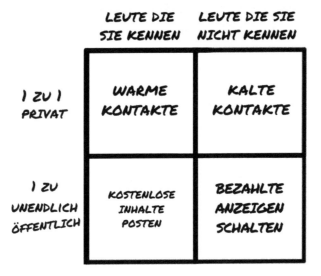

Die Kombination von warmem und kaltem Publikum mit 1-zu-1 und 1-zu-vielen führt uns zu den einzigen vier Möglichkeiten, wie wir jeden über alles informieren können: den vier Grundprinzipien. Ich habe sie unten für Sie zusammengestellt.

- 1-zu-1 an ein warmes Publikum = warme Kontakte

- 1-zu-viele an ein warmes Publikum = Veröffentlichen von Inhalten

- 1-zu-1-Ansprache an ein kaltes Publikum = kalte Öffentlichkeitsarbeit

- 1-zu-viele an ein kaltes Publikum = bezahlte Werbung

Dies sind die *einzigen* vier Dinge, die Sie <u>tun</u> können, um andere Menschen darüber zu informieren, was Sie verkaufen. Und jede Methode bringt uns dem Land der überfließenden Leads einen Schritt näher. Im weiteren Verlauf des Buches beziehe ich mich auf die vier Grundprinzipien – also lernen Sie sie kennen. Machen Sie sie tatsächlich zu einem Teil von sich.

Sobald Sie dies getan haben, haben Sie Ihre eigene „Du kommst aus dem Gefängnis frei"-Karte, die Sie für immer bei sich tragen können. Es gibt Ihnen so viele Chancen auf geschäftlichen Erfolg, wie Sie sich *für den Rest Ihres Lebens* nur wünschen können. Zumindest ist das bei mir der Fall.

Wenn Sie also nicht so viele Leads erhalten, wie Sie möchten, führen Sie die vier Grundprinzipien nicht mit genügend Geschick und Volumen durch. Wir behandeln all diese Dinge ausführlich. Wie sie arbeiten. Wie man sie erstellt. Wann man sie erstellen sollte. Und wir zeigen, wie Sie Ihren Fortschritt auf dem Weg messen können. Diese allzu unübersichtliche Welt der Werbung wird durch die *Handhabung* der vier Grundprinzipien vereinfacht. Entweder befolgen Sie sie und erhalten so viele Leads, wie Sie wollen, oder Sie lassen sich von denen zermalmen, die es tun.

KOSTENLOSES GESCHENK: Bonus Training
- Die Vier Grundprinzipien- Struktur

Ich habe ein Live-Training durchgeführt, in dem ich die über 50 Iterationen erklärt habe, die diese einfache 2 x 2-Box erstellt haben. Ich erkläre, wie Sie die Vier-Grundprinzipien-Struktur nutzen, um möglichst viele Leads zu gewinnen und Ziele in Ihrem Unternehmen zu schaffen. Wenn Sie es möchten, können Sie es hier kostenlos erhalten: Acquisition.com/training/leads. Sie können auch den QR-Code unten scannen, wenn Sie nicht gerne tippen.

SCANNE MICH

Nr. 1 Warme Kontakte

Wie sie Menschen erreichen, die Sie kennen

„Die Welt gehört denen, die weitermachen können, ohne das Ergebnis ihres Tuns zu sehen."

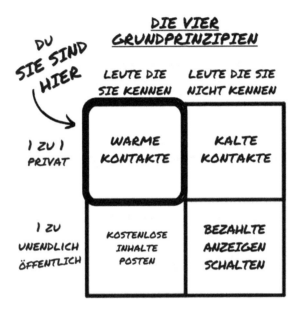

Mai 2013. Der Anfang.

Zum dritten Mal an diesem Tag holte ich mein Telefon heraus und überprüfte mein Bankkonto.

51.128,13 $. Ich stieß einen kleinen Seufzer der Erleichterung aus. Es ist erstaunlich, wie jahrelange Arbeit und Einsparungen auf einen so kleinen Bildschirm passen. Da ich mich im Moment gut fühlte, wechselte ich zu den sozialen Medien, um mehr Dopamin zu bekommen. Freunde vom College bewarben sich für eine Wirtschaftsschule. Zulassungsbescheide füllten meinen Newsfeed. Auch ich habe mit dem Bewerbungsprozess für die Wirtschaftsschule begonnen.

Ich hatte die Wahl: Entweder ich kündigte meinen Job und ging zur Wirtschaftsschule, oder ich kündigte meinen Job und gründete ein Unternehmen.

Die Bewerbung starrte mich an – *Wie wird ein Harvard MBA Ihnen bei Ihren kurz- und langfristigen Zielen helfen?*

Diese Frage hat mein Leben verändert. Ich habe drei Tage damit verbracht, darauf zu antworten. Am Ende des dritten Tages erkannte ich die Wahrheit – *überhaupt nicht.* 150.000 Dollar an Krediten und zwei Jahre ohne Einkommen *würden mir nicht* dabei helfen, ein Unternehmen zu gründen. Zumindest nicht so sehr, als würde man ein Unternehmen gründen und zwei Jahre brauchen, um das herauszufinden. Bis zu meinem Abschluss könnte ich den gleichen Betrag verdienen und auf die Schulden verzichten. Zumindest habe ich mir das gesagt.

Also kündigte ich meinen Job und unternahm die Schritte, um mein Unternehmen zu gründen. Ich habe die Impulsus Group LLC gegründet. Abgehakt. Ich habe ein Geschäftskonto eingerichtet. Abgehakt. Ich habe ein Händlerkonto eingerichtet, um Zahlungen abzuwickeln. Abgehakt. Es kam immer noch kein Geld rein, aber zumindest fühlte ich mich „legitim".

Impetus Group LLC. (Sagen Sie es laut...)

Die erste Person, der ich von meinem neuen Unternehmen erzählte, sagte: „Impotenz?" *Gott, bin ich erbärmlich. Kein Wunder, dass der Name verfügbar war.* Ich habe es sofort in „The Free Training Project" geändert. Ein Name, der nicht übel ist? Abgehakt. Ich war im Geschäft.

Aber ich hatte ein Problem: Ich wusste nichts über Werbung oder Verkauf. Aber ich wusste, dass ich Kunden brauchte. Also habe ich einfach überall herumgefragt. Ich rief eine Reihe von Leuten an, die ich kannte, schrieb ihnen SMS und schickte ihnen Facebook-Nachrichten.

„Hey, kennst du jemanden, der versucht, in Form zu kommen? Ich schule zwölf Wochen lang kostenlos Leute. Darüber hinaus erstelle ich einen individuellen Ernährungsplan und eine Einkaufsliste. Alles, was sie tun müssen, ist, an eine Wohltätigkeitsorganisation ihrer Wahl zu spenden und mich ihre Empfehlung verwenden zu lassen."

Nur sechs Leute sagten ja. Sechs. Zwei Highschool-Freunde. Ein Studienfreund. Und drei Personen, die sie empfohlen haben.

Ich schickte allen per E-Mail Fitnesspläne und wir machten uns an die Arbeit. Wir haben unter der Woche SMS geschrieben, um den Fortschritt im Auge zu behalten. Zum Glück waren sie alle Freunde von mir und haben ihr Bestes gegeben. Sie haben mich am Anfang mehr ermutigt als jeder andere. Ein Jahrzehnt später habe ich immer noch ihre Vorher-Nachher-Bilder.

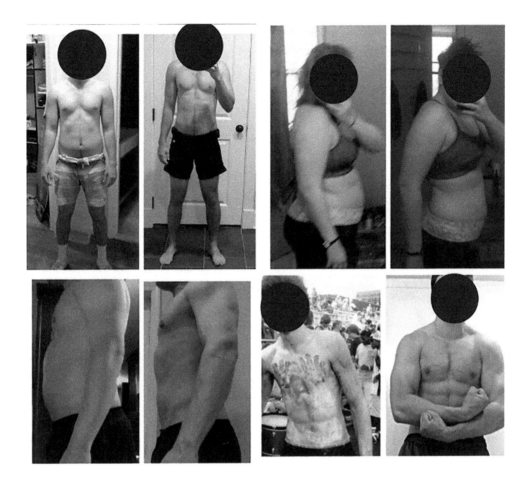

Und hier begann mich die Entscheidung, die Wirtschaftsschule auszulassen, erneut zu verfolgen. Nach ein paar Monaten war ich mir meiner selbst weniger sicher. Mein „Geldhaufen" sah nicht besonders groß aus, da nicht jeden Monat neues Geld hereinkam. Und es begann sich zu einem echten Problem zu entwikkeln. Also bat ich sie nach zwölf Wochen „Zahle an eine Wohltätigkeitsorganisation"-Zeit, stattdessen mich zu bezahlen. Ich war jetzt die Wohltätigkeitsorganisation. Ha. Ich befürchtete, dass sie sich darüber ärgern würden, mich stattdessen zu bezahlen, aber es schien ihnen nichts auszumachen.

Sobald sie Ergebnisse hatten, bat ich sie, ihre Freunde vorbeizuschicken. Zu meiner Überraschung gewann ich durch ihre Empfehlungen weitere fünf oder sechs Kunden. Ich habe die Empfohlenen gebeten, mich direkt zu bezahlen. Wiederum störte es niemanden. Dieses kleine Unternehmen verdiente etwa 4.000 US-Dollar pro Monat und ersetzte das Einkommen aus meinem ersten Job. Es gab mir genug Geld zum Leben (und einiges davon). Meine Ersparnisse begannen wieder zu wachsen. Seufzer der Erleichterung.

Wenn dieses Geschäft einfach klingt, dann deshalb, weil es so war. Ich schickte den Kunden ihre Pläne per E-Mail und sie schickten mir eine SMS mit den Fragen, die sie hatten. Das ist alles.

Wenn Sie also anfangen, brauchen Sie nicht viel. Alles, was Sie brauchen, ist eine Steuernummer, ein Bankkonto, eine Möglichkeit, Zahlungen entgegenzunehmen und mit Menschen zu kommunizieren.

Aber der letzte Teil – die Möglichkeit, mit Menschen zu kommunizieren – ist der wichtigste Teil. So erhalten Sie Leads. Obwohl ich keine Ahnung hatte, dass ich warme Kontakte herstellte, eine der *vier Grundprinzipien*, habe ich auf diese Weise meine ersten Leads erhalten. So erhalte ich *immer* noch Leads (nur mit größeren Zahlen). Und ich zeige Ihnen, wie Sie das auch können.

Wie Warme Kontakte Funktionieren

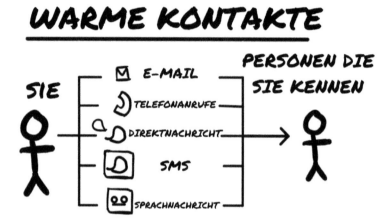

Warme Kontakte sind, wenn Sie einen persönlichen Kontakt mit Ihrem warmen Publikum herstellen – also die Menschen, die Sie kennen. Dies ist der günstigste und einfachste Weg, Menschen zu finden, die sich für die von Ihnen verkauften Produkte interessieren. Es ist äußerst effektiv – und die meisten Unternehmen nutzen es nicht. Seien Sie nicht wie die meisten Unternehmen. Außerdem *haben* Sie ein warmes Publikum, auch wenn Sie es nicht wissen. Jeder kennt jemanden. Daher sind Ihre persönlichen Kontakte der einfachste Ausgangspunkt.

Warme Kontakte erfolgen normalerweise in Form von Anrufen, Textnachrichten, E-Mails, Direktnachrichten, Sprachnachrichten usw. Und wie wir in Abschnitt II erfahren haben, machen Sie Werbung für eines von zwei Dingen. Informieren Sie sie über Ihren Lead-Magneten (etwas Kostenloses und Wertvolles) oder über Ihr Kernangebot (das Wichtigste, was Sie verkaufen).

Wenn Sie anfangen, warme Kontakte zu knüpfen, erhalten Sie für Ihre Zeit nicht viele engagierte Leads. Sie erledigen alles selbst und gestalten jede Nachricht persönlich. Aber gerade deshalb ist es *zuverlässig*. So sicher wie die Sonne aufgeht und untergeht, *es funktioniert.*

Hinweis: Die Kontaktaufnahme mit Ihrem warmen Publikum funktioniert unabhängig davon, ob Sie 100 oder 1.000.000 Kontakte haben. Wenn Ihr Unternehmen also wächst, nutzen Sie Automatisierung und Mitarbeiter, um es effizienter zu machen. Die Systeme fangen klein an, mit Ihnen, aber sie skalieren *immer weiter.* In Abschnitt IV erläutere ich detailliert, wie diese Systeme für ein größeres Publikum skaliert werden können.

Wie Man Warme Kontakte in 10 Schritten Herstellt

Warme Kontaktaufnahmen sind eine fantastische Möglichkeit, Ihre „ersten fünf Kunden" *für jedes neue Produkt oder jede neue Dienstleistung* zu gewinnen. Für Fortgeschrittene: Denken Sie an Wiedereingliederung und neue Produktlinien. So geht's:

Schritt 1: Erstellen Sie sich Ihre Liste

Schritt 2: Wählen Sie eine Plattform

Schritt 3: Personalisieren Sie Ihre Nachricht

Schritt 4: Nehmen Sie Kontakt auf

Schritt 5: Wärmen Sie diesen wieder auf

Schritt 6: Laden Sie ihre Freunde ein

Schritt 7: Machen Sie ihnen das einfachste Angebot der Welt

Schritt 8: Beginnen Sie von oben

Schritt 9: Fangen Sie an, Gebühren zu nehmen

Schritt 10: Halten Sie Ihre Liste warm

(Schritt 1) „Aber Ich habe keine Leads…" → Jeder Hat Eine Liste

Sie kennen andere Menschen. Lassen Sie mich das Ihnen beweisen.

- Greifen Sie zu Ihrem Telefon. Im Innern befinden sich Kontakte. *Jeder Kontakt hat die Kommunikation von Ihnen abonniert.* Sie haben Ihnen die Mittel *und die Erlaubnis* gegeben, sie zu kontaktieren.

- Rufen Sie *alle* E-mail Konten auf, die Sie die letzten Jahre benutzt haben. Rufen Sie jeweils Ihre Kontakte und Ihre Adressliste ab. Bingo! Sehen Sie sich nur all diese Leads an.

- Gehen Sie nun zu all Ihren Social-Media Profilen. Sehen Sie sich Ihre Follower, Abonnenten, Freunde, Kontakte, oder wie auch immer die Jugend heutzutage dies alles nennt, …Heureka – Sie haben mehr Leads!

Addieren Sie <u>alle</u> Ihre Kontakte von allen Plattformen. Im Ernst, *finden Sie die Nummern heraus.* Zwischen Ihrem Telefon, E-Mail, sozialen Medien und anderen Plattformen verfügen Sie über mehr als genug Kontakte, um loszulegen. Für viele von Ihnen werden dies Ihre ersten 1000 Leads sein. Würden Sie sich das mal ansehen! „Ich habe keine Leads." Unsinn. Sie haben gerade welche gefunden.

Und wenn Sie Angst haben, müssen Sie mit den Leuten reden. Entspannen Sie. Was ich Ihnen als nächstes zeige, wird Ihnen gefallen.

(Schritt 2) „Aber ich weiß nicht, wo ich anfangen soll…" → Wählen Sie eine Plattform aus

Wählen Sie die Plattform aus, auf der Sie die meisten Kontakte haben. Telefon, E-Mail, soziale Medien, Post, Brieftaube usw. Es spielt keine Rolle. Wählen Sie einfach diejenige mit den meisten Kontakten aus. Irgendwann werden Sie sowieso alle treffen.

(Schritt 3) „Aber was sage ich?" → Personalisieren Sie Ihre Begrüßung

Verwenden Sie etwas, das Sie über den Kontakt wissen, als eigentlichen Grund für die Kontaktaufnahme. Wenn Sie nicht über viele persönliche Daten verfügen, können Sie zunächst deren Social-Media-Profile usw. überprüfen, um etwas über sie zu erfahren.

Seien Sie kein komischer Kauz. Zahlen Sie Ihren sozialen Tribut. Denken Sie daran, Sie haben um nichts gebeten.

Sie checken nur ein und bieten Mehrwert. *Also…entspannen Sie sich.*

Bsp.: *Ich habe gesehen, dass du gerade ein Baby bekommen hast! Glückwunsch! Wie geht es dem Baby? Wie geht es dir?*

(Schritt 4) „Was jetzt?" → Kontaktieren. Sie. Einhundert. Leute. Jeden. Tag.

„Um zu bekommen, was man will, muss man verdienen, was man will." - Charlie Munger

Erreichen Sie jetzt täglich 100 von ihnen mit Ihren personalisierten Nachrichten. Rufen an, schreiben Sie eine SMS, senden Sie eine E-Mail, senden Sie eine Postkarte usw. Und nehmen Sie bis zu dreimal mit ihnen Kontakt auf. Drei Tage lang einmal pro Tag* oder bis sie antworten. Was auch immer zuerst kommt.

*Einmal pro Woche per Post.

Profi-Tipp: Reißen Sie Das Pflaster ab

Der erste Kontakt ist immer der schwierigste und dauert am längsten. Ihre zweite Kontaktaufnahme wird einige Minuten dauern. Ihr dritter nur Sekunden. Nehmen Sie Rückschläge in Kauf. Es ist neu. So lernen wir. Wenn ich darüber nachdenke, neue Dinge zu beginnen, erinnere ich mich an dieses chinesische Sprichwort - *„Alles muss schwer sein, bevor es einfach sein kann."*

(Schritt 5): „Was sage ich, wenn sie antworten?" → Benehmen Sie sich wie ein Mensch.

Jetzt können wir das Eis brechen, ohne abstoßend zu klingen.

Antworten Sie mit Hilfe des **B-K-F** Rahmens (engl: A-C-A: Acknowledge-Compliment-Ask)

- **B**estätigen Sie was sie gesagt haben. Wiederholen Sie es mit Ihren eigenen Worten. Das zeigt aktives Zuhören.

    o Bsp: Zwei Kinder. Und Sie sind ein Buchhalter…

- Machen Sie ihnen **K**omplimente für alles, was sie Ihnen sagen. Verknüpfen Sie es, wenn möglich, mit einem positive Charakterzug.

    o Bsp: …Wow! Supermama! So fleißig! Eine Vollzeitkarriere und zwei Kinder managen…

- Stellen Sie eine weitere **F**rage. Führen Sie das Gespräch in die gewünschte Richtung. In diesem Fall zu einem Thema, das näher an Ihrem Angebot liegt. Beispiele:

    o Therapie/Lebensberatung: …*Haben Sie Zeit für sich selbst?*

    o Fitness/Gewichtsreduktion: …*Haben Sie Zeit zum Trainieren?*

    o Reinigungsdienste: …*Haben Sie jemanden, der Ihnen hilft, das Haus sauber zu halten?*

Der **B-K-F**-Rahmen ist großartig, weil er Ihnen hilft, mit jedem zu sprechen. Zufälligerweise ist er auch nützlich, um die Leute über Ihre Sachen zu informieren. Das bedeutet, dass Sie mehr über die Person erfahren und das Gespräch auf Ihr Angebot lenken können.

Menschen lieben es, über sich selbst zu reden. Also lassen Sie sie. Sie lieben es auch, Komplimente zu bekommen, also machen Sie welche. Und wenn sich die Leute im Gespräch mit Ihnen wohl fühlen, werden sie Sie mehr mögen und Ihnen mehr vertrauen. *Sie möchten, dass die Leute Sie mehr mögen und Ihnen mehr vertrauen.* Außerdem ist es ohnehin eine gute Praxis, in jedem das Gute zu finden. Apropos Übung: Das erfordert Übung. Und das ist in Ordnung.

Profi-Tipp: Per Email Sind Sie Im Vordergrund

Ihre E-Mail enthält einen personalisierten Aufmacher, um zu zeigen, dass Sie sich tatsächlich die Zeit genommen haben, auf irgendeine Weise nach jemandem zu recherchieren. Überlegen Sie sich 2-3 Sätze. Anschließend kommen Sie direkt zu Ihrem Angebot oder Lead-Magneten, über den wir als Nächstes sprechen. Mit E-Mail oder Voicemails erledigt man sozusagen „alles auf einmal".

(Schritt 6) „Wie weiß ich, ob jemand Interesse hat?" → Machen Sie ihm ein Angebot.

Führen Sie ein „normales" Gespräch. Denken Sie an 3-4 austauschende Saätze, wenn Sie am Telefon oder per SMS sind, und 3-4 Minuten, wenn Sie persönlich vor Ort sind. Dann machen Sie ein Angebot, um zu sehen, ob Interesse vorhanden ist.

Wenn ich ein von Grund auf neues Angebot mache, beziehe ich mich auf die Wertgleichung. Wenn Sie sich fragen: „Was ist die Wertgleichung?" – es war das Kernkonzept meines ersten Buches „*100 Millionen Dollar Angebote*". Wert, wie ich ihn definiere, besteht aus vier Elementen:

1) <u>Ttraumergebnis</u>: was die Person erreichen möchte, wie sie es erreichen möchte

   - Geben Sie die bestmöglichen Ergebnisse an, die Ihr Produkt erzielen kann. Noch besser wäre, wenn diese Ergebnisse von Leuten wie Ihrem Gesprächspartner stammen.

2) <u>Wahrgenommene Erfolgswahrscheinlichkeit</u>: wie wahrscheinlich ist es, dass sie ihr Ziel erreichen

   - Fügen Sie Ergebnisse, Rezensionen, Auszeichnungen, Empfehlungen Zertifizierungen und andere Formen der *Validierung durch Dritte* hinzu. Garantien sind ebenso bedeutend.

3) <u>Zeitverzögerung</u>: Wie lange wird es ihrer Meinung nach dauern, bis nach dem Kauf Ergebnisse erzielt werden?

- Beschreiben Sie, wie schnell Menschen *anfangen,* Ergebnisse zu erzielen, wie oft sie gleich zu Beginn erste Ergebnisse erzielen und wie lange es dauert bis die bestmöglichen Ergebnisse erzielt werden.

4) <u>Anstrengung und Aufopferung</u>: Die schlechten Dinge, die sie ertragen müssen, und die guten Dinge, die sie in ihrem Kampf um das Ergebnis aufgeben müssen.

- Zeigen Sie ihnen die gutuen Dinge, die sie weiterhin tun oder machen werden, und trotzdem Ergebnisse erzielen. Und zeigen Sie ihnen die schlechten Dinge, die sie loswerden oder vermeiden können, und trotzdem Ergebnisse erzielen.

Das Ziel besteht darin, die ersten beiden zu maximieren und die zweiten beiden zu minimieren. Jetzt müssen Sie nur noch jemandem zeigen,

- Dass Sie genau das haben, was er will

- Dass er es garantiert bekommt

- Dass es wahnsinning schnell geht

- Dass er keinen Finger rühren oder auf etwas verzichten muss, was er liebt.

Kein Problem, oder? Das ist natürlich ideal. Wir müssen dem so nahe wie möglich kommen, ohne zu lügen oder zu übertreiben.

Machen wir das also mit einem realen Angebot:

…Übrigens, <u>kennen Sie jemanden,</u> der in (Zeitverzögerung) (seine Probleme beschreiben) *auf ein* (Traumergebnis) *hofft? Ich übernehme kostenlos fünf Fallstudien, denn das ist alles, was ich bewältigen kann. Ich möchte nur ein paar Erfahrungsberichte für meine Dienstleistung/mein Produkt erhalten. Ich helfe ihnen* (Traumergebnis) *ohne* (Anstrengung und Opferbereitschaft). *Es klappt. Ich garantiere den Leuten sogar, dass sie* (Traumergebnis) *bekommen, oder ich arbeite mit ihnen, bis sie es erreichen. Ich hatte hier gerade ein Mädchen namens XXX, das mit mir zusammengearbeitet hat* (Traumergebnis), *obwohl sie* (beschreiben Sie den gleichen Kampf, den Ihr Kontakt hat). *Ich hatte auch einen anderen Mann, der* (Traumergebnis) *und es war sein erstes Mal. Ich hätte gerne mehr Erfahrungsberichte, um zu zeigen, dass es in verschiedenen Szenarien funktioniert. Fällt Ihnen irgendjemand ein, den Sie mögen?*

(Pause, wenn Sie am Telefon sprechen) … und wenn sie nein sagen … *Haha, na ja … fällt Ihnen irgendjemand ein, den Sie hassen?* (ha) Dies hilft, jegliche Unbeholfenheit zu überwinden.

Profi-Tipp: Implizierte Wahrgenommene Erfolgswahrscheinlichkeit

Sie werden feststellen, dass es neben der Garantie keinen Platz für die „wahrgenommene Erfolgswahrscheinlichkeit" gibt. Aber die Art und Weise, wie wir die Referenzen darlegen, erfüllt dieses Bedürfnis. Schließlich sagen wir nicht: „Hey! Natürlich kann ich Ihnen helfen, weil ich jemandem geholfen habe, der *genau so war wie Sie.*" Aber wir *implizieren* dies, indem wir eine Empfehlung auswählen, die ihrer Situation möglichst nahe kommt. Und je länger Sie im Geschäft sind, desto mehr ‚perfekt passende' Referenzen werden Sie haben. Umso einfacher ist es, Refer- enzen anzugeben, die *perfekt* zu der Person passen, mit der Sie sprechen. Wenn Sie dann erst einmal *eine* perfekte Empfehlung vorweisen können, ist das Einzige, was noch besser ist, *eine Unmenge davon.*

Hier gibt es eine wichtige Funktion. *Wir bitten sie nicht, etwas zu kaufen. Wir fragen, ob sie jemanden kennen.* Und von denen, die ja sagen, sagen die meisten, dass *sie* interessiert sind. Das Ganze ist darauf ausgelegt, *deren* wahrgenommene Erfolgswahrscheinlichkeit zu steigern. Deshalb zeigen wir Kämpfe *und* Ergebnisse von Menschen wie ihnen, die ähnliche Probleme haben. Aber wir lassen *sie* die Zusammenhänge erkennen. Da Sie sie nicht zum Kauf aufgefordert haben, wirken Sie nicht aufdringlich. Einige Leute werden Interesse an Ihren Sachen zeigen. Einige werden Sie an diejenigen verweisen, die es könnten. Einige werden beides tun. Bei allen drei Ergebnissen gewinnen Sie. Und Sie gewinnen, *ohne irgendjemandem etwas aufzudrängen.*

Wenn Sie noch weniger Zeit oder Platz für die Übermittlung haben, verwenden Sie einfach die Wertelemente hintereinander:

Ich *helfe* (idealem Kunden), (Traumergebnis) *in* (Zeitraum) *ohne* (Anstrengung und Opfer) *zu erreichen.*

und (erhöhen Sie die wahrgenommene Erfolgswahrscheinlichkeit – schauen Sie sich den Profi-Tipp unten an).

Hinweis: Diese eignen sich gut für E-Mails, Textnachrichten, Direktnachrichten, Anrufe und persönliche Gespräche. Füllen Sie einfach die Lücken aus.

Profi-Tipp: 11 Wege Die Wahrgenommene Erfolgswahrscheinlichkeit zu Erhöhen

So erhöhen Sie die wahrgenommene Erfolgswahrscheinlichkeit, damit mehr Menschen Ihr Angebot annehmen. Fügen Sie eines oder mehrere der folgenden Elemente dazu:

1. Den Beweis erbringen, dass wir getan haben, was sie wollten (unsere eigene Geschichte)
2. Beweise dafür liefern, dass Menschen *wie sie* bekommen, was sie wollen (z.B. Erfgahrungsberichte).

3. Die schiere Menge an positiven Bewertungen zeigen, die wir erhalten haben (denken Sie an viele 5-Sterne-Bewertungen).
   a. Wenn Sie noch keine Bewertungen haben, funktioniert auch die Angabe der Anzahl der Menschen, denen Sie geholfen haben.

4. Zertifizierungen/Abschlüsse/Akkreditierungen Dritter, die belegen, dass wir legitim sind.

5. Zahlen, Statistiken, Forschungsergebnisse, die das Ergebnis, das Sie glauben machen möchten, unterstützen.

6. Experten, die für uns bürgen.

7. Einige neue/einzigartige Eigenschaften, an denen Sie noch nie gescheitert sind (also könnte es auch dieses Mal funktionieren).

8. Prominente, die uns unterstützt haben ("Sie haben ihnen vertraut, das sollte ich auch tun").

9. Wir gerantieren, dass sie es erreichen (also bringen wir auch etwas Risiko ins Spiel).

10. Wie gut Sie sie oder die von ihnen empfundenen Bemühungen beschreiben. Je konkreter, desto besser (zu denken "Er/sie versteht mich wirklich, sie scheinen zu wissen, wie man hilft").

11. Wenn möglich, das Ergebnis live demonstrieren. Oder aber eine Auszeichnung davon zeigen.
   a. Bsp: Eine Werbeagentur spielt eine Aufzeichnung eines Anrufs ab, den ein Fitnessstudiobesitzer mit einem Interessenten in einem Verkaufsgespräch führt. "Könnten Sie damit umgehen, ein solches Telefonat mit einem Interessenten zu führen, wenn wir ihn für Sie besorgen?" Es zeigt das Ergebnis der Werbedienstleitungen: Menschen wollen keine Interessenten ("Leads"), sondern Kunden. Sie kennen einfach keine bessere Möglichkeit, nach diesen zu fragen.

(Schritt 7) „Wie bringe ich sie dazu Ja zu sagen?" → Machen Sie es ihnen leicht, Ja zu sagen. Bieten Sie etwas kostenlos an.

Wenn die Leute Interesse zeigen, gestalten Sie es einfach, zu Ihrem Angebot „Ja" sagen zu können. Ich beginne gerne mit dem einfachsten Angebotsverstärker der Welt – KOSTENLOS:

Und versuchen Sie nicht, fortgeschritten auszusehen, wenn Sie es nicht sind. Die Leute sind nicht dumm. Seien Sie einfach ehrlich und halten Sie es schlicht:

Da ich nur fünf Leute beschäftige, kann ich Ihnen die Aufmerksamkeit schenken, die Sie brauchen, um prahlerische Ergebnisse zu erzielen. Und ich gebe Ihnen alles umsonst, solange Sie Folgendes versprechen: 1) Verwenden Sie es, 2) Geben Sie mir Feedback und 3) Hinterlassen Sie eine tolle Bewertung, wenn Sie der Meinung sind, dass es eine verdient. Klingt das fair?

Dadurch werden im Voraus angemessene Erwartungen geweckt. Und bumm. Also, Sie helfen den Menschen einfach kostenlos. Sie Gewinnen.

Profi-Tipp: Stapeln Sie "Ja's", Um Eine Frühe Dynamik Aufzubauen.

Schon früh hatte ich Angst, um Geld zu bitten. Wenn Sie sich also an die obige Geschichte erinnern, habe ich den Leuten gesagt, dass ich kostenlos mit ihnen zusammenarbeiten würde, solange sie an eine Wohltätigkeitsorganisation ihrer Wahl spenden würden. Ich habe immer noch dafür gesorgt, dass sie in ihre Ergebnisse investieren, aber sie um eine Wohlfühl-Steuerabschreibung zu bitten, erschien mir als viel sichererer Weg, dies zu tun. Das war übrigens das erste, was ich jemals verkauft habe. Rückblickend wollte ich nur einen leichten unterschwelligen Druck auf diese JA's aufbauen. Und diese frühen Ja's gründeten mein erstes Unternehmen. Und sie können auch Ihr Geschäft aufbauen.

Meine Empfehlung - Wenn Sie ein neues Produkt oder eine neue Dienstleistung auf den Markt bringen, machen Sie die ersten fünf kostenlos. Die genaue Zahl ist weniger wichtig als sich darüber klar zu sein, warum Sie davon profitieren. Hier ist der Grund:

1) Sie binden die Mitarbeiter ein und gewöhnen sich daran, den Leuten Angebote zu machen. Es wird Ihre Nerven beruhigen, wenn Sie wissen, dass Sie vorerst nur kostenlos helfen (zwinkerndes Gesicht).

2) Sie vergeigen es möglicherweise (im Moment). Die Leute sind weitaus nachsichtiger, wenn Sie nichts berechnet haben.

3) Weil Sie es möglicherweise vergeigen, müssen Sie lernen, wie Sie es weniger vergeigen. Sie vergeigen weniger, indem Sie mehr tun. Es ist besser ein Versuche zu haben, um die Probleme zu lösen. Sie werden eine Menge von den Menschen lernen, denen Sie kostenlos helfen, das verspreche ich. Auch, wenn es sich jetzt vielleicht noch nicht so anfühlt, bekommen Sie das bessere Ende des Deals.

4) Wenn Menschen einen Mehrwert erhalten, insbesondere kostenlos, ist die Wahrscheinlichkeit weitaus höher, dass sie :

   a. Positive Bewertungen und Empfehlungen hinterlassen.

   b. Ihnen Feedback geben.

   c. Ihre Freunde und Familie zu Ihnen schicken.

Und als ob das noch nicht großartig genug wäre, können Sie mit kostenlosen Kunden auf drei weitere Arten Geld verdienen:

1) Sie werden zu zahlenden Kunden.

2) Sie schicken Ihnen zahlenden Kunden.

3) Ihre Empfehlungen bringen zahlende Kunden.

Egal was passiert, Sie gewinnen.

Profi-Tipp: Wenden Sie die „Scharnier-Methode" auf Empfehlungen an

Wenn Sie um eine Empfehlung bitten, lassen Sie sich dreifach vorstellen. Meine favorisierte Art es persönlich zu tun ist, sich das Telefon des Kunden zu schnappen, ein Foto von uns beiden zu machen und dieses Bild dann per SMS an den Empfehlungsgeber <u>und</u> die eigene Nummer zu senden. Wenn ich virtuell bin, mache einen Screenshot eines Videoanrufs und mache dasselbe. Wenn Ihnen das nicht gelingt, dann beginnen Sie zumindest ein Dreiergespräch mit *demjenigen*, der es initiiert.

<u>Was ist, wenn sie Nein sagen?</u>

Der teuerste Teil dessen, was Sie verkaufen, ist oft nicht der Preis, sondern es sind die versteckten Kosten. **Versteckte Kosten** sind die Zeit, Mühe und Opfer, die erforderlich sind, um mit dem, was Sie verkaufen, Ergebnisse zu erzielen. Mit anderen Worten, <u>der untere Teil der Wertgleichung</u>. Wenn es Ihnen schwerfällt, Ihre Sachen kostenlos zu verschenken, bedeutet das entweder, dass die Leute es nicht wollen (Traumergebnis), dass sie Ihnen nicht glauben (wahrgenommene Erfolgswahrscheinlichkeit) *oder* dass die versteckten Kosten (Zeit, Mühe und Opfer) zu hoch sind. Kurz gesagt, Ihre „kostenlosen" Sachen sind *zu teuer*. Finden Sie also die versteckten Kosten heraus. Sobald Sie dies tun, schalten Sie noch mehr Wert frei - den Sie letztendlich in Rechnung stellen können.

Um Ihr Verständnis für versteckte Kosten zu vertiefen… *fragen* Sie nach. Wenn also jemand „Nein" sagt, fragen Sie „Warum?":

> *„Was müsste ich tun, damit es sich für Sie lohnt, weiterzumachen?"*

Deren Antworten geben Ihnen die Möglichkeit, das Problem zu lösen. Und wenn Sie dieses Problem lösen, werden die Leute wahrscheinlich bei Ihnen kaufen. Und selbst wenn sie nicht bei Ihnen kaufen, geben sie Ihnen das Kaliber, mit dem Sie die nächste Person erreichen können.

Und denken Sie daran: Scheitern ist eine Voraussetzung für Erfolg. Es ist Teil des Prozesses. Machen Sie also so schnell wie möglich Fehler. Räumen Sie sie aus dem Weg, um mit der Rückzahlung Ihrer „Steuerfreiheit" zu beginnen. Wenn Sie Tausende von Neins bekommen, werden Sie auch Ihre Jas bekommen, das verspreche ich. Ich sage mir immer: Ja gibt mir Chancen. Nein, gib mir Feedback. So oder so, ich gewinne.

Anmerkung des Autors: Warren Buffet und Benjamin Graham

Bevor Warren Buffet zum größten Investor unserer Zeit wurde, bot er an, kostenlos für seinen Helden Ben Graham zu arbeiten. Möchten Sie Grahams Antwort erfahren? „Sie sind überteuert." Graham wusste, was los war. Das Teuerste an der Einstellung von Buffet war nicht der Gehaltsscheck, sondern die Zeit, ihn auszubilden. Graham würde tatsächlich für Buffet arbeiten! Und auf die gleiche Weise arbeiten Ihre ersten Kunden für Sie. Sie schulen Sie – kostenlos! Und Sie möchten diese Kosten für sie minimieren. *Kennen Sie Ihre versteckten Kosten.*

PS - Buffet hat es trotzdem geschafft, Graham dazu zu bringen, sein kostenloses Angebot anzunehmen. Der Rest ist Geschichte.

Profi-Tipp: Lernen oder Verdienen

Wenn Ihnen jemand am Anfang sagt, Sie sollen sich nicht „unterbewerten", indem Sie Ihre Dienste kostenlos verschenken, sagen Sie ihm, er solle schweigen. Klar, Sie sind etwas Besonderes. Aber das, was Sie verkaufen, ist es *noch* nicht. Es ist noch nicht wertvoll. Sie haben gerade erst angefangen. Das Ziel im Moment besteht darin, zu *lernen*, nicht zu *verdienen*. Zum Verdienen kommen wir, sobald wir mehr gelernt haben. Aber wir müssen kriechen, bevor wir rennen. Verwechseln Sie die Ziele nicht. Der Verdienst wird kommen, *das verspreche ich.*

(Schritt 8) „Was Mache Ich, Wenn Ich Alle Erreicht Habe?" → Fangen Sie Oben An

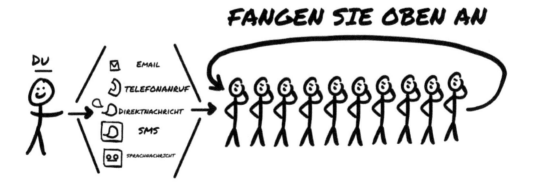

Nachdem Sie alle Leads auf einer Plattform erreicht haben, wechseln Sie zu der Plattform, auf der Sie die zweitmeisten Leads haben. Nachdem Sie diese Leads erreicht haben, gehen Sie zu der Plattform, auf der Sie die drittmeisten Leads haben, und so weiter.

Nehmen wir an, Sie halten sich genau daran, denn arm zu sein ist schlimmer, als Menschen umsonst zu helfen. Wenn Sie auf allen Plattformen 1000 Leads haben, bedeutet das, dass Sie zehn solide Arbeitstage haben. Ein Monat Arbeit inklusive Nachbereitungen. Ich verspreche Ihnen, dass zu diesem Zeitpunkt bereits mindestens *fünf Personen, oder sogar mehr, Ihr kostenloses Angebot angenommen haben*. Und einige werden zu zahlenden Kunden geworden sein. Wenn Sie gute Arbeit geleistet haben, werden sie Freunde schicken und auch sie werden zu zahlenden Kunden.

Also, lassen Sie uns unseren ersten Dollar verdienen.

(Schritt 9) "Aber Ich Kann Nicht Immer Umsonst Arbeiten…" → Fangen Sie an zu fordern.

Das ist wichtig. Dies ist Ihr Lackmustest, um herauszufinden, wann Sie „gut genug" zum Fordern sind. <u>Sobald die Leute anfangen zu empfehlen, beginnen Sie mit der Forderung.</u> Wenn das passiert, ersetzen Sie „… kostenlos…" im obigen Skript durch „*80 % Rabatt* für die nächsten fünf". Dann „*60 % Rabatt* für die nächsten fünf", dann „*40 % Rabatt* für die nächsten fünf" und so weiter. Die Regel „Ich erhöhe meine Preise alle nächsten fünf" erhöht auch die Dringlichkeit, da die Preise *tatsächlich* steigen. Und wenn Sie neugierig sind, müssen Sie nicht damit aufhören, Ihren Preis zu erhöhen. Erhöhen Sie den Wert ruhig alle fünf um 20 %, bis Sie Ihren optimalen Wert gefunden haben. Das ist Ihr Geschäft. Sie können machen was Sie wollen. Verlangen Sie mit zunehmender Erfahrung mehr – eine schöne Belohnung.

Profi-Tipp: Erhalten Sie Mehr Bargeld Im Voraus & Mehr Ja's → Vorauszahlung + Garantie

Das Anbieten einer Garantie bringt mehr Menschen zum Kauf, weil sie das Risiko umkehrt. Hier ist eine nette Variante einer Garantie, die Ihnen mehr Ja-Stimmen und mehr Geld einbringt.

Eine Garantie können Sie nur Personen geben, die im Voraus bezahlen. *Der Grund dafür: Wer im Voraus investiert, ist engagierter. Dadurch können wir ihre Ergebnisse garantieren. Wenn Sie also unsere Garantie wünschen, bezahlen Sie unseren Service im Voraus.*

Eine andere Formulierung, die ich von meinem guten Freund Dr. Kashey bekommen habe: Nachdem die Person dem Kauf zugestimmt hat, sagen Sie: *„Möchten Sie heute lieber weniger bezahlen oder Ihr ganzes Geld zurückbekommen?"* Heute weniger zahlen = Zahlungsplan, also weniger Anzahlung. Erhalten Sie Ihr gesamtes Geld zurück = zahlen Sie im Voraus und erhalten Sie die Garantie, dass Sie das gewünschte Ergebnis erhalten.

Beispiel: „Weniger zahlen" = 2.000 $/Monat für 3 Monate = 6.000 $ (keine Garantie)

Oder

„Bekommen Sie Ihr ganzes Geld zurück" = 6.000 $ im Voraus mit Garantie.

So dargestellt, wählt die Mehrheit der Menschen die Barzahlungsoption mit Garantie. Wenn Sie also sowieso vorhaben, eine anzubieten, können Sie es genauso gut zu einer Waffe machen, um mehr Leute dazu zu bewegen, im Voraus zu zahlen.

(Schritt 10) "Aber Was Mache Ich Von Hier Aus?" →Halten Sie Ihre Liste warm.

Werten Sie Ihre Liste regelmäßig über E-Mail, soziale Medien usw. auf, um sie warm zu halten. Eine warme Liste bleibt für Ihre zukünftigen warmen Kontakte vorbereitet. Wie dieser Wert genau angegeben wird, erfahren Sie im nächsten Kapitel. Wenn Sie eine Zeit lang Wert gegeben haben oder sehen, wer Wert haben möchte, prüfen Sie Ihre Liste mit Dean Jacksons zeitloser „9-Wörter-E-Mail"-Vorlage:

Suchen Sie immer noch nach [4-Wörter-Wunsch]?

Keine Bilder. Kein Schnickschnack. Keine Links. Nur eine Frage. Nichts Anderes. Diese Nachricht ist Geld, um Leads zum Engagement zu bewegen. Und es gehört zu den ersten Dingen, die ich tue, wenn ich in ein neues Unternehmen investiere. Hier ein paar Beispiele:

Suchen Sie immer noch danach,

…Ihr Traumhaus zu kaufen?

…mehr Vertriebs-Leads zu erhalten?

…zu trainieren?

…einen Online-Shop zu eröffnen?

…einen YouTube-Kanal zu starten?

Sie haben die Idee. Greifen Sie sie auf und setzen Sie sie ein. Sie tätigen die Anfrage, um zu sehen, wer antwortet – also engagierte Leads. Und *diese Antworten sollten Ihre oberste Priorität für warme Kontaktaufnahme sein.*

Ich beende Schritt 10 hier, weil ich diesen „Geben-Fragen"-Prozess im nächsten Kapitel aufschlüsseln werde. Der Hauptpunkt ist, dass eine warme Liste ein großer Vorteil ist, weil sie eine beständige und *wachsende* Quelle engagierter Leads darstellt. Wenn Sie sie gut behandeln, wird Ihr Publikum Sie für immer ernähren.

Zusammenfassung Der Werbe-Checkliste

Schauen wir uns das jetzt in zehn Zeilen an, denn es hat zehn Seiten gedauert, bis wir hier angekommen sind.

Tägliche Checkliste der warmen Konatkte	
Wer:	Sie selbst
Was:	Die ersten 5 kostenlos
Wo:	Telefon/Email/Briefkontakt/SMS/Etc.
An Wen:	Ihre Kontakte
Wann:	Die ersten 4 Stunden Ihres Tages
Warum:	Sie möchten Kunden oder Einführungen gewinnen
Wie:	Personalisierte Nachrichten nach dem BKF- Rahmen
Wie Oft:	100 Versuche am Tag
Wieviele:	Nach dem ersten Mal noch zwei Mal verfolgen
Wie Lange:	Solange bis Sie Kunden gewinnen

Maßstäbe: Wie gut mache ich es?

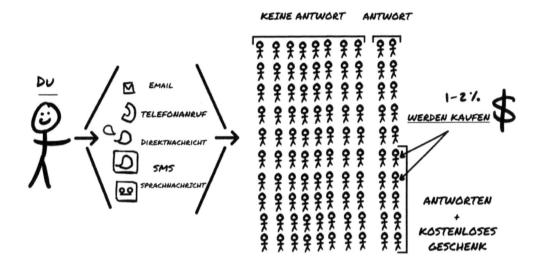

Warme Kontakte sollten dazu führen, dass sich etwa jeder fünfte Kontakt engagiert. Auf einhundert warme Kontaktaufnahmen sollten also etwa zwanzig Antworten eingehen. Von den zwanzig, die antworten, nimmt ein weiteres Fünftel Ihr kostenloses Angebot an. Also vier Leute. Von den vier Leuten, die Ihr kostenloses Angebot jetzt annehmen, sollten Sie eines später in *ein* bezahltes Angebot umwandeln können. Hurra – Geld.

Mit diesem Rahmen können Sie vorhersagen, wie viele Kunden Sie pro 100 warmer Kontakte gewinnen. Im Beispiel würden Sie einen Kunden pro 100 Kontaktaufnahmen gewinnen. Diese Zahlen variieren je nach Wert Ihres Angebots und davon, wie sehr sie Ihnen vertrauen. Aber egal was passiert, mit genügend Volumen *werden Sie einen Kunden gewinnen*. Und je öfter Sie das tun, desto besser werden Ihre Zahlen. Es erfordert einfach Anstrengung. Sie erfahren auch viel darüber, was Ihr Publikum anspricht: Was es schätzt und wie Sie ihm Angebote machen können. Mit diesem Wissen können Sie Millionen verdienen. Sie können lernen, während Sie verdienen – Sie punkten.

Allein dieser Prozess kann Ihnen weit mehr als 100.000 US-Dollar pro Jahr einbringen. Krass, ich weiß.

Hier ist die Geldrechnung:

Diese geht davon aus, dass 1 % Ihrer Liste ein 400-Dollar-Angebot kauft und dabei *nur* warme Kontakte nutzt.

500 Kontaktaufnahmen pro Woche = 5 Kunden pro Woche

Produkt im Wert von 400 $ → 5 Kunden pro Woche x jeweils 400 $ = 2000 $/Woche

2.000 $/Woche x 52 Wochen = 104.000 $...Bingo.

Das ist zum jetzigen Zeitpunkt immer noch das Doppelte des mittleren Haushaltseinkommens in den USA. Nicht schlecht.

Profi-Tipp: Treten Sie Communities Bei

Um noch schneller zu lernen, schließen Sie sich Communities von Menschen an, die die gleichen Werbemethoden wie Sie anwenden. Sie eignen sich hervorragend für Unterstützung durch Freunde und aktuelle Tricks und Tipps. Machen Sie jedoch nichts Dubioses. Es gibt viele Menschen, die stolz darauf sind, die rechtlichen Grenzen zu überschreiten. Seien Sie nicht so ein Mensch. Es kommt immer irgendwie auf Sie zurück. Wenn Sie es richtig machen, werden Sie sich ein Leben lang selbst ernähren.

Alex Hormozi
@AlexHormozi

In 20 Stunden gezielter Anstrengung können Sie in fast allem "gut genug" werden.

Das Problem ist, dass die meisten Menschen Jahre damit verschwenden, die erste Stunde hinauszuzögern.

Sie werden in den ersten zehn Tagen nach 100 Kontaktaufnahmen mehr lernen als durch alles, was Sie jemals gelesen oder gesehen haben. Erledigen Sie das Lernen so schnell wie möglich. Denken Sie daran, *wir wollen reich werden und nicht nur „über die Runden kommen".*

Was Kommt als Nächstes?

Warme Kontakte haben zwei Einschränkungen.

Die erste ist die Zeit. Am Anfang sollte die Akquise neuer Kunden die meiste Zeit in Anspruch nehmen. Denken Sie an mindestens vier Stunden pro Tag. Es sollte das Erste sein, was Sie tun, wenn Sie aufstehen. Und Sie sollten nicht aufhören, bis Sie Ihr Ziel erreicht haben. Nehmen Sie die Arbeit an. Es wird Teil der Geschichte sein, die Sie eines Tages erzählen. Es war für mich.

Die zweite Begrenzung ist die Anzahl der Personen, die Sie kennen. Irgendwann wird sie Ihnen „ausgehen". Machen Sie sich aber keine Sorgen. Wir können mehr bekommen. Eine Menge mehr. Jetzt *fügen* wir die zweite der vier wichtigsten Werbeaktivitäten *hinzu*: das Posten kostenloser Inhalte.

KOSTENLOSES GESCHENK: Bonus Training - Warme Kontakte

Wenn Ihnen das gefällt, gehe ich tiefer in eine kompromisslose Aufschlüsselung der vielen verschiedenen Strategien ein, die Sie im Rahmen von warmen Kontakten nutzen können, um Ihren ersten oder millionsten Kunden zu gewinnen. Wenn das cool klingt, gehen Sie zu Acquisition.com/training/leads. Und wenn Sie einen anderen Grund benötigen, ist es kostenlos. Ich hoffe, dass Sie damit so viele Leads gewinnen, wie Sie benötigen. Sie können auch den QR-Code unten scannen, wenn Sie nicht gerne tippen.

Nr. 2 Kostenlose Inhalte Posten Teil I

Wie Man Eine Zielgruppe Aufbaut, Um Engagierte Leads Zu Gewinnen

„Niemand hat sich jemals darüber beschwert, dass er zu viel Wert bekommt."

DIE VIER GRUNDPRINZIPIEN

	LEUTE DIE SIE KENNEN	LEUTE DIE SIE NICHT KENNEN
1 ZU 1 PRIVAT	WARME KONTAKTE	KALTE KONTAKTE
1 ZU UNENDLICH ÖFFENTLICH	KOSTENLOSE INHALTE POSTEN	BEZAHLTE ANZEIGEN SCHALTEN

DU SIE SIND HIER →

Januar 2020

„Hast du von Kylie Jenner gehört?" fragte Leila.

„Nein, warum?" antwortete ich.

„Sie ist jetzt die jüngste Selfmade-Milliardärin."

„Warte mal, was?"

„Ja, sie ist zwanzig. Forbes hat sie einfach auf das Cover gesetzt."

Ich war zehn Jahre älter als sie und *kein* Milliardär. *Warum versage ich ständig so?* Wie konnte sie so viel mehr verdienen als ich? Ich dachte, ich wäre ziemlich gut im Geschäft – wir nahmen im Jahr zuvor 13 Millionen US-Dollar persönliches Einkommen mit nach Hause. Aber mir hat eindeutig etwas gefehlt. Und ich fühlte mich schrecklich dabei.

Mein Ego hat mich beschützt ... *Nun, Kris Jenner ist ihre Mutter und sie muss das alles organisiert haben.* Ich schrieb es als „reiche Eltern" ab und machte weiter.

Ein paar Monate später…

Leila blickte von ihrem Computer auf.

„Alter – Huda hat gerade eine Minderheitsbeteiligung an ihrem Unternehmen für einen Wert von 600 Millionen US-Dollar verkauft."

„Huda, das Make-up-Girl?" antwortete ich.

„Ja."

„Heiliger Bimbam." *Schon wieder? Wieso habe ich es nur so vermasselt?* Wie konnte jemand so junges so viel mehr Geld verdienen als ich?

... Sie ist wunderschön, sie kann das, ich nicht. Das sagte ich zu mir und fuhr dann fort.

Ein paar Monate später…

Eine Schlagzeile fiel mir ins Auge:

„Conor McGregors Proper 12 Whisky erreicht innerhalb von 12 Monaten nach seiner Markteinführung einen Wert von 600 Millionen US-Dollar."

Ernsthaft!? - Eine *weitere* Person, die in gefühlten Sekunden eine Menge Geld verdient.

Ein paar Monate später…

Ich habe eine weitere Schlagzeile gesehen. *„Mit einem unfassbaren Wert von 3,5 Milliarden US-Dollar setzt sich Dwayne Johnsons ‚Teremana' mit Conor McGregors ‚Proper 12' durch."*

Dwayne „The Rock" Johnson war mittlerweile Multimilliardär. Und er hat nie über das Geschäft gesprochen! *Was mache ich falsch?*

Alex Hormozi
@AlexHormozi

In 20 Stunden gezielter Anstrengung
können Sie in fast allem "gut genug"
werden.

Das Problem ist, dass die meisten
Menschen Jahre damit verschwenden,
die erste Stunde hinauszuzögern.

Ein paar Monate später… im Haus eines berühmten Freundes…

Bis zu diesem Zeitpunkt blieb ich größtenteils hinter den Kulissen. Ich wollte nicht berühmt sein. Ich wollte reich sein. Und das ist mir gelungen. Aber diese Erfolge zu sehen, zerstörte meine Überzeugungen. Könnte der Aufbau einer persönlichen Marke *so* wirkungsvoll sein? Einfache Antwort: Ja. Aber ich wollte meine Privatsphäre …

Wir saßen an seinem Küchentisch und ich fragte ihn: „Du bekommst all diese seltsamen Nachrichten von Fremden." Menschen bedrohen deine Familie. Bist du immer noch froh, berühmt geworden zu sein?" Er antwortete mit etwas, das mein Leben für immer veränderte:

„Wenn, dass ich seltsame Nachrichten und Hass von Leuten bekomme, die ich nicht kenne, der Preis ist, den ich zahlen muss, um die Wirkung zu erzielen, die ich haben möchte, dann würde ich diesen Preis an jedem Tag der Woche zahlen."

Ich fühlte mich entblößt. Ich war ein Stiefmütterchen. Ich habe behauptet, ich wollte etwas bewirken, war aber nicht bereit, den Preis dafür zu zahlen. Nach diesem Gespräch haben Leila und ich uns voll und ganz auf den Aufbau persönlicher Marken konzentriert.

***

Ich habe eine Grundüberzeugung, die ich gerne an Sie weitergeben möchte. <u>Wenn jemand mehr Geld verdient als Sie, ist er in irgendeiner Weise besser im Geschäftsleben.</u> Betrachten Sie es als eine gute Nachricht. Das bedeutet, dass Sie von ihm lernen können. Ich glaube nicht, dass er es leicht hatte. Ich glaube nicht, dass er eine Abkürzung benutzt hat. Reden Sie sich nicht ein, dass er irgendeinen Moralkodex gebrochen haben muss. Selbst wenn es wahr wäre, hilft Ihnen keiner dieser Glaubenssätze. Keiner dieser Glaubenssätze *macht Sie besser*.

Vor Jahren habe ich mich lautstark zum Thema „Inhalte erstellen" geäußert. Ich habe den Sinn nicht verstanden. Warum sollte ich meine Zeit damit verschwenden, etwas zu erschaffen, das in ein paar Tagen verschwinden würde? Ich hielt es für dumme Zeitverschwendung und ließ es alle wissen. Ich habe mich geirrt. Es ging eigentlich gar nicht um den Inhalt, sondern um das Publikum. Was ich nicht verstanden habe

- der Inhalt, den man erstellt ist nicht das verbindende Kapital - *das Publikum ist es*. Auch wenn der Inhalt mit der Zeit verschwindet, wächst Ihr Publikum weiter.

Das war eine Lektion, an der mein Ego mich zu lange gehindert hat, sie zu lernen. Es dauerte ein ganzes Jahr, bis ich mit stichhaltigen Beweisen konfrontiert wurde, bevor ich mein Verhalten änderte. *Ein Publikum aufzubauen ist das Wertvollste, was ich je getan habe.*

Ich habe gesehen, wie Kylie Jenner, Huda Kattan, Connor McGregor und The Rock „über Nacht" Milliardäre wurden. Mein berühmter Freund sagte, ein großes Publikum sei entscheidend für seinen Erfolg. Die überwältigenden Beweise haben meine Überzeugungen gebrochen, also habe ich sie umgeschrieben. Jetzt erkannte ich die Macht darin, ein Publikum zu haben. Aber ich wusste nicht, wo ich anfangen sollte. Also tat ich, was ich immer tat. *Ich bezahlte für Wissen.* Wenn Sie die Erfahrungen anderer kaufen, sparen Sie sich die Zeit, die Sie benötigen würden, um alles selbst herauszufinden. Leila verschaffte mir vier Anrufe bei einem großen Influencer, der die Art von Publikum hatte, die ich aufbauen wollte. Sie zahlte 120.000 Dollar.

Bei meinem ersten Anruf sagte er mir, ich solle regelmäßig auf allen Plattformen posten. Das habe ich also getan. Zwölf Monate später wuchs mein Publikum um mehr als 200.000 Menschen. Bei meinem zweiten Anruf bemerkte er den Fortschritt. Aber ich wollte mehr: „Haben Sie eine Blaupause für Ihr persönliches Branding? Wie veröffentlichen Sie all diese Inhalte?"

Er sagte: „Bruder, jeder, der dir erzählt, dass es ein Geheimnis gibt, versucht, dir etwas zu verkaufen. Wir geben einfach so viel heraus, wie wir können. Rufe dein Instagram auf und rufe mein Instagram auf … Schau her. Du hast heute einmal gepostet. Ich habe dreimal gepostet. Rufe dein LinkedIn auf … Schau her. Du hast diese Woche einmal gepostet. Ich habe *heute* fünf Mal gepostet." Er ging Plattform für Plattform durch. Mit jedem Vergleich wurde es mir peinlicher.

„Du musst einfach mehr tun, Bruder."

Einfach. Nicht leicht. In den nächsten sechs Monaten habe ich *das Zehnfache* an Inhalten veröffentlicht. Und in den nächsten sechs Monaten habe ich 1,2 Millionen Menschen zu meinem Publikum hinzugefügt. Außerdem wuchs mein Publikum zehnmal so schnell, als ich zehnmal so viele Inhalte veröffentlichte. Volumen funktioniert. Inhalte funktionieren. Ein wachsendes Publikum ist die Folge. Und in diesem Kapitel werde ich aufschlüsseln, wie ich es gemacht habe, damit Sie es auch können.

Wie Der Aufbau Einer Zielgruppe Funktioniert - Posten Sie Großartige Kostenlose Inhalte

Warme Kontaktaufnahme bringt für die Zeit, die wir investieren, nicht viele engagierte Leads. Wenn wir zehn Menschen erreichen wollen, müssen wir uns zehnmal wiederholen. Viel Aufwand. Indem wir kostenlose Inhalte veröffentlichen, können wir etwas einmal sagen und alle zehn erreichen. Das Posten kostenloser Inhalte kann also für die Zeit, die wir investieren, viel mehr engagierte Leads gewinnen. Hurra.

Die Menschen, die es für wertvoll halten, werden Teil Ihres warmen Publikums. Wenn sie glauben, dass andere Menschen es wertvoll finden, teilen sie es. Und wenn es den Menschen, mit denen sie es teilen, gefällt, werden diese auch Teil Ihres warmen Publikums. Aufgreifen und wiederholen. Das Teilen kann endlos weitergehen. Je mehr sie Ihre Inhalte teilen, desto größer wird Ihr warmes Publikum. Und hin und wieder machen Sie ihm ein Angebot. Wenn Ihr Angebot wertvoll genug ist, werden sie es annehmen. Wenn sie es tun, verdienen Sie Geld. Und je größer das Publikum, desto mehr Geld verdienen Sie. Betrachten Sie es so:

- Durch das Posten von kostenlosen Ihnalten gewinnen Sie mehr warme Kontakte.

- Wenn Sie also ständig kostenlose Inhalte veröffentlichen, haben Sie ein ständig wachsendes Publikum von Leuten, die Ihre Sachen eher kaufen.

- Kostenlose Inhalte machen jede andere Werbung effektiver. Wenn Sie jemanden kontaktieren und dieser findet keine passenden Inhalte zu Ihren Diensten, ist die Wahrscheinlichkeit, dass er etwas kauft, geringer. Wenn er andererseits viele Inhalte findet, ist die Wahrscheinlichkeit eines Kaufes höher.

Das zu lernen, hat mich mein Ego gehindert. Jetzt ergaben die Schlagzeilen mit Jenner, Huda, McGregor und The Rock vollkommen Sinn.

Das Posten kostenloser Inhalte ist jedoch nicht nur ein Segen. Man muss Kompromisse eingehen. Erstens ist es schwieriger, Ihre Nachricht zu personalisieren. Es antworten also weniger Leute. Zweitens konkurrieren Sie mit allen anderen, die kostenlose Inhalte veröffentlichen. Das macht es schwieriger, aufzufallen. Drittens: Wenn Sie auffallen, werden die Leute Sie kopieren. Das bedeutet, dass Sie ständig innovativ sein müssen.

Davon abgesehen bedeutet ein größeres Publikum mehr engagierte Leads. Mehr engagierte Leads bedeuten mehr Geld. Mehr Geld bedeutet, dass man glücklicher ist. Nur ein Scherz – das geht nicht. Aber es gibt Ihnen die Ressourcen, Dinge zu entfernen, die Sie hassen. Wie auch immer…

Dieses Kapitel behandelt nur zwei Themen. Zunächst entmystifizieren wir Inhalte, die das Publikum vergrößern, indem wir zeigen, dass sie alle aus den gleichen Grundeinheiten bestehen. Eine Inhaltseinheit besteht aus drei Komponenten - fesseln, an sich binden und belohnen. Zweitens, wie durch die Verknüpfung grundlegender Einheiten Inhalte für jede Plattform und jeden Medientyp entstehen, die das Publikum vergrößern. Das nächste Kapitel (Kostenlose Inhalte veröffentlichen Teil II) zeigt Ihnen, wie Sie diese Inhalte zu einer Waffe machen, um Geld zu verdienen. Aber im Moment können Sie Inhalte erst dann monetarisieren, wenn Sie wissen, wie man sie erstellt.

Die Inhaltseinheit - Drei Komponenten

Alle Inhalte, die das Publikum vergrößern, bewirken eines: Sie belohnen die Menschen, die sie konsumieren. Und eine Person kann nur dann durch den Inhalt belohnt werden, wenn sie:

1) Einen Grund hat, ihn zu konsumieren und

2) Ihm lange genug Aufmerksamkeit schenkt, um

3) Diesen Grund zu befriedigen.

Glücklicherweise können wir diese drei Ergebnisse in die drei Dinge umwandeln, die wir *tun* müssen, um Inhalte zu erstellen, die das Publikum vergrößern. Das bedeutet, dass wir:

a) Aufmerksamkeit **fesseln**: sie dazu bringen, auf Ihre Inhalte aufmerksam zu werden.

b) Aufmerksamkeit **an sich binden**: sie dazu bringen, Ihre Inhalte zu konsumieren.

c) Aufmerksamkeit **belohnen**: den Grund befriedigen, warum sie überhaupt konsumiert haben.

Die kleinste Menge an Material, die nötig ist, um Aufmerksamkeit zu fesseln, an sich zu binden und zu belohnen, ist eine **Inhaltseinheit**. Es kann nur ein Bild, ein Meme oder ein Satz sein. Das heißt, Sie können *gleichzeitig* fesseln, binden und belohnen. So können kurze Tweets, Meme-Bilder oder sogar ein Jingle viral gehen. Sie machen alle drei. Ich trenne sie, damit wir sie klarer besprechen können, aber sie können alle gleichzeitig stattfinden.

Lassen Sie uns auf die einzelnen Dinge eingehen, die wir zur Erstellung einer Inhaltseinheit tun. Auf diese Weise können Sie effektive Inhalte erstellen, die Ihr Publikum vergrößern.

1) Fesseln: Sie können nicht belohnt werden, wenn wir nicht zuerst ihre Aufmerksamkeit fesseln

Das Ziel: Wir geben den Menschen einen Grund, ihre Aufmerksamkeit von dem abzulenken, was sie uns gegenüber tun. Wenn wir das machen, haben wir sie am Haken. Die Wirksamkeit dessen wird anhand des Prozentsatzes der Personen gemessen, die beginnen, Ihre Inhalte zu konsumieren. Wenn Sie also die Aufmerksamkeit gezielt fesseln, werden *viele* Menschen einen Grund haben, Ihre Inhalte zu konsumieren. Wenn Sie einen schlechten Job machen, werden nur *wenige* Menschen einen Grund haben, Ihre Inhalte zu konsumieren. Denken Sie daran, dies ist ein Wettbewerb um Aufmerksamkeit. Wir müssen jede Alternative schlagen, die dem Publikum zur Verfügung steht, um deren Aufmerksamkeit zu gewinnen. Machen Sie sich zur besten Option.

Wir erhöhen den Prozentsatz der Leute, die sich für unsere Inhalte entscheiden, indem wir *Themen* auswählen, die sie interessant finden, *Schlagzeilen*, die ihnen einen Grund geben, und das *Format* an andere Inhalte anpassen, die ihnen gefallen. Lassen Sie uns in jedes einzelne eintauchen.

Themen. Themen sind die Dinge, über die Sie Ihre Inhalte erstellen. Ich bevorzuge es, persönliche Erfahrungen zu nutzen. Hier ist der Grund: Es gibt nur einen von Ihnen. Der einfachste Weg, sich zu differenzieren, besteht darin, etwas zu sagen, was niemand anderes sagen kann. Und niemand außer Ihnen hat Ihr Leben gelebt. Ich unterteile Themen in fünf Kategorien: Ferne Vergangenheit, Jüngste Vergangenheit, Gegenwart, im Trend und Erzeugen.

a) <u>Ferne Vergangenheit</u>: Die wichtigen *vergangenen* Lektionen Ihres Lebens. Verbinden Sie diese Weisheit mit Ihrem Produkt oder Ihrer Dienstleistung, um Ihrem Publikum einen enormen Mehrwert zu bieten. Geben Sie ihnen die Geschichte ohne die Narbe. *Deshalb schreibe ich diese Bücher.*

    i) Beispiel: Eine persönliche Lektion, in der ich mit meinem Glauben hebrochen habe, dass ich "nicht genug Zeit hätte":

        1) Fesseln: Ich habe mich bei einem Freund darüber beklagt, dass ich nicht genug Zeit hätte, etwas zu tun, *während ich an meinem Telefon festklebte.*

        2) An sich binden: Er riss es mir aus den Händen, um dessen Verwendung genau zu betrachten. Es zeigte sich, dass ich drei Stunden *am Tag* in den sozialen Medien verbrachte.

        3) Belohnen: Er sah mich an und sagte: "Hey, ich habe dich irgendwann gefunden."

Es ist eine einfache Geschichte, mit der andere Menschen etwas anfangen können. Dies macht es für mehr Menschen zu einem interessanten Thema. Und es verbindet meine Arbeit, das Wachstum von Unternehmen, mit einem Problem, das viele Menschen erleben – nicht genug Zeit zu haben. Die Offenbarung, die ich verschenke, macht diese Lektion für *mein Publikum* wertvoll – Menschen, die ihre Unternehmen gründen, ausbauen und verkaufen.

b) <u>Jüngste Vergangenheit</u>: Machen Sie etwas und sprechen Sie dann darüber, was Sie gemacht haben (oder was passiert ist). Jedes mal, wenn Sie mit jemandem sprechen, besteht die Chance, dass Ihr Publikum einen Nutzen daraus ziehen kann. Schauen Sie sich Ihren Kalender der letzten Woche an. Schauen Sie sich alle Ihre Besprechungen an. Schauen Sie sich alle Ihre sozialen Interaktionen an. Schauen Sie sich alle Gespräche mit warmen Kontakten an. *In diesen Gesprächen steckt Gold.* Erzählen Sie daraus Geschichten, die Ihrem Publikum dienen würden. Zum Beispiel:

Alex Hormozi 🖤 ✅
@AlexHormozi

Als marketing-Faustregel:

Wenn es jeder macht, machen Sie
es nicht.

i)   Dieser Tweet stammt von einem Treffen, das ich mit einem Portfolio-CEO hatte, der einfach das gleiche Angebot kopierte, das alle anderen seines Marktes machten, und dabei unterdurchschnittliche Ergebnisse erzielte.

ii) Das bedeutet, Notizen, Aufnahmen und andere Aufzeichnungen zu machen, um den Zugriff auf diese Dinge zu erleichtern. Es bedeutet aber auch einen kostenlosen, einfachen und wertvollen Vorrat an Inhalten.

iii) Erfahrungsberichte und Fallstudien fallen in diese Kategorie. Wenn Sie eine coole Kundengeschichte *auf eine Art und Weise erzählen können, die Ihrem Publikum einen Mehrwert bietet,* werden Sie sowohl Ihre Dienstleistungen bewerben als auch einen Mehrwert bieten. Win-win-Situation.

c) <u>Gegenwart</u>: Schreiben Sie Ideen *genau dann auf, wenn sie Ihnen einfallen.* Haben Sie immer die Möglichkeit, Ihre Ideen in Reichweite festzuhalten. Ich unterbreche sogar Besprechungen, um mir Ideen zu notieren, mir eine Textnachricht zu senden oder sie per E-Mail zu versenden. Den Leuten macht es sowieso nichts aus, wenn man darum bittet, sich Notizen machen zu dürfen, also ist es nicht seltsam. Wenn Sie dann Inhalte erstellen, steht Ihnen eine Menge neuer Geschichten zur Verfügung, mit denen Sie arbeiten können.

i)   *Ich notiere meine Ideen öffentlich:* Früher habe ich Ideen für mich behalten. Jetzt twittere ich sie öffentlich, sobald sie passieren. Wenn ein Beitrag besser abschneidet als normal, weiß ich, dass die Leute ihn interessant finden. Dann mache ich mehr zu diesem Thema.

d) <u>Im Trend</u>: Gehen Sie dorthin wo die Aufmerksamkeit ist. Schauen Sie sich an, was gerade im Trend liegt, und denken Sie darüber nach. Wenden Sie Ihre eigenen Erfahrungen darauf an. Wenn Sie einen relevanten Kommentar haben, oder dieser in irgendeiner Weise Ihr Fachwissen berührt, sprechen Sie darüber. Über trendige Dinge zu sprechen, ist sehr effektiv, um die Aufmerksamkeit eines breiteren Publikums zu gewinnen.

e) <u>Erzeugen</u>: Verwirklichen Sie Ihre Ideen. Wählen Sie ein Thema aus, das die Leute interessant finden. Dann lernen Sie etwas darüber, erschaffen Sie etwas davon oder machen Sie etwas damit. Dann zeigen Sie es der Welt. Dies kostet die meiste Zeit und Mühe, da Sie die Erfahrung selbst erschaffen müssen, und nicht über eine Erfahrung sprechen können, die Sie bereits gemacht haben. Aber es kann die größten Auszahlungen bringen.

    i) Beispielhaft erzeugtes Erlebnis: *Ich habe einen Monat lang von 100 US-Dollar gelebt. Ich sage Ihnen wie.* Nun lebe ich zwar nicht so, aber ich könnte die Erfahrung erzeugen und dann Inhalte darüber verfassen.

Anmerkung des Autors: Erzeugen vs. Dokumentieren

Erzeugte Inhalte haben *bei weitem* das größte Potenzial, ein Publikum zu vergrößern und zu monetarisieren. Dies liegt daran, dass erfahrene Inhalts-Ersteller die maximale Belohnung für jede Inhalts-Einheit erzielen können. Um Ihnen eine Vorstellung zu geben: Zum Zeitpunkt dieses Schreibens sind die Top-Ten-Videos auf der beliebtesten Videoplattform allesamt Musikvideos. Und sie haben rund 60 *Milliarden* Aufrufe verzeichnet. Zuschauen oder zuhören – das ist *sehr viel* Aufmerksamkeit! Aber für uns Sterbliche ermöglichen uns die geringeren Kosten, unsere Erfahrungen zu dokumentieren (im Vergleich zu deren Herstellung) und das Volumen hoch zu halten. Und ich glaube, dass es ein Leben lang nachhaltiger ist. Ein Zitat, das ich von einem berühmten Inhalts-Ersteller gehört habe: „Ich möchte mein Wohnzimmer nicht mit Sand füllen, wenn ich fünfzig bin." Und ich persönlich würde es lieber sehen, wenn Unternehmer häufiger und an mehr Orten mehr Inhalte veröffentlichen würden. Nicht weiter wichtig.

Aktionsschritt: Das Leben passiert – profitieren Sie davon, indem Sie es teilen.

Schlagzeilen. Eine Schlagzeile ist ein kurzer Satz oder Satz, der die Aufmerksamkeit des Publikums erregen soll. Sie gibt den Grund an, warum die Leute deren Inhalt konsumieren sollten. Sie nutzen sie, um die Wahrscheinlichkeit abzuwägen, dass sie für den Konsum Ihrer Inhalte, im Vergleich zu anderen, eine Belohnung erhalten.

Anstatt Ihnen eine Menge Vorlagen zu geben, möchte ich Ihnen lieber die zeitlosen Prinzipien geben, die großartige Schlagzeilen machen. Und es gibt keinen besseren Schlagzeilenmacher als „die Nachrichten". Also lassen Sie uns sie studieren.

Eine Metaanalyse von Nachrichten ergab Schlagzeilenkomponenten, die das größte Interesse an Geschichten hervorriefen. Sie sind wie folgt. Versuchen Sie, mindestens zwei davon in Ihre Überschrift aufzunehmen.

a) <u>Aktualität</u> – So aktuell wie möglich, im Wahrsten Sinne des Wortes „Neuigkeiten"

    i) Beispiel: Menschen achten mehr auf etwas, das vor einer Stunde als vor einem Jahr passiert ist.

b) <u>Relevanz</u> – Persönlich bedeutsam

    i) Beispiel: Krankenschwestern widmen Dingen, die Krankenschwestern betreffen, mehr Aufmerksamkeit als Dingen, die Buchhalter betreffen.

c) <u>Berühmtheit</u> – Einschließlich prominenter Personen (Prominente, Autoritäten, usw.)

    i) Beispiel: Normalerweise kümmern wir uns nicht darum, was ein anderer Mensch jeden Tag zum Frühstück isst. Aber wenn es Jeff Bezos ist, dann doch. Da er eine Berühmtheit ist, interessieren sich viele Menschen dafür.

d) <u>Nähe</u> – Heimatnah - geografisch

    i) Beispiel: Ein Haus, das im irgendwo im Land brennt, erregt nicht Ihre Aufmerksamkeit. Wenn es das Ihres Nachbarn ist, schon. Erstellen Sie sie so nah wie möglich an Ihrem Zuhause.

e) <u>Konflikt</u> – gegensätzliche Ideen, gegensätzliche Menschen, gegesätzliche Natur, usw.

    i) Beispiel: Ananas vs. keine Ananas auf der Pizza? Konflikt!

    ii) Beispiel: Gut vs. Böse. Held vs. Bösewicht. Links vs. Rechts.

    iii) Beispiel: Freiheit vs. Sicherheit. Gerechtigkeit vs. Barmherzigkeit. Denken Sie sich etwas aus.

f) <u>Ungewöhnlich</u> – seltsam, einzigartig, selten, bizarr.

    i) Beispiel: Stellen Sie sich einen Mann mit 6 Fingern in einem der alten Zirkusse von Früher vor. Wenn etwas außerhalb der Norm liegt, schenken die Leute ihm mehr Aufmerksamkeit.

g) <u>Laufend</u> – Noch laufende Geschichten sind dynamisch, entwickeln sich weiter und weisen Wendungen in der Handlung auf..

    i) Wenn bei jemandem die Wehen einsetzen, wollen die Leute alle zehn Minuten Updates, weil *alles passieren kann.*

Aktionsschritt: Fügen Sie eine oder mehrere dieser Komponenten hinzu, um sich aussagekräftige und aufmerksamkeitsstarke Schlagzeilen zu verschaffen.

Format. Sobald wir ein gutes Thema haben und es mithilfe einer oder mehrerer Komponenten durch eine Überschrift kommunizieren, müssen wir unser Format an den besten Inhalt auf der Plattform anpassen. Menschen konsumieren Inhalte, weil sie Dingen ähneln, die ihnen in der Vergangenheit gefallen haben. Und die Anpassung an das beliebte Format der Plattform führt dazu, dass die meisten Menschen mit ihr interagieren. Deshalb möchten wir, dass unsere Inhalte so aussehen, wie sie ihnen schon einmal gefallen haben.

Format Beispiel:

Dieses Meme vermittelt den Punkt besser, als ich es mit Worten könnte. Alle vier Bilder oben sind ... nun ja ... Bilder. Aber sie sehen anders aus und fühlen sich anders an. Dies liegt daran, dass die Formatierung von der Zielgruppe abhängt, die Sie ansprechen möchten, *und* von der Plattform, auf der sich Ihre Zielgruppe befindet.

Fazit: Sie müssen dafür sorgen, dass Ihre Inhalte so aussehen, *wie die Leute erwarten, dass sie belohnt werden*. Andernfalls werden sie durch besser aussehende Inhalte gefesselt, bevor Ihre Inhalte überhaupt eine Chance haben, egal wie gut sie sind.

Aktionsschritt: Formatieren Sie Ihre Inhalte zunächst für die Plattform. Passen Sie sie dann so an, dass sie Ihr ideales Publikum ansprechen. Nutzen Sie als Leitfaden die besten Inhalte auf der Plattform, die auf Ihren Markt abzielt.

Damit ist der „Fessel"-Schritt unserer Inhaltseinheit abgeschlossen. Wenn Sie diese Grundlagen *immer* befolgen, werden Sie bereits zu den besten 1 % gehören. Zumindest bei mir.

2) Bindung

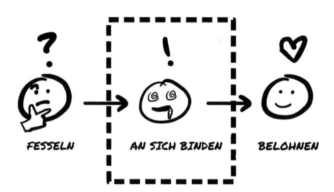

Mein liebster Treiber für die Bindung ist *Neugier*. Sie ist mein Favorit, denn wenn es richtiggemacht wird, werden die Leute *Jahre* warten. Die Leute wollen wissen, was als... *nächstes* passiert. Ich erhalte zum Beispiel seit Jahren täglich Nachrichten darüber, wann ich ein Buch zum Verkauf veröffentlichen werde.

Meine liebste Art, das Publikum neugierig zu machen, besteht darin, ihnen Fragen einzuprägen. Unbeantwortete Fragen können explizit oder implizit sein. Sie können die Frage direkt stellen. Oder die Frage kann impliziert werden. Meine drei Lieblingsmethoden zum Einbetten von Fragen sind: Listen, Schritte und Geschichten.

a) <u>Listen</u>: Listen sind nacheinander präsentierte Dinge, Fakten, Tipps, Meinungen, Ideen, usw. Gute Listen mit kostenlosen Inhalten folgen auch einem Thema. Denken Sie an „Die 10 größten Fehler" oder „Die 5 größten Geldverdiener" und so weiter. Wenn Sie die Anzahl der aufgeführten Elemente in Ihrer Überschrift oder in den ersten Sekunden Ihres Inhalts angeben, erfahren die Leute, was sie erwartet. Und meiner Erfahrung nach bleibt dadurch die Aufmerksamkeit des Publikums länger erhalten.

    i) Beispiel: „7 Wege, wie ich in meinen Zwanzigern 100 US-Dollar investiert habe, die sich ausgezahlt haben."

    ii) Beispiel: „28 Wege, um arm zu bleiben."

    iii) Beispiel: „Eine Inhaltseinheit hat drei Teile..."

b) <u>Schritte</u>: Schritte sind Aktionen, die der Reihe nach ablaufen und nach Abschluss ein Ziel erreichen. Vorausgesetzt die ersten Schritte waren klar und wertvoll, möchte die Person wissen, wie sie alle ausführen kann, um das Gesamtziel zu erreichen.

    i) Beispiel: „3 Schritte, einen großartigen Aufhänger zu erstellen."

    ii) Beispiel: „Wie ich in 7 Schritten meine Schlagzeile erstelle."

    iii) Beispiel: „Die Morgenroutine, die meine Produktivität steigert."

Hinweis: Hier ist der Unterschied zwischen Schritten und Listen. Schritte sind *Aktionen*, die in einer *bestimmten Reihenfolge* ausgeführt werden müssen, um ein Ergebnis zu erzielen. Schritte sind also weniger flexibel, haben aber eine explizitere Belohnung. Listen können nahezu alles in beliebiger Reihenfolge enthalten. Listen sind also flexibler, haben aber eine weniger explizite Belohnung.

c) <u>Geschichten</u>: Geschichten beschreiben reale oder imaginäre Ereignisse. Und Geschichten, die es wert sind, erzählt zu warden, enthalten für den Zuhörer oft eine Lektion oder eine Erkenntnis. Sie können Geschichten über Dinge erzählen, *die passiert sind, passieren könnten* oder *nie passieren werden*. Alle drei machen neugierig, weil die Leute wissen wollen, was als nächstes passiert.

    i) Bsp: Fast jedes Kapitel in diesem Buch hat eine Geschichte.

    ii) Bsp: „Mein Lektor ließ mich 19 Entwürfe für dieses Buch anfertigen – hier ist das, was ich ihm angetan habe."

    iii) Bsp: „Mein Weg vom Schlafen im Erdgeschoss eines Fitnessstudios bis hin zum obersten Stockwerks eines 5-Sterne Hotels."

Sie können Listen, Schritte und Geschichten (Storys) einzeln verwenden oder miteinander verknüpfen. Sie können beispielsweise Listen innerhalb von Schritten und eine Geschichte zu jedem Listenelement erstellen. Sie können Geschichten haben, um den Wert eines Schritts zu unterstreichen. Sie können eine Liste mit Geschichten oder vielen laufenden Handlungssträngen erstellen. Usw. Ihre Kreativität ist hier die einzige Grenze. Aus diesem Grund bezeichnen sich Menschen, die viele Inhalte erstellen, als Inhalts-*Ersteller*. Dieses Kapitel enthält beispielsweise Listen innerhalb von Schritten und Geschichten, die diese miteinander verflechten.

Aktionsschritt: Verwenden Sie Listen, Schritte und Geschichten, um die Neugier Ihres Publikums zu wecken. Verankern Sie Fragen in ihren Gedanken, damit sie wissen wollen, was als *nächstes* passiert.

3) Belohnung

Jeder kann sich coole Aufhänger ausdenken und seine Inhalte mithilfe von Listen, Schritten oder Storys organisieren. Aber die eigentliche Frage ist: Sind sie gut? Erfüllen sie den Grund, warum die Leute sie von Anfang an gesehen haben? Weckt es bei den Leuten den Wunsch, sie zu teilen? Wie gut Ihr Inhalt ist, hängt davon ab, wie oft er Ihr Publikum in der Zeit, die es zum Konsumieren benötigt, belohnt. Denken Sie an den *Wert pro Sekunde*. Beispielsweise könnte dieselbe Person, die sich nach drei Sekunden eines zehn Sekunden langen Videos langweilt, auch ein 900-seitiges Buch verschlingen. Und dieselbe Person kann acht Stunden lang eine Fernsehserie am Stück genießen. Es gibt also kein zu lang, sondern nur *zu langweilig*.

Nun können wir keine bestimmte Belohnung garantieren. Aber wir können die Chance auf eine Belohnung erhöhen, indem wir:

- Die richtige Zielgruppe mit den *richtigen* Themen, Schlagzeilen und Formatierungen ansprechen.

- Sie mit Listen, Schritten und Geschichten binden, ihre Neugier wecken und ihnen Lust auf mehr machen.

- Ganz klar den Grund erfüllen, warum der Inhalt sie von Anfang an fasziniert hat.

Beispiel: Wenn Ihr Aufhänger „7 Möglichkeiten, sich mit Ihrem Ehepartner zu versöhnen" verspricht und Sie Folgendes abgeben:

(A) vier Wege, (B) sieben Wege, die miserabel waren (oder sie haben sie alle schon einmal gehört). (C) Wenn Sie mit einer Gruppe alleinstehender Männer sprechen, die keinen Ehepartner haben, *ist es Ihnen schlecht gelungen, sie zu belohnen.* Die Leute werden Ihre Inhalte nicht noch einmal ansehen wollen und es schon gar nicht teilen.

Beispiel: Wenn Ihr Aufhänger „4 Marketingstrategien, die Zahnärzte nutzen können" verspricht und sie diese nicht nutzen können, werden sie dies in Zukunft nicht weitergeben oder Ihre Inhalte nicht ansehen. *Was die Belohnung angeht, haben Sie einen miesen Job gemacht.*

Fazit: Ich hatte jede Menge Inhalte, von denen ich dachte, sie würden Rekorde brechen, aber das Publikum drückte stattdessen den „Weiter"-Button. Egal wie gut Sie Ihre Inhalte finden, das Publikum entscheidet. Ihr Publikum zu belohnen bedeutet, *dessen Erwartungen zu erfüllen oder zu übertreffen, wenn es beschließt, Ihre Inhalte zu konsumieren.* So erkennen Sie, ob es Ihnen gelungen ist: *Ihr Publikum wächst.* Wenn es nicht wächst, sind Ihre Sachen nicht so gut. Üben Sie und Sie werden besser.

Aktionsschritt: Bieten Sie mehr Wert als alle anderen. Halten Sie Ihre Versprechen ein. Befriedigen Sie eindeutig den Grund, mit dem Sie ihre Aufmerksamkeit erregt haben. Mit anderen Worten: Beantworten Sie die ungelösten Fragen, die Sie ihnen in den Kopf gesetzt haben, vollständig.

Was Ist Also Der Unterschied Zwischen Kurzen Und Langen Inhalten? Antwort: Nicht Viel

Wenn Sie sich an früher erinnern, ist die kleinste Menge an Material, die nötig ist, um Aufmerksamkeit zu fesseln, zu binden und zu belohnen, eine **Inhaltseinheit**. Um einen längeren Inhalt zu erstellen, verknüpfen wir einfach Inhaltseinheiten miteinander.

Beispielsweise könnte ein einzelner Schritt in einer Fünf-Schritte-Liste eine Inhaltseinheit sein. Wenn wir alle fünf miteinander verknüpfen, erhalten wir einen längeren Inhalt. Hier ist ein Bild, um es zu verdeutlichen.

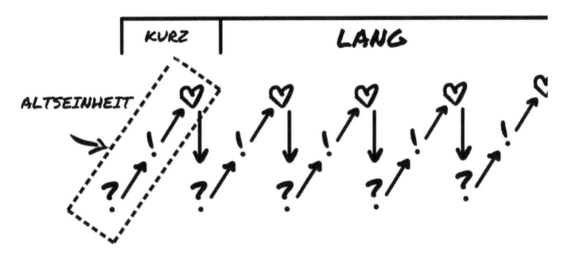

Kürzere Inhalte fesseln, binden und belohnen seltener. Längere Inhalte tun dies öfter. Und es erfordert mehr Geschick, dies öfter zu tun, da Sie mehr „gute" Inhaltseinheiten hintereinander aneinanderreihen müssen. Beispielsweise hat ein neuer Komiker in der Regel nur wenige Minuten Zeit, um auf der Bühne seinen „Einsatz" zu spielen. Nur ein Meisterkomiker bekommt eine Stunde. Es erfordert Übung, die Aufmerksamkeit gerade so oft zu belohnen, dass sie so lange erhalten bleibt. Fangen Sie also klein an und bauen Sie dann auf. Selbst wenn Sie mit längeren Inhalten beginnen, was in Ordnung ist, empfehle ich, mit kürzeren Versionen zu beginnen. Es wird Ihnen leichter fallen. Viele erfolgreiche Autoren mit epischen Romanen begannen mit dem … Sie ahnen es schon… Schreiben von Kurzgeschichten.

Profi-Tipp: Erstellen Sie Alle Ihre Inhalte Für Fremde

Das ist wichtig. Passen Sie auf. Wenn Sie Ihr warmes Publikum *vergrößern* möchten, müssen Sie Inhalte erstellen, die davon ausgehen, dass die Leute, die sie konsumieren, noch nie zuvor von Ihnen gehört haben. Wenn Sie sie für Fremde erstellen, werden sie Fremden gefallen, weil ... *Sie diese für sie gemacht haben.* Und sie werden die Inhalte teilen. Und Ihr Publikum wird umso schneller wachsen. Und betrachten Sie die Alternative: Sie übersäen Ihre Inhalte mit „Insider-Witzen", die niemand außer Ihrem Publikum versteht. Cool für euch, Jungs, aber niemand sonst wird sich willkommen fühlen. Und Ihr Publikumswachstum wird sich verlangsamen. Dies ist einer der häufigsten Fehler, die ich bei Inhalt-Erstellern sehe – also machen Sie ihn nicht. Gehen Sie also bei jedem Inhalt davon aus, dass die Person noch nie zuvor von Ihnen gehört hat. Und alle, die Sie bereits kennen, werden nichts dagegen haben. Sie werden das Memento zu schätzen wissen.

Sobald Sie verstanden haben, wie man eine Inhaltseinheit erstellt, ist *mehr* zu tun alles, was Sie tun müssen. Dann wird Ihr Publikum wachsen. Und sobald Ihr Publikum groß genug ist, möchten Sie es möglicherweise monetarisieren. Ich hätte viel mehr zu sagen, als in ein Kapitel passt, also werden wir im nächsten darüber sprechen, wie wir das Publikum monetarisieren können.

Wir sehen uns dort.

Nr. 2 Kostenlose Inhalte Posten Teil II

Monetarisieren Sie Ihr Publikum

„Geben-geben-geben, geben-geben-geben, bis sie danach fragen"

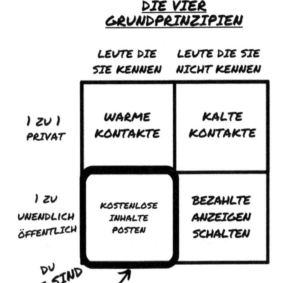

In diesem Kapitel geht es darum, Ihnen zu zeigen, wie Sie Ihr warmes Publikum monetarisieren können. Zuerst sprechen wir darüber, wie wir Angebote machen können, ohne ein Spam-Monster zu sein – und wie wir das Verhältnis zwischen Geben und Fordern meistern. Anschließend sprechen wir über die beiden Angebotsstrategien zur Monetarisierung des Publikums. Danach werde ich darüber sprechen, wie Sie Ihren Ertrag skalieren können, damit Sie schneller ein größeres Publikum gewinnen und noch mehr Geld verdienen können. Dann werde ich eine Reihe von Lektionen teilen, die ich beim Aufbau meines eigenen Publikums gelernt habe und von denen ich wünschte, ich hätte sie früher gewusst. Abschließend erläutere ich, wie Sie *heute* in allen Belangen Maßnahmen ergreifen können.

Das Verhältnis Von Geben Zu Fordern Meistern

Gary Vaynerchuk machte „Jab, Jab, Jab, rechter Haken" populär. Es vereinfacht die Idee, dem Publikum mehrmals etwas zu sagen, bevor man eine Frage stellt. Sie sublimieren Wohlwollen durch lohnenswerte Inhalte und ziehen sich dann durch Angebote davon zurück. Wenn Sie Wohlwollen sublimieren, schenkt Ihr Publikum mehr Aufmerksamkeit. Wenn Sie Wohlwollen sublimieren, ist die Wahrscheinlichkeit größer, dass Ihr Publikum tut, was Sie verlangen. Deshalb versuche ich, mein Publikum zu „unterfordern" und so viel Wohlwollen wie möglich aufzubauen.

Glücklicherweise ist das Verhältnis von Geben zu Fordern gut untersucht. Im Fernsehen kommen auf 60 Minuten Sendezeit durchschnittlich 13 Minuten Werbung. Das bedeutet, dass 47 Minuten dem „Geben" und 13 Minuten dem „Fordern" gewidmet sind. Das entspricht ungefähr einem Verhältnis von Geben zu Fordern von 3,5:1. Auf Facebook sind es ungefähr 4 Inhalts-Beiträge für jede Anzeige im Newsfeed. Dies gibt uns eine Vorstellung davon, welches Mindest-Geben-Fordern-Verhältnis wir aufrechterhalten können. Schließlich sind Fernsehen und Facebook ausgereifte Plattformen. Es geht ihnen weniger darum, ihr Publikum zu vergrößern, sondern mehr darum, mit ihm Geld zu verdienen. Sie geben also weniger und verlangen mehr. Das heißt, „Geben, Geben, Geben, Verlangen" ist das Verhältnis, das uns der *maximalen Monetarisierung* eines Publikums näherbringt, ohne es zu verkleinern. Aber die meisten von uns wollen wachsen, deshalb sollten wir ihnen nicht nacheifern. Wir sollten wachsende Plattformen modellieren.

Was machen wachsende Plattformen? Sie zeigen viele Inhalte ohne viel Werbung an. Kurz gesagt, sie geben, geben, geben ... geben, geben, geben ... geben, geben, geben ... geben, geben, geben ... möglicherweise fordern. Sie geben dramatisch zu viel und verlangen zu wenig. Warum? Denn je mehr Sie Ihr Publikum belohnen, desto größer wird es. Wenn Sie also Ihr Publikum vergrößern möchten, geben Sie viel mehr, als Sie verlangen.

Und da ich jetzt etwas Erfahrung damit habe, habe ich die traditionelle Geben-Fordern-Strategie, die bei Steroiden üblich ist, ein wenig angepasst: *Geben Sie, bis sie danach fragen.*

Die Leute warten immer darauf, dass Sie Geld verlangen. Und wenn Sie es nicht tun, vertrauen sie Ihnen mehr. Sie teilen Ihre Sachen mehr. Man wächst schneller usw. Aber ich bin kein altruistischer Heiliger. Ich bin hier, um Geld zu verdienen. Schließlich wäre ich kein guter Geschäftsmann, wenn ich keine Geschäfte machen würde.

Es ist also einfach. Wenn Sie genug geben, *fangen die Leute an, sie danach zu fragen.* Es ist den Menschen unangenehm, weiterhin zu empfangen, ohne etwas zurückzugeben. Es ist der Kern unserer Kultur und DNA. Sie werden auf Ihre Website gehen, Ihnen eine Direktnachricht schicken, Ihnen eine E-Mail senden usw., um mehr zu erfahren. Darüber hinaus gewinnen Sie mit dieser Strategie die besten Kunden. Sie sind diejenigen, die die größten „Geber" sind. Sie sind diejenigen, die selbst als zahlende Kunden immer noch das Gefühl haben, den besseren Teil des Geschäfts zu bekommen. Und das Beste: Wenn Sie auf diese Weise werben, *verlangsamt sich Ihr Wachstum nie.* Wenn Sie diese Strategie anwenden, *geben Sie öffentlich und verlangen Sie privat.* Sie lassen das Publikum selbst entscheiden, wann es bereit ist, Ihnen Geld zu geben. Deshalb ist es meiner Meinung nach die beste Strategie, zu geben, bis sie danach fragen. Aber wenn Sie etwas verlangen möchten, verstehe ich das. Sprechen wir also darüber, wie man fordert. Wenn Sie das möchten, können Sie es auch richtig machen.

Fazit: Der Moment, in dem Sie anfangen, Geld zu verlangen, ist der Moment, in dem Sie sich entscheiden, Ihr Wachstum zu verlangsamen. Je geduldiger Sie also sind, desto mehr werden Sie bekommen, wenn Sie schließlich Ihre Forderung stellen.

Aktionsschritt: Geben geben geben geben geben geben *bis sie danach fragen.*

Profi-Tipp: Öffentlich geben, privat verlangen.

Wenn Sie weiterhin öffentlich geben, werden die Leute Sie privat bitten, ihnen etwas zu verkaufen. Verlassen Sie sich darauf. Das Beste aus beiden Welten besteht darin, nie aufzuhören, in der Öffentlichkeit zu geben, und immer mehr Leute dazu zu bringen, Sie privat um den Kauf Ihrer Sachen zu bitten. Geben Sie, geben Sie, und Sie werden bekommen – ohne den guten Willen zu verlieren oder das Wachstum Ihres Publikums zu verlangsamen.

Wie Sie Geld mit Inhalten verdienen: Fordern Sie

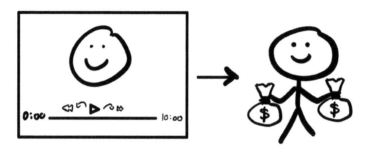

Um es klar auszudrücken: Ich denke, Sie sollten die *„Geben bis sie danach fragen"*-Strategie nutzen. Aber wenn Sie Miete zahlen, Ihre Familie ernähren usw. müssen, verstehe ich das. Manchmal muss man fordern. Sprechen wir also darüber, wie wir das bewerkstelligen können, ohne wie ein Idiot zu klingen.

Stellen Sie sich „Fordern" als Werbespots vor. Sie *unterbrechen dieses Programm mit einer sehr wichtigen Nachricht.* Da Sie derjenige sind, der den Wert liefert, unterbrechen Sie Ihre eigenen Inhalte mit Werbespots über die von Ihnen verkauften Produkte. Aber da es sich um Ihr Publikum handelt, zahlen Sie die Kosten für einen potenziellen Vertrauensverlust, ein verlangsamtes Wachstum und natürlich die Zeit, die Sie brauchten, um das Publikum überhaupt zu gewinnen. Aber finanziell ist es kostenlos. Jetzt verwende ich zwei Strategien, um Werbeaktionen in Inhalte einzubinden: integrierte Angebote und intermittierende Angebote. Lassen Sie uns beides behandeln.

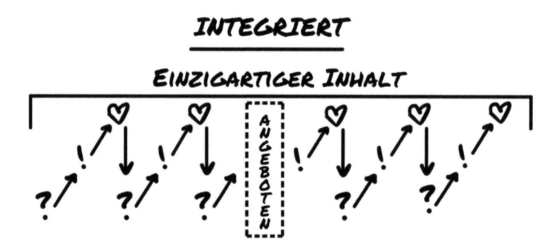

Integriert: Sie können in jedem Inhalt werben, solange Sie Ihr Geben-Fordern-Verhältnis hoch halten. Sie werden Ihr warmes Publikum weiter vergrößern und engagierte Leads gewinnen. Win-win.

Wenn ich zum Beispiel einen einstündigen Podcast mache, bedeutet das, dass ich drei 30-Sekunden-Anzeigen habe, 58,5 Minuten Geben bis 1,5 Minuten Fordern. Deutlich über dem Verhältnis 3:1.

Andererseits hatte ich einen Freund, der einen Podcast hatte, der schnell explodierte. Da er bestrebt war, mit seinem neuen Publikum Geld zu verdienen, fing er an, zu häufig Angebote (Forderungen) im Inhalt zu zeigen. Sein Podcast hörte nicht nur auf zu wachsen, er schrumpfte sogar! Seien Sie nicht so. Töten Sie Ihre goldene Gans nicht. Es ist ein Balanceakt. Geben Sie lieber mehr, um Ihr wertvollstes Gut zu schützen – das Wohlwollen Ihres Publikums.

Aktionsschritt: Am häufigsten integriere ich die „Forderungen" – auch CTAs genannt – nach einem wertvollen Moment oder dem Ende des Inhalts. Erwägen Sie, zunächst einen dieser Orte auszuprobieren – und stellen Sie sicher, dass Ihr Publikumswachstum nicht nachlässt. Dann fügen Sie den zweiten hinzu und so weiter.

Profi-Tipp: Die PS Erklärung Fordert

Die „PS"-Anweisung ist einer der meistgelesenen Teile aller Inhalte. Oftmals, weil es das Wesentliche zusammenfasst, was der Autor vom Publikum erwartet. Deshalb versuche ich, sie in alles, was ich schreibe, einzubeziehen. Sie ist auch einer meiner liebsten Orte, an denen ich Forderungen stelle.

PS - Sehen Sie, diese liest jeder.

INTERMITTIEREND

VIELE INHALTE → #1 #2 #3 #4 #5 ANGEBOT #6 #7 #8

Intermittierend: Die zweite Möglichkeit, Geld zu verdienen, sind intermittierende Forderungen. So funktioniert das. Sie erstellen viele Inhalte aus reinen „Geben" und erstellen dann gelegentlich einen „Fordern"-Teil. Beispiel: Sie erstellen 10 „Geben"-Beiträge und am 11. bewerben Sie Ihre Inhalte.

Der Unterschied zwischen dem ersten und dem zweiten Weg hängt von der Plattform ab. Auf kurzen Plattformen wird der intermittierende Weg dominieren. Auf langen Plattformen sind Integrationen oft die beste Wahl.

Wenn Sie Ihre Forderung stellen, machen Sie entweder Werbung für Ihr *Kernangebot* oder *Sie machen Werbung für Ihren Lead-Magneten.* Das ist es. Machen Sie es nicht zu kompliziert.

Beispiel für einen Lead-Magneten: Wenn ich gerade über eine Möglichkeit sprechen würde, mehr Leads für einen Beitrag, ein Video, einen Podcast usw. zu gewinnen, würde ich sagen: „Ich habe 11 weitere Tipps, die mir dabei geholfen haben. Besuchen Sie meine Website, um sich selbst ein Bild davon zu machen." Und solange ich ein Publikum habe, das mehr Leads gewinnen möchte, wird dies einige von ihnen dazu bringen, sich zu engagieren. Dann würde auf der „Vielen Dank"-Seite, nach der „Beitreten"-Seite für meinen Lead-Magneten, mein bezahltes Angebot mit einem Video angezeigt, in dem erklärt wird, wie es funktioniert. Bonuspunkte, wenn Ihr Lead-Magnet für Ihre Werbeinhalte relevant ist.

Angebotsbeispiel: Sie können mit Ihrem Kernangebot auch jemandem „direkt anspringen" und direkt zum Verkauf übergehen. Der direkte Weg zum Geld. Wir modellieren unser Angebot aus dem letzten Kapitel.

„Ich suche nach 5 (bestimmten Avataren), die dabei helfen, (Traumergebnis) in (Zeitverzögerung) zu erreichen. Das Beste daran ist, dass Sie sich nicht anstrengen und Opfer bringen müssen. Und wenn Sie das (Traumergebnis) nicht erreichen, werde ich zwei Dinge tun (die wahrgenommene Erfolgswahrscheinlichkeit erhöhen): 1) Ich gebe Ihnen Ihr Geld zurück 2) Ich werde mit Ihnen zusammenarbeiten, bis Sie es erreichen. Ich mache das, weil ich möchte, dass jeder eine großartige Erfahrung mit uns macht, und weil ich zuversichtlich bin, dass ich mein Versprechen halten kann. Wenn das fair klingt, schreiben Sie mir eine direkte Nachricht/buchen Sie einen Anruf/kommentieren Sie unten/antworten Sie auf diese E-Mail/usw."

Nachdem Sie Ihre Forderung gestellt haben, kehren Sie zur Wertschöpfung zurück.

Profi-Tipp: 100 Millionen Dollar Angebote

In meinem ersten Buch „100 Millionen Dollar Angebote" wird der Angebotserstellungsprozess Schritt für Schritt aufgeschlüsselt. Wenn Sie wissen möchten, wie Sie ein wertvolles Angebot erstellen können, bei dem sich die *entsprechende* Person dumm vorkäme, Nein zu sagen, schauen Sie sich das Buch an (die Kindle-Version wird so günstig verkauft, wie die Plattform es zulässt, dass ich es verkaufen kann, falls xxxxxxxxSie knapp bei Kasse sind). Wenn es Ihnen hilft, sich wohler zu fühlen: Mehr als 10.000 Menschen haben diesem Buch in den ersten fünfzehn Monaten seit seiner Veröffentlichung eine 5-Sterne-Bewertung hinterlassen. Und es steht seit mehr als 100 Wochen an der Spitze der Bestseller in den Bereichen Marketing, Werbung und Verkaufslisten. Wenn Sie nicht wissen, was Sie verkaufen sollen, lesen Sie dieses Buch, um es gleich beim ersten Mal richtig zu machen.

---

* Diese Box ist ein Beispiel für eine Integration

Aktionsschritt Eins: Wählen Sie, ob Sie es integrieren oder eine intermittierende Forderung stellen möchten. Wählen Sie dann aus, ob Sie Ihr Kernangebot oder Ihren Lead-Magneten bewerben möchten. Wenn Sie sich nicht sicher sind, nehmen Sie den Lead-Magneten. Es ist ein geringeres Risiko.

Wie Sie Es Skalieren

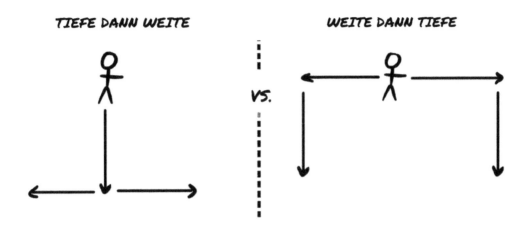

Sobald Sie anfangen zu Forderungen zu stellen, werden Sie Leads gewinnen und Geld verdienen. Aber hier wollen Sie doch nicht aufhören, oder? Das denke ich auch nicht. Cool, also lassen Sie uns über die Skalierung reden.

Es gibt zwei gegensätzliche Strategien, um Ihr warmes Publikum zu vergrößern. Beide folgen progressiven Schritten. Erstens gibt es den Tiefe-dann-Breite-Ansatz. Dann haben Sie den Breite-dann-Tiefe-Ansatz. Beide sind richtig. So funktionieren sie:

<u>Tiefe-dann-Breite</u>: Maximieren Sie eine Plattform und wechseln Sie dann zur nächsten Plattform.

<u>Schritt Nr. 1</u>: Veröffentlichen Sie Inhalte auf einer relevanten Plattform.

<u>Schritt Nr. 2</u>: Veröffentlichen Sie regelmäßig Inhalte auf dieser Plattform.

<u>Schritt Nr. 3</u>: Maximieren Sie die Qualität und Quantität der Inhalte auf dieser Plattform. Kurz gesagt, Sie könnten bis zu zehn Mal pro Tag und Plattform die Inhalte aktualisieren. Lange Rede, kurzer Sinn: Aktualisieren Sie fünf Tage pro Woche (siehe Seifenopern).

<u>Schritt Nr. 4</u>: Fügen Sie eine weitere Plattform hinzu und behalten Sie die Qualität und Quantität der ersten Plattform bei.

<u>Schritt Nr. 5</u>: Wiederholen Sie die Schritte 1-4, bis Sie alle relevanten Plattformen maximiert haben.

Vorteile: Sobald Sie eine Plattform gefunden haben, maximieren Sie Ihre Rendite aus diesem Aufwand. Das Publikum wächst umso schneller, je mehr Sie tun. Sie machen sich diese Aufzinsung zunutze. Damit dies funktioniert, sind weniger Ressourcen erforderlich.

Nachteile: Sie haben weniger schnelle Gewinne neuer Plattformen und neuer Zielgruppen. Sie erreichen nicht das Gefühl der „Allgegenwart". Am Anfang riskieren Sie, dass Ihr Unternehmen auf einen einzigen Kanal angewiesen ist. Dies stellt ein Risiko dar, da sich die Plattformen ständig ändern und Sie manchmal ohne Grund sperren. Wenn Sie nur eine Möglichkeit haben, Kunden zu gewinnen, kann die Schließung Ihres Kanals zum Untergang Ihres Geschäfts führen.

Weite-dann-Tiefe: Gehen Sie früh auf alle Platform, und maximieren Sie sie dann alle gemeinsam

Schritt Nr. 1: Veröffentlichen Sie Inhalte auf einer relevanten Plattform

Schritt Nr. 2: Veröffentlichen Sie die Inhalte auf dieser Plattform regelmäßig.

Schritt Nr. 3: *Hier unterscheidet sich diese Strategie von der vorherigen.* Anstatt Ihre erste Plattform zu maximieren, wechseln Sie zur nächsten relevanten Plattform, während sie die vorherige beibehelaten.

Schritt Nr. 4: Fahren Sie fort, bis Sie auf allen relevanten Plattformen sind.

Schritt Nr. 5: Maximieren Sie jetzt Ihre Inhalts-Erstellung auf allen Plattformen gleichzeitig.

Vorteile: Sie erreichen schneller ein breiteres Publikum. Und Sie können Ihre Inhalte „wiederverwenden". Mit ein wenig zusätzlicher Arbeit können Sie also jede Menge Effizienz erzielen. Mit minimalen Änderungen am Format können Sie denselben Inhalt für mehrere Plattformen anpassen. Beispielsweise erfordert die Formatierung eines einzelnen kurzen Videos auf allen Plattformen, auf denen kurze Videoinhalte verbreitet werden, kaum zusätzlichen Aufwand.

Nachteile: Es kostet mehr Arbeit, Aufmerksamkeit und Zeit, dies gut zu machen. Oftmals haben die Leute letztendlich überall nur schlechte Inhalte. Schöner Mist. Nicht gut.

Wenn Sie bereits ein großes Unternehmen haben, vergrößern Sie es schneller und profitieren Sie von einem Vermögenswert, der mit der Zeit immer besser wird. Ich habe es schon einmal gesagt und ich werde es noch einmal sagen. Der beste Tag, um mit der Veröffentlichung von Inhalten zu beginnen, war der Tag Ihrer Geburt. Der zweitbeste Tag ist heute. Warten Sie nicht, so wie ich tat.

Profi-Tipp: Wie Ich Es Schaffe

Ich bin kein Vollzeit-Inhalts-Ersteller. Ich leite Unternehmen. Aber die Erstellung von Inhalten ist Teil meiner Verantwortung. Hier ist mein einfacher Aufnahmevorgang.

1) Ich finde Themen mithilfe der fünf Möglichkeiten aus dem Abschnitt „Themen" in Teil I dieses Kapitels. Das dauert bei mir etwa eine Stunde.

2) Ich setze mich zweimal im Monat hin und nehme etwa dreißig kurze Clips auf, die auf Schritt 1 basieren.

3) Am selben Tag nehme ich zwei bis vier längere Videos auf, in denen ich Tweets entpacke, die mehr Geschichten oder relevante Beispiele enthalten. Dadurch entstehen meine längeren Inhalte.

Wenn das simpel klingt, dann deshalb, weil es so ist. Fangen Sie einfach an. Sie können das Tempo im Laufe der Zeit erhöhen.

Aktionsschritt: Wählen Sie einen Ansatz. Beginnen Sie mit dem Posten. Erhöhen Sie dann die Skalierungsschritte im Laufe der Zeit.

Profi-Tipp: Immer Nur Ein Call-To-Action Zur Zeit

„Ein verwirrter Geist kauft nicht" ist ein gängiges Sprichwort in der Vertriebs- und Marketingwelt. Um die Anzahl der Personen zu erhöhen, die das tun, was Sie wollen, bitten Sie sie nur, eine Sache pro Handlungsaufforderung zu tun. Bitten Sie die Leute beispielsweise nicht, gleichzeitig „zu teilen, zu abonnieren und zu kommentieren". Denn statt das alles gleichzeitig zu tun, werden sie gar nichts tun. Wenn Sie möchten, dass sie etwas teilen, bitten Sie sie stattdessen nur, etwas zu teilen. Und wenn Sie möchten, dass sie kaufen, ermutigen Sie sie nur zum Kauf. Entscheiden Sie sich, damit die Leute es nicht müssen.

Warum Sie Inhalte Erstellen Sollten (selbst wenn dies nicht Ihre primäre Werbestrategie wäre)

Januar 2020.

Ich habe alle wichtigen Abteilungen zu einem Meeting zusammengerufen, um eine wichtige Frage zu beantworten: *Warum funktioniert unsere bezahlte Werbung nicht mehr wie früher?* Meinungen überschwemmten den Raum. „Der Kreative … der Text … das Angebot … unsere Seiten … unser Verkaufsprozess … unser Preis …" Sie feuerten sich gegenseitig an und setzten sich genauso für die Lösung des Problems ein, wie ich.

Leila und ich saßen still da, während das Team debattierte. Nachdem der Lärm nachgelassen hatte, stellte Leila auf ihre weise Art eine andere Frage: *Was haben wir in den Monaten vor dem Rückgang aufgehört zu tun?*

Eine neue Debatte entstand und eine einstimmige Antwort kam zum Vorschein: Alex hörte auf, Inhalte für das Fitnessstudio zu erstellen und begann, über allgemeine Angelegenheiten zu sprechen. Ich wusste nicht, wie wichtig das war, aber ich musste es herausfinden. Deshalb habe ich eine Umfrage an unsere Fitnessstudio-Besitzer geschickt. Ich fragte, ob sie vor der Buchung eines Anrufs irgendwelche Inhalte von mir konsumiert hätten. Die Ergebnisse haben mich verblüfft.

78 % aller Kunden hatten vor der Buchung eines Anrufs mindestens ZWEI lange Inhalte konsumiert.

Ich war in meine alten Gewohnheiten zurückgefallen und hatte bezahlte Anzeigen voll und ganz in den Vordergrund gerückt. Aber unsere kostenlosen Inhalte steigerten die Nachfrage. Machen Sie nicht den gleichen Fehler wie ich. Ihre kostenlosen Inhalte geben Fremden die Möglichkeit, Ihre Inhalte zu finden, von ihnen zu profitieren und sie zu teilen. Auch wenn es schwer zu messen ist, erzielen Sie mit kostenlosen Inhalten bei allen Werbemethoden eine bessere Rendite.

Fazit: Beginnen Sie damit, Inhalte für Ihr Publikum relevant zu machen. Es wird Ihnen mehr Geld einbringen.

7 Lektionen, Die Ich Aus Der Erstellung Von Inhalten Gelernt Habe

1) **Wechseln Sie von „Wie man" zu „Wie ich". Von „Das ist der beste Weg" zu „Das sind meine Lieblingswege" usw.** (besonders am Anfang). Sprechen Sie darüber, was Sie getan haben, und nicht darüber, was andere tun sollten. Was Ihnen gefällt, ist nicht *das* Beste. Wenn Sie über Erfahrung sprechen, kann Sie niemand in Frage stellen. Das macht Sie kugelsicher.

   a) Ich bereite meine Haferflocken auf diese Weise zu vs. Du solltest deine Haferflocken auf diese Weise zubereiten.

   b) Wie ich meine 7-stellige Agentur aufgebaut habe vs. Wie man eine 7-stellige Agentur aufbaut.

   c) Meine Lieblingsmethode zum Generieren von Leads für mein Unternehmen vs. Dies ist die beste Methode zum Generieren von Leads für Ihr Unternehmen.

Es ist subtil. Aber wenn Sie Ihre Erfahrungen erzählen, teilen Sie einen Wert. Wenn man einem Fremden sagt, was er tun soll, kann man nur schwer vermeiden, predigend oder arrogant zu wirken. Dies hilft, es zu vermeiden.

2) **Wir müssen eher daran erinnert werden, als dass es uns beigebracht werden muss:** Sie sind wirklich unklug, wenn Sie glauben, dass 100 Prozent Ihres Publikums immer zuhören. Ich poste zum Beispiel jeden Tag etwas über mein Buch. Ich befragte mein Publikum und fragte es, ob es denn wüsste, dass ich ein Buch veröffentlicht habe. Jeder Fünfte, der den Beitrag sah, sagte, er wisse es nicht. Wiederholen Sie sich immer wieder. Sie selbst werden von Ihren Inhalten gelangweilt sein, bevor Ihr Publikum sie überhaupt erst sieht.

3) **Pfützen, Teiche, Seen, Ozeane. Grenzen Sie den Fokus Ihrer Inhalte ein.** Wenn Sie ein kleines lokales Unternehmen haben, sollten Sie wahrscheinlich keine allgemeinen Geschäftsinhalte erstellen. Zumindest zunächst nicht. Warum? Das Publikum wird Leuten zuhören, die eine bessere Erfolgsbilanz haben als Sie. Aber Sie können Ihre Themen auf das beschränken, was Sie tun, und auf den Ort, an dem Sie es tun. Beispiel: Eine Installation in einer bestimmten Stadt. Wenn Sie das beschreiben, können Sie der König dieser Pfütze werden. Mit der Zeit können Sie Ihre Klempnerpfütze zum allgemeinen lokalen Geschäftsteich ausbauen. Dann der See aus Ziegel- und Mörtelketten und so weiter. Dann schließlich der Ozean des allgemeinen Geschäfts.

4) **Inhalte schaffen Tools für Verkäufer.** Einige Inhalte kommen sicherlich gut beim Publikum an und bringen mehr Menschen dazu, sich für den Kauf Ihrer Produkte zu interessieren. Dieser Inhalt *hilft Ihrem Vertriebsteam*. Erstellen Sie eine Masterliste Ihrer „größten Hits". Beschriften Sie jeden „Treffer" mit dem Problem, das er löst, und dem Nutzen, den er bietet. Anschließend kann Ihr Vertriebsteam diese vor oder nach Verkaufsgesprächen versenden und den Kunden bei der Kaufentscheidung helfen. Sie funktionieren besonders gut, wenn der Inhalt spezifische Probleme löst, mit denen potenzielle Kunden häufig konfrontiert sind.

5) **Kostenlose Inhalte binden zahlende Kunden.** Wie ein Kunde von Ihnen Mehrwert erhält, ist weniger wichtig als der Ort, an dem er ihn erhält. Stellen Sie sich vor, eine Person bezahlt für Ihr Produkt und konsumiert dann Ihre kostenlosen Inhalte. Wenn Ihre kostenlosen Inhalte wertvoll sind, wird

er Sie mehr mögen und Ihrem Unternehmen länger treu bleiben. Andererseits: Wenn er Ihre kostenlosen Inhalte konsumiert, und sie Mist sind, wird ihm Ihr kostenpflichtiges Produkt weniger gefallen. Hier ist etwas, was Sie vielleicht nicht wissen. Jemand, der Ihre Sachen kauft, konsumiert *eher* Ihre kostenlosen Inhalte. Aus diesem Grund ist es so wichtig, dass Ihre kostenlosen Inhalte gut sind – Ihre Kunden werden dies in die Berechnung des ROI Ihrer kostenpflichtigen Inhalte miteinbeziehen.

6) **Menschen haben keine kürzere Aufmerksamkeitsspanne, sie haben höhere Ansprüche.** Zur Betonung noch einmal wiederholt: *Es gibt nicht zu lang, nur zu langweilig.* Streaming-Plattformen haben bewiesen, dass Menschen Stunden damit verbringen, lange Inhalte zu konsumieren, wenn sie ihnen gefallen. Unsere Biologie hat sich nicht verändert, unsere Umstände schon. Sie haben lohnendere Dinge zur Auswahl. Machen Sie also gute Dinge, die den Leuten gefallen, und ernten Sie die Früchte, anstatt sich über die „kurze Aufmerksamkeitsspanne" der Leute zu beschweren.

7) **Vermeiden Sie die Vorplanung von Beiträgen**. Die Beiträge, die ich manuell veröffentliche, schneiden besser ab als diejenigen, die ich im Voraus geplant habe. Hier ist meine Theorie. Wenn Sie manuell posten, wissen Sie, dass Sie innerhalb von Sekunden für die Qualität des Inhalts belohnt oder bestraft werden. Aufgrund dieser engen Rückkopplungsschleife geben Sie sich viel mehr Mühe, es besser zu machen. Wenn ich Dinge plane, verspüre ich nicht den gleichen Druck. Wenn ich also etwas poste oder mein Team etwas postet, glauben wir fest daran, dass jemand auf die Schaltfläche „Senden" drückt, weil das den letzten Druck ausübt, es richtig zu machen. Versuchen Sie es.

Maßstäbe – Wie Gut Schneide Ich Ab?

Wenn unser Publikum wächst, haben wir es gut gemacht getan. Aber wenn unser Publikum schnell wächst, haben wir es *besser* gemacht. Deshalb messe ich gerne monatlich die Größe meines Publikums und die Geschwindigkeit meines Wachstums.

Folgendes messe ich:

1) Gesamtzahl der Follower und Reichweite – *Wie groß*

   a) Follower-Beispiel: Wenn ich von 1.000 Followern auf allen Plattformen auf 1.500 steige, erhöhe ich mein Publikum um 500.

   b) Reichweiten-Beispiel: Wenn ich von 10.000 Menschen, die meine Sachen sehen, auf 15.000 Menschen, die meine Sachen sehen, aufsteige, erhöhe ich meine *Reichweite* um 5.000 Menschen.

2) Rate der Followergewinnung und Reichweite – *Wie schnell*

   Sie vergleichen das Wachstum zwischen Monaten:

   a) Beispiel: Wenn ich in einem Monat diese 500 Follower gewinnen würde, wäre das ein Monat mit 50 % Wachstum. (500 Neu / 1000 Gestartet = 50 % Wachstumsrate).

b)   Beispiel: Wenn ich in einem Monat diese 5.000 zusätzlichen Menschen erreichen würde, wäre das ein Monat mit 50 % Wachstum. (5.000 neue / 10.000 gestartete = 50 % Wachstumsrate)

Denken Sie daran, dass wir nur Eingaben kontrollieren können. Die Messung der Ergebnisse ist nur dann sinnvoll, wenn wir mit den Eingaben konsistent sind. Wählen Sie also den Veröffentlichungsrhythmus aus, den Sie auf einer bestimmten Plattform beibehalten möchten. Wählen Sie dann Ihren „Fragen"-Rhythmus auf dieser Plattform aus (wie Sie Menschen dazu bringen, engagierte Leads zu werden). Dann fangen Sie an und … tun Sie es. Nicht. Stoppen.

Alex Hormozi ✔
@AlexHormozi

Es ist erstaunlich was man erreichen kann, wenn man nicht aufhört, sobald man einmal angefangen hat.

Als Referenz: Ich habe vier Jahre lang zweimal pro Woche einen neuen Podcast gepostet, bevor ich überhaupt in die Top 100-Liste aufgenommen wurde. Da ich jahrelang jede Woche das Gleiche tat, wusste ich, dass ich dem Feedback vertrauen konnte. Am Anfang ist nicht viel passiert. Es hat einige Zeit gedauert, bis etwas besser ging. Und ich wusste, dass ich über einen langen Zeitraum hinweg mehr machen musste, damit etwas passierte.

Wenn Ihre Zuhörerzahl also in einem Monat von zehn auf fünfzehn ansteigt, ist das ein Fortschritt, Baby! Selbst bei kleinen absoluten Zahlen entspricht das einem monatlichen Wachstum von fünfzig Prozent! Deshalb messe ich gerne sowohl das absolute als auch das relative Wachstum und wähle das aus, bei dem ich mich besser fühle (ha!). Wie mein Freund Dr. Kashey sagt: „Je mehr Möglichkeiten Sie messen, desto mehr Möglichkeiten können Sie gewinnen." Seien Sie konsequent. Messen Sie viel. Passen Sie sich dem Feedback an. Seien Sie ein Gewinner.

Um den Kreis zu schließen: Mein Podcast „*The* Game" wurde im <u>fünften Jahr</u> zu einem Top-10-Podcast für Unternehmen in den USA und zu einem Top-500-Podcast weltweit. Dies war erst *nach 5 Jahren mit mehreren wöchentlichen Podcasts* möglich. Denken Sie daran, jeder fängt bei Null an. <u>Man muss einfach Zeit geben, Zeit.</u>

Ihr Erster Post

Sie bieten anderen Menschen wahrscheinlich schon seit einiger Zeit wissentlich oder unwissentlich einen Mehrwert. Beim ersten Beitrag, den Sie verfassen, *könnten Sie also eine Forderung stellen*. Ich hoffe, dass Sie dadurch Ihren ersten engagierten Lead erhalten. Wenn dies nicht der Fall ist, müssen Sie erst eine Weile etwas verschenken und dann erst fordern, sobald Sie das Recht dazu verdient haben. Um Ihnen zu zeigen, dass ich mir das nicht ausgedacht habe, finden Sie unten meinen ersten Geschäftsbeitrag überhaupt. Ist er ideal? Nein. Ich hatte keine Ahnung, was ich tat. Sollten Sie ihn kopieren, wahrscheinlich nicht. Hauptpunkt: Haben Sie keine Angst davor, was andere Leute denken. Wenn jemand bei Ihrer Beerdigung keine Rede halten würde, sollten Sie sich auch zu Lebzeiten nicht um seine Meinung kümmern. Ehren Sie die wenigen, die an Sie glauben, indem Sie Mut haben.

Immer wenn ich das lese, denke ich nur: „Du Idiot." Aber hey, ich habe es versucht. Und darauf bin ich stolz.

Kurz zusammengefasst

Wir haben acht Dinge behandelt

1) Die Inhaltseinheit - erledigt

2) Kurze vs. Lange Inhalte - erledigt

3) Das Geben-Fordern-Verhältnis Beherrschen - erledigt

4) Wie Man Fordert - erledigt

5) Wie Man es Skaliert - erldigt

6) Lehren Aus dem Inhalt Ziehen - erledigt

7) Maßstäbe - erldigt

8) Ihr Erster Post - erledigt

Nun wissen Sie. Nichts kann Sie stoppen.

Also, Was Mache Ich Jetzt?

Das Posten von kostenlosen Inhalten ist weniger vorhersehbar als warme Kontaktaufnahmen, ergänzt diese jedoch. *Machen Sie also weiterhin warme Kontaktaufnahmen.* Außerdem vergrößert das Posten kostenloser Inhalte Ihr warmes Publikum. Und ein größeres, warmes Publikum bedeutet mehr Menschen für warme Kontaktaufnahme. So *generieren* kostenlose Inhalte *von selbst* engagierte Leads und gewinnen durch warme Kontaktaufnahme weiterhin engagierte Leads. Anstatt das eine durch das andere zu ersetzen, empfehle ich Ihnen, *neben* den warmen Kontakten, auch kostenlose Inhalte zu veröffentlichen.

Lassen Sie uns unser tägliches Aktionsversprechen für unsere erste Plattform ausfüllen.

Tägliche Checkliste für die Veröffentlichung von Inhalten	
Wer:	Sie selbst
Was:	Wert: Geben, geben, geben bis sie danach fragen
Wo:	Jede Medienplattform
An Wen:	Menschen, die Ihnen schon folgen
Wann:	Jeden Morgen, 7 Tage in der Woche
Warum:	Wohlwollen aufbauen. Engagierte Leads gewinnen
Wie:	Geschriebenes, Bilder, Videos, Audioinhalte
Wie oft:	100 Minuten am Tag
Wieviel:	So oft wie die Plattform es anzeigt
Wie lange:	So lange wie es benötigt

Als Nächstes

Zunächst beginnen wir mit einer warmen Kontaktaufnahme. Wir wenden uns an jede Person, zu deren Kontakt wir berechtigt sind. Zweitens posten wir öffentlich über die Erfolge und Lehren, die wir aus unseren ersten Kunden ziehen. Wir veröffentlichen Erfahrungsberichte. Wir bieten Mehrwert. Dann verlangen Sie gelegentlich etwas. Wir verpflichten uns, beide Aktivitäten jeden Tag durchzuführen.

Allein mit diesen beiden Methoden lässt sich am Ende ein Unternehmen im sechs- oder siebenstelligen Bereich aufbauen. Aber vielleicht möchten Sie schneller voranschreiten. Wir wagen uns also von einem warmen Publikum, das uns kennt, zu einem kalten Publikum, das uns nicht kennt. Wir fangen an, *auf Fremde zuzugehen*. Damit beginnt der dritte Schritt unserer Werbereise: Kaltakquise.

KOSTENLOSES GESCHENK: Alles, Was Ich Durch Das Posten von Inhalten Gelernt Habe

Ich musste viel Material kürzen, um dieses Buch handhabbar zu machen. Wenn Sie wissen möchten, wie Sie schnell und einfach Inhalte erstellen können, die beim Publikum Vertrauen aufbauen, gehen Sie zu **Acquisition.com/training/leads**. Und wenn Sie außer „damit verdienen Sie Geld" noch einen weiteren Grund benötigen ... wird es Sie nichts kosten. Es ist kostenlos. Genießen sie es. Und wie immer können Sie auch den QR-Code unten scannen, wenn Sie ungern tippen.

SCANNE MICH

Kostenloses Wohlwollen

„Wer gesagt hat, dass man mit Geld kein Glück kaufen kann, hat nicht genug verschenkt."
— *Unbekannt*

Menschen, die ohne Erwartungen geben, leben länger, glücklicher und verdienen mehr Geld. Wenn wir also während unserer gemeinsamen Zeit eine Chance haben, werde ich es verdammt noch mal versuchen.

Dazu habe ich eine Frage an Sie…

Würden Sie jemandem helfen, den Sie noch nie getroffen haben, wenn es Sie nichts kosten würde, Sie aber keine Anerkennung dafür bekommen würden?

Wer ist diese Person, die Sie fragen? Sie ist wie Sie. Oder zumindest so, wie Sie es früher waren. Weniger erfahren, möchte etwas bewirken und braucht Hilfe, weiß aber nicht, wo sie suchen soll.

Die Mission von Acquisition.com ist es, *Unternehmen für jedermann zugänglich zu machen*. Alles, was wir tun, basiert auf dieser Mission. Und die einzige Möglichkeit für uns, diese Mission zu erfüllen, besteht darin, … nun ja … *jeden* zu erreichen.

Hier kommen Sie ins Spiel. Die meisten Menschen beurteilen ein Buch tatsächlich nach seinem Einband (und seinen Rezensionen). Hier ist meine Frage im Namen eines Unternehmers in Schwierigkeiten, den Sie noch nie getroffen haben:

Bitte helfen Sie diesem Unternehmer, indem Sie eine Rezension zu diesem Buch hinterlassen.

Die Verwirklichung Ihres Geschenks kostet kein Geld und dauert weniger als 60 Sekunden, kann aber das Leben eines Mitunternehmers *für immer* verändern. Ihre Bewertung könnte hilfreich sein, damit...

….ein weiteres kleines Unternehmen seine Gemeinde versorgen kann.

….ein weiterer Unternehmer seine Familie unterstützen kann.

….ein weiterer Mitarbeiter eine sinnvolle Arbeit bekommen kann.

…ein weiterer Kunde sein Leben verändern kann.

…ein weiterer Traum wahr werden kann.

Um dieses „Wohlfühlgefühl" zu bekommen und dieser Person wirklich zu helfen, müssen Sie nur … und es dauert weniger als 60 Sekunden … eine Bewertung hinterlassen.

<u>Wenn Sie Audible aktiviert haben</u> - klicken Sie auf die drei Punkte oben rechts auf Ihrem Gerät, klicken Sie auf „Bewerten und rezensieren" und hinterlassen Sie dann ein paar Sätze über das Buch mit einer Sternebewertung.

<u>Wenn Sie auf einem Kindle oder einem E-Reader lesen</u> - scrollen Sie zum Ende des Buches und wischen Sie dann nach oben. Daraufhin wird eine Rezension für Sie angezeigt.

<u>Wenn sich diese aus irgendeinem Grund geändert haben</u> - können Sie zu Amazon (oder wo auch immer Sie es gekauft haben) gehen und direkt auf der Buchseite eine Rezension hinterlassen.

Wenn Sie ein gutes Gefühl dabei haben, einem gesichtslosen Unternehmer zu helfen, sind Sie genau mein Typ. Willkommen bei #mozination. Sie Sind einer von uns.

Umso mehr freue ich mich, Ihnen dabei zu helfen, mehr Leads zu gewinnen, als Sie sich vorstellen können. Sie werden die Taktiken lieben, die ich in den kommenden Kapiteln vorstellen werde. Ich danke Ihnen von ganzem Herzen. Nun zurück zu unserem regulären Programm.

- Ihr größter Fan, Alex

PS – Unterhaltsame Tatsache: Wenn Sie einer anderen Person etwas Wertvolles geben, macht Sie das für sie wertvoller. Wenn Sie sich von einem anderen Unternehmer direkt das Wohlwollen wünschen und glauben, dass ihm dieses Buch helfen wird, schicken Sie ihm dieses Buch.

Nr. 3 Kalte Kontakte (Kaltakquise)

So Erreichen Sie Fremde, Um Engagierte Leads zu Gewinnen

„Quantität hat eine ganz eigene Qualität"
— Napoleon Bonaparte

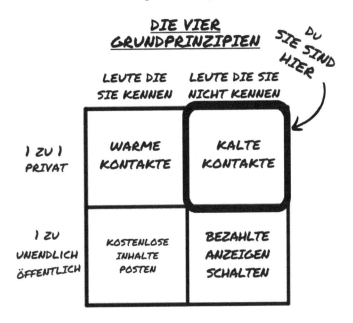

Juli 2020.

COVID-19 wütete. Innerhalb weniger Monate mussten dreißig Prozent meiner Kunden ihr Geschäft aufgeben. Die Demonstranten erfüllten jede Plattform mit Hass und Wut. Politiker machten Versprechungen. Kleine Unternehmen litten schweigend. Die Arbeitslosigkeit stieg sprunghaft an. Die turbulenteste Wahl aller Zeiten stand vor uns. Und hier waren wir und versuchten, Leads zu generieren, um unsere Rechnungen zu bezahlen. Überall waren Mitarbeiter und ihre Familien darauf angewiesen.

Alle drei meiner damaligen Unternehmen (Gym Launch, Prestige Labs und ALAN) waren darauf angewiesen, dass die stationären Geschäfte geöffnet blieben. Und sie waren geschlossen. *Brillante Strategie, Alex.* Um die Sache noch schlimmer zu machen, hat Apple ein Software-Update durchgeführt, das unsere Anzeigen lahmgelegt hat. Der Markt war Mist. Unsere bezahlten Anzeigen waren Mist. Und ich trug die Verantwortung.

Ich habe Worst-Case-Szenarien durchgespielt. *Wie viel Geld würde es brauchen, um uns über Wasser zu halten? Wie lange bezahle ich die Leute noch, wenn kein Ende in Sicht ist? Sollte ich auf persönliche Konten zugreifen? Ein Drittel meiner Ersparnisse aufgeben? Die Hälfte? Alles davon? Was sagt das über mich aus?* Ich hatte keine Ahnung, was ich tun sollte.

Früh am Samstagmorgen…

Ich habe versucht, lange genug zu schlafen, damit mich der Wecker weckte, aber es nützte nichts. Ich ging in mein Büro und checkte Instagram. Auf mich wartete eine neue Nachricht:

„Hey Alex – Cale hat mir gesagt, dass ihr keine Verkäufer mehr braucht, also wurde mein Angebot zurückgezogen. Ich habe meinen Job gekündigt, um es anzunehmen. Es ist mir eine große Ehre, dass Sie mich berücksichtigt haben. Ich hoffe, Sie werden mich bei Ihren nächsten offenen Stellen wieder in Betracht ziehen."

Auf der Suche nach Kontext habe ich nach oben gescrollt. Das Lesen unserer früheren Nachrichten löste in mir einen Anflug von Schuldgefühlen aus. *Ich war derjenige, der ihm gesagt hat, er solle sich bewerben. Er nahm die Absage gut auf. Ein Zeichen für einen guten Verkäufer.* Ich fühlte mich verpflichtet zu antworten.

„Sind Sie da?" Sendete ich eine Nachricht.

„Ja", antwortete er.

„Haben Sie 5?"

„Ja"

Wir telefonierten ganz spontan. Er klang etwas nervös, aber ich merkte, dass er sich auskannte. *Es ist schade, dass wir nicht genug Leads für diesen Kerl haben …*

„Ich wollte schon seit einiger Zeit für Sie arbeiten. Ich habe Ihr Buch gelesen und die Unterlagen genutzt, um der Top-Produzent meiner Firma zu werden", sagte er.

„Das ist großartig. Ich bin sehr froh, das zu hören. Welche Art von Unternehmen?" fragte ich.

„Ein Softwareunternehmen für Fitnessstudios."

Ich hatte noch nie von ihm gehört. „Oh, interessant. Wie bekommt ihr Leads?"

„Wir setzen zu 100 % auf Kaltakquise."

„Sie rufen Fitnessstudios an, schicken ihnen Kalt-E-Mails und verkaufen ihnen dann Software?"

„Ja, so ungefähr."

„Wie groß ist das Team?"

„Wir haben ungefähr dreißig Leute."

Ein 30-köpfiges Team!? „Wie hoch ist Ihr Umsatz, wenn Sie ihn mir mitteilen können?"

„Wir verdienen jetzt etwa 10.000.000 US-Dollar pro Monat."

Verrückt. „Nur aus Kaltakquise?"

„Ja, wir schalten einige Anzeigen, aber das haben wir noch nicht geknackt."

„Und Sie machen das mit einem Bindungsangebot? Sie verschaffen den Fitnessstudios nicht einmal wirklich mehr Geld?"

„Ja, es ist definitiv nicht so einfach zu verkaufen wie die Sachen, die man für Fitnessstudios macht."

„Glauben Sie, dass Sie hier dasselbe Kaltakquise-System verwenden könnten?"

„Ich habe noch nie ein Team gegründet, aber ich wette, ich könnte es hinkriegen."

„In Ordnung. Welches Angebot machte Cale?"

„Ich war in der engeren Auswahl, aber er sagte, Sie brauchen niemanden mehr."

Ich dachte einen Moment nach. „Nun, angesichts unseres aktuellen Lead-Volumens hat er wahrscheinlich Recht. *Aber wenn Sie Ihre eigenen Leads gewinnen können*, gebe ich Ihnen den Weg frei, um die Kaltakquise in Gang zu bringen. Was denken Sie?"

„Es dauert eine Weile, bis es losgeht. Ich muss mir die Unterlagen für Ihr Angebot ansehen."

„Ja, das macht Sinn. Was denken Sie, wie lange?"

„Ich bin zuversichtlich, dass ich es in zwölf Wochen profitabel machen kann."

„Okay, Deal. Ich werde Cale den Plan mitteilen. Um es klarzustellen: Von Ihnen wird erwartet, dass Sie das alles ausarbeiten. Die Software. Die Listen. Alles. Ich gebe Ihnen die Zeit, aber wir können Sie darüber hinaus nicht viel unterstützen."

„Verstanden."

Sehen Sie, was in den folgenden Monaten geschah:

September: 0 Verkäufe. Zippola. Nichts. Gar nichts. Nada.

Oktober: 2 Verkäufe (32.000 US-Dollar Umsatz) Das Team bittet mich, der Kaltakquise den Stecker zu ziehen.

Dezember: 4 Verkäufe (64.000 US-Dollar Umsatz) Das Team bittet mich erneut, den Stecker zu ziehen.

Januar: 6 Verkäufe (96.000 US-Dollar Umsatz)

Februar: 10 Verkäufe (160.000 US-Dollar Umsatz)

März: 14 Verkäufe (224.000 US-Dollar Umsatz)

April: 20 Verkäufe (320.000 US-Dollar Umsatz)

Mai: 30 Verkäufe (480.000 US-Dollar Umsatz)

Heute: Die Kaltakquise generiert jeden Monat Millionen für unsere Unternehmen.

Damit dies funktionierte, waren alle uns bekannten (legalen) Methoden der Kaltakquise erforderlich. Kaltakquise … Kalte E-Mails … Kalte Direktnachrichten … Voicemails. Alles. Aber Stück für Stück haben wir eine zuverlässige Maschine zur Kundengewinnung aufgebaut. Ich wollte etwas, das *Bestand* hat.

Und das ist es, was ich Ihnen zeigen werde: wie man es aufbaut.

Aus dieser Erfahrung habe ich 5 wichtige Lektionen gelernt

1) In meiner Gegend gab es ein anderes Unternehmen, das *viel mehr* Geld erwirtschaftete als meines. Es hat meine Überzeugungen darüber zerstört, wie groß der Markt wirklich ist.

2) Dieses Unternehmen verdiente sein ganzes Geld mit *privater* Werbung. Ich hatte keine Ahnung, dass es existierte, bis ich selbst zum ersten Mal kontaktiert wurde. Sie operierten sozusagen im Geheimen.

3) Sie hatten in *meiner* Umgebung eine sehr profitable Kaltakquise-Maschine konstruiert. Wenn sie das konnten, könnte ich das auch.

4) Es ist gut, gewisse Erwartungen zu haben. Kaltakquise-Veteranen sagten mir, dass die Skalierung ein Jahr dauern würde. Ich dachte, wir könnten es in zwölf Wochen schaffen. Ich habe mich geirrt. Es hat fast ein Jahr gedauert. Die Kaltakquise dauert lange. Zumindest was das bei mir der Fall.

5) Wir haben es schon zweimal mit Kaltakquise versucht und sind gescheitert. Die Zusammenarbeit mit einer Person, die das alles schon einmal gemacht hatte, war immens hilfreich, um dies in Gang zu bringen. Ich hoffe, jetzt diese Person für Sie zu sein.

Wie Kaltakquise Funktioniert

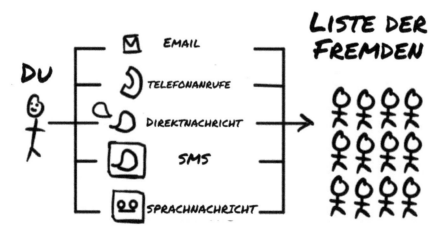

Irgendwann werden Sie eines von zwei Dingen wollen. Entweder möchten Sie schneller wachsen als bisher. Oder Sie möchten die Vorhersehbarkeit Ihres Lead-Flows erhöhen …

Hier erfahren Sie, wie das möglich wäre. Wir machen Werbung bei Leuten, die uns nicht kennen. Kaltes Publikum. Und wie bisher können wir sie öffentlich oder privat kontaktieren. In diesem Kapitel konzentrieren wir uns auf die private Eins-zu-eins-Kommunikation mit kaltem Konatkt. Für zusätzlichen Kontext steht Kaltakquise auf der Grundlage von Warmakquise. Betrachten Sie dies also als den fortgeschritteneren Verwandten der warmen Öffentlichkeitsarbeit, der nicht mehr durch Ihr warmes Publikum eingeschränkt wird.

Wenn Sie einen Weg finden, jemanden persönlich zu kontaktieren, können Sie ihn für Kaltakquise nutzen. Sie klopfen an 100 Türen. Sie führen 100 Telefongespräche. Sie versenden 100 Direktnachrichten. Sie versenden 100 Voicemails. All dies sind Beispiele für kalte Öffentlichkeitsarbeit, die vielen Unternehmen Millionen eingebracht hat. Es hat vor 100 Jahren funktioniert. Es funktioniert heute noch. Und wenn sich die Plattformen ändern, wird es morgen auch funktionieren.

Kalte Öffentlichkeitsarbeit unterscheidet sich wesentlich von warmer Öffentlichkeitsarbeit: Vertrauen. Fremde vertrauen Ihnen nicht.

Und im Vergleich zu Menschen, die uns kennen, stellen Fremde <u>drei</u> neue Probleme dar.

1) Erstens haben Sie keine Möglichkeit, Fremde zu kontaktieren. Uhh.

2) Zweitens ignorieren diese Sie, selbst wenn Sie Kontakt zu ihnen aufnehmen können.

3) Drittens sind sie nicht interessiert, selbst wenn sie Ihnen ihre Aufmerksamkeit schenken.

Lassen Sie mich beschreiben, wie diese Probleme in der realen Welt aussehen.

<u>Wenn Sie an Türen klopfen</u>, haben Sie die Adresse nicht. Selbst wenn es so sein sollte, öffnen sie die Tür nicht, wenn Sie klopfen. Wenn sie sich öffnet, sagt man Ihnen, dass Ihre Mühe vergebens war.

<u>Wenn Sie Kaltanrufe tätigen</u>, haben Sie deren Telefonnummern nicht. Selbst wenn es so sein sollte, heben sie nicht ab. Wenn sie abheben, legen sie auf.

<u>Wenn Sie Kaltakquise-E-Mails versenden</u>, verfügen Sie nicht über deren E-Mail-Adressen. Selbst wenn es so wäre, wird die E-Mail nicht geöffnet. Selbst wenn sie geöffnet wird, reagieren sie nicht.

<u>Wenn Sie Direktnachrichten senden</u>, haben Sie keinen Ort zum Senden. Selbst wenn es so wäre, lesen sie sie nicht. Selbst wenn sie sie lesen, antworten sie nicht.

<u>Wenn Sie Sprachnotizen oder Textnachrichten senden</u>, haben Sie deren Nummern nicht. Selbst wenn Sie sie haben, lesen oder hören sie sie nicht. Selbst wenn sie sie lesen oder anhören, antworten sie nicht.

Nachdem wir das geklärt haben, lautet die Reihenfolge, in der wir diese Probleme lösen:

1) Finden Sie einen Weg der Kontaktaufnahme

2) Überlegen Sie sich, was Sie sagen

3) Kontaktieren Sie sie so lange, bis sie bereit sind, Ihnen zuzuhören.

Das Ergebnis. Wir finden viele Möglichkeiten, mit den qualifiziertesten Fremden in Kontakt zu treten. Wir erreichen viele von ihnen auf unterschiedliche Weise und unterschiedlich oft. Dann überwältigen wir sie im Vorfeld mit Werten, bis sie genug Interesse zeigen, damit wir vorankommen.

Anmerkung des Autors: Es Werden Ein Paar Schritte Mehr Als Normal Erforderlich Sein

Als persönliche Faustregel gilt: Ich verkaufe teure Sachen. Ich verkaufe teure Sachen besser, wenn ich in mehreren Schritten vorgehe (und nicht beim ersten Kontakt). Meine erste Priorität besteht also darin, den Interessenten dazu zu bringen, Interesse an den Dingen zu zeigen, die ich verkaufe. Wenn er Interesse zeigt, vereinbare ich einen Termin, um sie zu verkaufen. Wenn mein Lead-Magnet einen zweiten Austausch erfordert, um ihn zu liefern, dann mache ich das. Wenn mein Lead-Magnet allein einen Mehrwert bietet, besteht der nächste Anruf darin, über den erhaltenen Wert zu sprechen. So oder so funktioniert es.

Kaltakquise ist ein Zahlenspiel. Je mehr Menschen Sie erreichen, desto engagiertere Leads erhalten Sie. Sobald wir herausgefunden haben, wie viel Reichweite nötig ist, um einen Lead zu gewinnen, bleibt uns nur noch eines… *mehr.* Lassen Sie uns auf die Jagd gehen!

Da es drei neue Probleme gibt, die Fremde mit sich bringen, habe ich dieses Kapitel in drei Schritte unterteilt. Ein Schritt pro Problem. Zunächst erhalten wir eine gezielte Liste von Leads. Als nächstes müssen wir wissen, was wir sagen sollen, damit sie antworten. Drittens gleichen wir eine geringere Rücklaufquote aus, indem wir den Umfang und die Art unserer Kontaktversuche erhöhen.

Problem Nr. 1: „Aber wie kontaktiere ich sie?" →Erstellen Sie eine Liste

"SCHÖPFEN SIE SIE AB" SOFTWARE

"KAUFEN SIE SIE" BEZAHLTE MAKLER

"SUCHEN SIE NACH IHNEN" MANUELLE SUCHE

SUCHE DATENBANKEN

Bis zu diesem Zeitpunkt mussten Sie durch warme Kontaktaufnahmen und die Veröffentlichung kostenloser Inhalte die Leads akzeptieren, die Sie von Ihrem warmen Publikum erhielten. Nicht mehr. Mit „Kaltakquise" können wir im Gegensatz zu jeder anderen Werbeform so spezifisch sein, wie wir wollen. Möchten Sie nur mit Hedgefonds-Managern sprechen, die mehr als 1 Milliarde US-Dollar verwalten? Erledigt. Das können Sie tun. Möchten Sie nur mit Besitzern von Golfbekleidungs-Einzelhandelsgeschäften mit einem Umsatz von mehr als 3 Millionen US-Dollar sprechen? Erledigt. Möchten Sie nur mit Influencern sprechen, die über 50.000 einzelne Seitenaufrufe pro Monat erzielen? Erledigt. Jetzt können wir unsere Ziele auswählen, anstatt dass sie uns auswählen.

Nun haben Sie wahrscheinlich keine Möglichkeit, 1000 perfekt passende Fremde zu erreichen. Und wenn wir sie dazu bringen wollen, bei uns zu kaufen, müssen wir zuerst einen Weg finden, mit ihnen in Kontakt zu treten – na ja. Also lassen Sie uns zuerst dieses Problem lösen.

Es gibt drei verschiedene Möglichkeiten, wie ich meine gezielten Lead-Listen erhalte. Zuerst verwende ich eine Software, um eine Liste mit Namen zu erstellen. Zweitens bezahle ich Makler dafür, dass sie mir eine Liste gezielter Leads zusammenstellen. Und wenn beides nicht funktioniert, erstelle ich selbst manuell eine Namensliste. Hier ist der Prozess.

o <u>Schritt Nr. 1 Software:</u> Ich abonniere so viele Softwareprogramme wie möglich, die Leads aus verschiedenen Quellen sammeln. Ich durchsuche sie alle nach meinen Kriterien. Die Software spuckt dann Namen, Berufsbezeichnungen, Kontaktinformationen usw. aus. Ich probiere eine repräsentative Stichprobe aus, sagen wir ein paar Hundert von jeder Software, die ich verwende. Wenn dann die Kontaktinformationen auf dem neuesten Stand sind, reagieren die Leads und sie sind die Art von Person, für die die Software sie ausgibt – Bingo! Dann bekomme ich so viele Leads, wie mir die Software gibt. Aber wenn es mir nicht gelingt, die richtige Zielgruppe zu finden, gehe ich zu Schritt zwei über.

o <u>Schritt Nr. 2 Makler:</u> Ich gehe zu mehreren Listenmaklern und bitte sie, mir eine Liste basierend auf meinen Zielgruppenkriterien zu erstellen. Dann schicken sie mir eine Probe. Ich teste Beispiellisten von jedem der Broker. Wenn ich bei einem oder mehreren Maklern gute Ergebnisse erhalte, bleibe ich bei deren Listen. Und wenn ich immer noch nicht finde, wen ich suche, gehe ich zu Schritt drei über.

o <u>Schritt Nr. 3 Körperliche Anstrengung:</u> Ich schließe mich Gruppen und Communities an, von denen ich denke, dass dort mein Publikum zu finden ist. Wenn ich Leute finde, die meinen Qualifikationen entsprechen, überprüfe ich, ob sie im Gruppenverzeichnis die Möglichkeit geben, sie kontatieren zu können – etwa Links zu ihren Social-Media-Profilen, usw. Wenn dies der Fall ist, füge ich sie meiner Liste hinzu. Wenn nicht, kann ich sie über die Plattform, auf der sich die Gruppe befindet, erreichen. Ich bevorzuge es, Kontaktinformationen außerhalb der Gruppe zu finden, damit ich nicht wie jemand rüberkomme, der nur versucht, die Gruppe für Geschäfte zu missbrauchen, aber ich tue es, wenn es sein muss.

Deshalb arbeite ich mich von den am besten zugänglichen Leads zu den am wenigsten zugänglichen Leads vor. Hier ist ein wichtiger Punkt. Wenn Sie die Datenbank durchsuchen können, können das auch alle anderen. Wenn Sie jedoch selbst eine Liste mit Namen zusammenstellen, ist es unwahrscheinlicher, dass die entsprechende Person bereits viel Kaltakquise von anderen Unternehmen erhalten hat. Sie sind also der frischeste. Nachteil: Es nimmt die meiste Zeit in Anspruch. Natürlich können Sie jemand anderen dafür bezahlen, dies für Sie zu tun, sobald Sie für sich selbst herausgefunden haben, wie es funktioniert, aber in diesem Kapitel geht es nur um die ersten Schritte. Wir werden in Abschnitt IV über die Skalierung sprechen.

Aktionsschritt: Finden Sie Ihr Scraping-Tool, indem Sie nach „Outbound-Leads-Scraping-Tool" oder „Datenbank-Lead-Scraping" suchen. Finden Sie Makler auf die gleiche Weise. Mit wenigen Klicks finden Sie, was Sie suchen. Stellen Sie Ihre ersten 1000 Namen zusammen. Wenn Sie mehr Zeit als Geld haben, sollten Sie vielleicht mit Schritt drei beginnen, da dieser nur Zeit kostet.

Profi-Tipp: Interessengruppen Sind Das Wärmste Kalte Publikum, Das Sie Bekommen Können

Interessengruppen enthalten die <u>qualitativ hochwertigsten Leads</u>, da es sich dabei um konzentrierte Gruppen von Personen handelt, die nach einer Lösung suchen. Geben Sie ihnen eine. Heutzutage gibt es Software, die Informationen aus diesen Gruppen extrahieren kann. Benutzen Sie sie. Sie gehören zu meinen Lieblingsangelplätzen.

Problem Nr. 2: „Ich habe meine Liste, aber was sage ich ihnen?" →Personalisieren Sie Und Bieten Sie Dann Schnell Einen Hohen Mehrwert

Da Sie nun Ihre Lead-Liste haben, müssen Sie überlegen, was Sie sagen sollen. Ich bin viele Skripte im Abschnitt „Warme Kontakte" durchgegangenn – dieser Abschnitt baut darauf auf. Am Ende dieses Kapitels füge ich außerdem drei Beispielskripte hinzu, die Sie für Kaltanrufe, Kalt-E-Mails und Kalt-Chat-Nachrichten modellieren können. Abgesehen davon betone ich zwei wichtige Faktoren, um Fremde zum Mitmachen zu bewegen: *Personalisierung* und ein *hoher, schneller Mehrwert*. Das ist wichtig, weil sie uns nicht kennen und uns nicht vertrauen. Wir müssen beide Probleme in Sekundenschnelle lösen.

a) Sie Kennen Uns Nicht → Personalisieren Sie (So Tun, Als Würden Sie Sie Kennen). Um mehr Leads zum Engagement zu bewegen, möchten wir, dass die Nachricht so *aussieht*, als käme sie von jemandem, den sie kennen. Der beste Weg, dies zu tun, besteht darin, tatsächlich etwas über die Person zu wissen, mit der Sie Kontakt aufnehmen. Im Wesentlichen möchten wir, dass unser *kalter* Kontakt wie ein *warmer* Kontakt aussieht.

…Stellen Sie sich vor, Ihr Telefon klingelt unter einer unbekannten Nummer und Vorwahl. Werden Sie es abheben? Wahrscheinlich nicht. Was ist, wenn die Nummer aus Ihrer Vorwahlregion stammt? Etwas wahrscheinlicher. Warum das? Denn *es könnte jemand sein, den Sie kennen*. Um dieses Konzept weiterzuführen, stellen Sie sich vor, Sie greifen zum Telefon …

…Die Person sagt „<Ihr Name?>" und macht dann eine Pause (wie eine normale Person). Sie würden sagen: „Ja … wer ist das?" Wenn diese Person dann weiter sagt: „Es ist Alex … *dann macht sie eine Pause* … Ich habe mir ein paar Ihrer Videos angesehen und den letzten Blog-Beitrag gelesen, den Sie über Hundetraining geschrieben haben. Das war der Hammer! Hat mir wirklich mit meinem Dobermann geholfen. Er ist ein Biest! Dieser Erdnussbutter-Trick hat wirklich geholfen. Danke dafür."

Sie würden sich immer noch fragen, was los ist. Aber wissen Sie, was Sie nicht tun würden? … *auflegen*. Dann hören Sie: „Oh ja, tut mir leid, ich bin total abgeschweift. Ich arbeite für ein Unternehmen, das Hundetrainern dabei hilft, ihre Geschäftsbücher aufzufüllen. Wir arbeiten gerne mit den Besten der Region zusammen. Deshalb halte ich immer Ausschau. Wir haben mit jemandem zusammengearbeitet, der ungefähr eine Stunde nördlich von Ihnen entfernt ist … John's Doggy Daycare … schon von denen gehört?"

Sie würden mit „Ja" oder „Nein" antworten (es spielt keine Rolle) und die Person würde sagen: „Ja, am Ende haben wir ihnen innerhalb von 30 Tagen 100 Termine vermittelt, indem wir eine Kombination aus Text-E-Mail und einigen Anzeigen genutzt haben. Bieten Sie ihnen ähnliche Dienstleistungen an?" Wozu Sie wahrscheinlich „Ja" sagen würden. Dann sagt sie: „Oh, das ist perfekt. Dann könnten wir dieselbe Kampagne in Ihrem Markt einsetzen und Leads für Sie generieren. Wenn Sie eine Schiffsladung hochbezahlter neuer Hundetrainingskunden hätten, würden Sie mir das nicht übel nehmen, oder?" Sie würden leicht lachen. „OK großartig. Naja… ich sag Ihnen was… ich könnte Ihnen heute Nachmittag die ganze Sache mit allem Drum und Dran erklären. Wären Sie um vier da?" Und Sie würden sagen – sicher – oder was auch immer. Der Punkt ist, wenn diese Person den Anruf mit „Hey Mann, willst du ein paar Marketingdienstleistungen kaufen?" begonnen hätte? Sie hätten wahrscheinlich aufgelegt.

Durch die *Personalisierung* haben Sie einen Fuß in der Tür, um den Verkauf zu erzielen. Grundsätzlich können wir ein bis drei Informationen finden, die ein Freund über den Interessenten wissen könnte. Dann runden wir diese ab und zeigen ihm im Idealfall, welche Vorteile es uns gebracht hat. Menschen mögen Menschen, die sie mögen. Auch wenn Sie jemand nicht kennt, wird er Ihnen mehr Zeit schenken, wenn Sie etwas über ihn wissen.

Dies ist praktisch für persönliche Betreffzeilen in E-Mails, die ersten paar Nachrichten im Chat oder die ersten paar Sätze, die jemand hört. Auch wenn Sie jemand nicht kennt, wird er die Zeit zu schätzen wissen, die Sie sich genommen haben, um über sie zu recherchieren, bevor Sie ihn kontaktiert haben. Dieser kleine Aufwand ist weitreichend.

Aktionsschritt: Recherchieren Sie ein wenig über jeden Lead, bevor Sie ihm eine Nachricht senden. Wir können dies selbst tun, Leute dafür bezahlen, es für uns zu tun, oder Software verwenden. Gruppieren Sie diese Arbeit. Verwenden Sie dann Ihre Notizen, um zu entscheiden, mit was Sie als Erstes beginnen, um sich *vertrauter* damit *zu machen*.

Profi-Tipp: Steigerung Der E-Mail-Antwortrate Um 50 %

Ich habe unsere Kaltakquise-Vorlage genommen und sie auf das Leseniveau der dritten Klasse umgeschrieben. Das Ergebnis: *50 % mehr Leads antworteten*. Ich empfehle, alle Skripte und Nachrichten online über eine kostenlose Lesestufen-App auszuführen. Ich werde keine empfehlen, weil sie ständig pleitegehen, aber ich verspreche Ihnen, dass Sie eine finden werden. Machen Sie Ihre Nachrichten verständlicher und mehr Menschen werden antworten.

---

b) Sie vertrauen uns nicht → Großer, schneller Wert. Der Hauptunterschied zwischen Menschen, die Sie kennen, und Fremden besteht darin, dass Fremde Ihnen viel weniger Zeit geben, Ihren Wert zu beweisen. Und sie brauchen viel mehr Anreiz, auf Sie zuzugehen. Machen Sie sich also das Leben leichter, indem Sie „den Hof verschenken". Wir versuchen nicht, ihr Interesse zu wecken, <u>wir versuchen, sie in weniger als dreißig Sekunden umzuhauen.</u>

Wie bei der Warmakquise können Sie Ihr Angebot direkt abgeben oder einen Lead-Magneten anbieten oder beides. Es gibt der Person einen triftigen Grund zu antworten.

Ich nenne es ausdrücklich „großer, schneller Wert" und nicht „Ihr Lead-Magnet", um Sie daran zu erinnern, dass es ein GROSSER, SCHNELLER WERT sein muss. Wenn das nicht der Fall oder nur mittelmäßig ist, werden Sie in der Masse der Menschen, die versuchen, deren Aufmerksamkeit zu erregen, untergehen. Und man wird Sie genauso behandeln – man wird Sie ignorieren. Hier erfahren Sie, wie wichtig es ist:

Die ersten vier Monate der kalten Öffentlichkeitsarbeit fühlten sich wie Folter an. Als Hauptmagnet boten wir eine Spielplanungssitzung an. Einige Fitnessstudios haben uns darauf angesprochen, die meisten jedoch nicht. Wir brauchten etwas Besseres. Ich habe viele Teile unseres Prozesses getestet, aber der Austausch des Lead-Magneten hat alles andere über den Haufen geworfen. Wir haben den Code „Spielplanung" durch „Verkaufsanruf" ersetzt - ihnen tatsächlich so viel kostenlosen Service zu bieten, wie wir uns leisten können. Unsere Aufnahme-Raten haben sich verdreifacht und die Kaltakquise wurde für uns zu einem Monsterkanal.

Wenn Ihr Angebot/Lead-Magnet für Sie nicht funktioniert, erhöhen Sie den Einsatz. Bieten Sie so lange mehr an, bis Sie es *so gut hinbekommen, dass die Leute dumm wären, Nein zu sagen*. Sie kaufen entweder bei Ihnen oder haben nette Dinge über Sie zu sagen. Win-win-Situation.

Wenn Sie alles über dieses Kapitel vergessen haben, denken Sie an eines: *Das Ziel besteht darin, so schnell wie möglich einen großen Wert zu demonstrieren.* Gönnen Sie sich einen harten Kampf, indem Sie etwas Verrücktes verschenken. Verschenken Sie etwas kostenlos, wofür die Leute normalerweise bezahlen würden, und sie werden es haben wollen. Hinweis: Ich habe nicht gesagt: „So gut, dass sie dafür bezahlen sollten", sondern: „Zeug, wofür sie tatsächlich bezahlen." Großer Unterschied. Nehmen Sie sich das zu Herzen und Ihre Ergebnisse werden es zeigen.

Aktionsschritt: Bieten Sie mit Ihrem Lead-Magneten oder Angebot den größtmöglichen und schnellsten Mehrwert, den Sie sich leisten können. Schreiben Sie dann Ihre Skripte. Und keine Sorge, ich bin für Sie da. Um Ihnen einen Vorsprung zu verschaffen, stelle ich am Ende des Kapitels Beispielskripte für Telefon-, E-Mail- und Direktnachrichten zur Verfügung. Hinweis: Telefon- und Chat-Skripte umfassen nie mehr als eine oder zwei Seiten und Kalte-E-Mails selten mehr als eine halbe Seite. Denken Sie also nicht zu viel darüber nach. Es gibt keine Auszeichnungen für das schönste Skript. Erledigen Sie Ihre ersten 100 Gespräche oder 10.000 E-Mails, bevor Sie Änderungen vornehmen. Testen Sie es. Passen Sie es dann an, während Sie lernen.

Problem Nr. 3: „Ich bekomme nicht genügend Möglichkeiten den Leuten von meinen großartigen Sachen zu erzählen, was mache ich?" → Erweitern Sie Ihren Umfang

Sobald wir unsere Namensliste, persönliche Informationen und unseren großen sexy Lead-Magneten haben, müssen wir mehr Fremde dazu bringen, diese auch zu sehen. Wir erreichen dies auf drei Arten. Erstens automatisieren wir die Zustellung so weit wie möglich. Als nächstes automatisieren wir die Verteilung so weit wie möglich. Schließlich verfolgen wir sie mehrmals und auf vielfältigere Weise weiter.

a) Automatisierte Zustellung. Soweit es uns möglich ist, eröffnet die Automatisierung der Zustellung enorme Möglichkeiten, da jemand dem potenziellen Kunden die Botschaft nicht wörtlich mitteilen muss. Das bedeutet, dass Sie pro Zeiteinheit mehr engagierte Leads erhalten (auch wenn der Gesamtprozentsatz insgesamt geringer ist). Denken Sie daran: Es gibt viel mehr Leute, die Sie nicht kennen, als Leute, die Sie kennen. Sie müssen sich also nicht *so viele* Sorgen machen, dass Sie Ihr Publikum „heißlaufen". Hier sehen Sie, wie der Unterschied zwischen manueller und automatisierter Zustellung aussieht.

Manuelle Beispiele: Eine lebende Person kann jemandem am Telefon einen Text übermitteln. Sie können jedem Lead eine persönliche Sprachnotiz senden. Eine Person kann jeder Person auf der Liste einen handschriftlichen Brief schreiben. Wenn eine Person jedes Mal Zeit braucht, um die Nachricht zu übermitteln, ist es manuell.

Automatisierte Beispiele: Wir können eine vorab aufgezeichnete Sprachnotiz an die Direktnachrichten einer Person senden. Wir können eine aufgezeichnete Voicemail an die Voicemail-Box einer anderen Person senden. Wir können vorgefertigte E-Mails an einen Posteingang oder einen vorgefertigten Text an das Telefon einer anderen Person senden. Wir können ein vorab aufgezeichnetes Video senden, usw. Sie zeichnen Ihre Nachricht einmal auf und senden dann dieselbe Nachricht an alle.

Profi-Tipp: Nutzen Sie Technologien, Die Ihnen In Kurzer Zeit Mehr Engagierte Leads Verschaffen

Täglich schreiten künstliche Intelligenz, Deep Fakes und andere Technologien voran. Sie sind nicht mehr von der menschlichen Kommunikation zu unterscheiden. Das bedeutet, dass wir in der Lage sein werden, Elemente dessen, wofür wir derzeit Zeit aufwenden müssen, zu automatisieren. Heißen Sie die Technologie willkommen, um die Früchte zu ernten. Letztendlich dient Technologie einem einzigen Zweck: uns mehr Ertrag pro Zeiteinheit zu verschaffen. Benutzen Sie sie.

---

b) Automatisierte Verteilung. Sobald wir unsere Botschaften vorbereitet haben, müssen wir sie verteilen. Und es gibt keine Auszeichnung dafür, wer am härtesten arbeitet, sondern nur dafür, wer die besten Ergebnisse erzielt. Obwohl das eine zum anderen führt. Und während Sie Ihre Fähigkeiten ausbauen, werden Sie Möglichkeiten finden, Teile der Arbeit zu automatisieren. Ich ermutige Sie, zu automatisieren, wenn dies ethisch vertretbar und möglich ist.

Manuelle Beispiele: Wählen Sie jede Telefonnummer. Klicken Sie bei jeder E-Mail, Direktnachricht, Textnachricht usw. auf „Senden".

<u>Automatisierte Beispiele:</u> Verwenden Sie einen Roboter, um mehrere Nummern gleichzeitig zu wählen. Senden Sie eine Flut von 1000 E-Mails, Textnachrichten und Voicemails gleichzeitig, usw.

Im Allgemeinen opfern Sie die Personalisierung zugunsten der Skalierung. Mit personalisierten Nachrichten erzielen Sie eine höhere Antwortrate. *Je weniger Leads Sie haben, desto weniger Automatisierung sollten Sie nutzen.*

Wenn beispielsweise nur 1.000 Hedgefonds-Manager Ihre Kriterien erfüllen, möchten Sie jeden einzelnen von ihnen personalisieren. Wenn Sie sich hingegen an Frauen im Alter von 25 bis 45 Jahren wenden, die versuchen, Gewicht zu verlieren, gibt es Dutzende Millionen von ihnen. So kommen Sie mit weniger Personalisierung aus. Aber ... wenn Sie es personalisieren ... erhalten Sie noch mehr (zwinkern).

Profi-Tipp: Personalisierungstechnologie

Die perfekte Kombination für maximale Leads ist maximale Personalisierung mit maximalem Volumen. Und bei der Technologie müssen Sie nicht *immer* die Personalisierung zugunsten der Skalierung opfern. Mit jedem Tag werden Daten leichter zugänglich, um personenbezogene Daten zu finden. Wenn Sie die Technologie so einrichten können, dass sie beides erreicht – Personalisierung und Volumen –, schaffen Sie eine äußerst effektive Kombination zur Lead-Gewinnung.

Aktionsschritt. Machen Sie sich neue Technologien zunutze. Investieren Sie zehn bis zwanzig Prozent Ihres Aufwands in brandneue, noch nicht getestete Technologien. Wenn Sie beispielsweise fünf Tage pro Woche telefonieren, probieren Sie an einem der Tage einen neuen Dialer oder eine neue Technologie aus und sehen Sie, wie er im Vergleich zu Ihrem Standard-Dialer abschneidet.

c) Weiterverfolgen. Mehrere Male. Mehr Möglichkeiten. Es gibt zwei weitere Möglichkeiten, wie Sie mehr aus Ihrer Namensliste herausholen können.

Zuerst versuchen Sie, die Leute mehr als einmal zu kontaktieren. Schocker. Aber möchten sie etwas wirlich Verrücktes wissen, die meisten Leute machen das nicht. Hier ist eine andere Möglichkeit, darüber nachzudenken. Stellen Sie sich vor, es wäre wirklich nötig gewesen, Ihre Eltern zu erreichen, weil etwas Wichtiges dazwischenkommt. Was würden Sie tun? Sie würden sie wahrscheinlich anrufen, ihnen eine SMS schicken, eine Voicemail hinterlassen usw. Und wenn sie immer noch nicht geantwortet haben, was würden Sie tun? Sie würden sie erneut anrufen und ihnen eine SMS schicken (wahrscheinlich kurz danach). Bei Interessenten ist es genauso. Sie laufen Gefahr, ein Leben ohne Ihre Lösung zu führen. Seien Sie ein Held. Retten Sie sie!

Je mehr Möglichkeiten Sie nutzen, um jemanden zu kontaktieren, desto wahrscheinlicher ist es, dass Sie ihn erreichen. Menschen reagieren auf unterschiedliche Methoden. Ich reagiere zum Beispiel nie auf Telefonanrufe. Aber ich antworte viel häufiger auf Direktnachrichten.

Wenn Sie jemanden mehrmals und auf verschiedene Arten kontaktieren, zeigen Sie ihm, dass Sie es ernst meinen. Und da Sie dies tun, vermitteln Sie ihm sehr schnell, dass Sie etwas Wichtiges zu besprechen haben. Die Neugier steigt, weil er befürchten muss, etwas zu verpassen.

Ich persönlich bevorzuge es, zuerst eine E-Mail zu senden. Wissen Sie, warum? Weil die meisten Leute nicht antworten. Wenn jemand auf eine Ihrer Kontaktmethoden nicht reagiert, nutzen Sie dies als Grund, eine andere Methode anzuwenden. *„Hallo, ich rufe Sie an, um wegen meiner E-Mail nachzufragen."* Wir erhalten entweder eine Antwort oder einen echten Grund, uns erneut zu melden. Wir gewinnen so oder so.

Und sobald Sie einen Termin vereinbart haben, müssen Sie mit mehr als einem Gespräch rechnen. Denken Sie daran, wir kontaktieren völlig Fremde. Akquise erfordert mehr Kontaktpunkte mit Menschen, die Sie nicht kennen. Erwarten Sie also zwei bis drei Gespräche, bevor es zu einem höheren Ticketverkauf kommt. Beginnen Sie klein, aber erwarten Sie mehr, sobald Sie angefangen haben.

Fazit: Verhalten sie sich, als würden Sie *tatsächlich* versuchen, diese Leute zu greifen, anstatt ziellos drauflos zu gehen, und es wird Ihnen wahrscheinlich auch gelingen.

Aktionsschritt: Kontaktieren Sie jeden Lead mehrmals und auf verschiedene Weise.

Profi-Tipp: Seien Sie kein Dummkopf

Wenn Sie jemand bittet, ihn nicht zu kontaktieren, kontaktieren Sie ihn nicht noch einmal. Nicht, weil es keine Chance gibt, dass es funktionieren könnte. Aber weil Sie sich für die gleiche Anstrengung an jemanden wenden könnten, der nicht bereits negativ eingestellt ist. Es ist einfach effizienter, Neutrale auf JA umzustellen als NEIN auf JA. Darüber hinaus möchten Sie keinen schlechten Ruf haben. So etwas folgt einem. Geben Sie sich große Mühe, denn Sie haben den echten Wunsch, seine Probleme zu lösen, aber seien Sie respektvoll.

Danach beginnen Sie wieder ganz oben, sobald Sie mit der Kontaktaufnahme aller auf Ihrer Liste fertig sind. Das funktioniert tatsächlich aus drei Gründen.

Erstens, weil sie Ihre erste Nachrichtenserie möglicherweise einfach nicht gesehen haben. Nur ein Dummkopf würde glauben, dass alle Leute hundertprozentig sehen, was Sie in hundertprozentiger Zeit veröffentlichen. Deshalb gleichen wir diese Diskrepanz durch Nachverfolgung aus.

Zweitens: Selbst wenn sie sie sehen, war es vielleicht kein guter Zeitpunkt, um zu antworten. Die Zeitpläne der Menschen ändern sich jeden Tag. Und es gibt Zeiten, in denen die Leute Ihnen nicht antworten können, selbst wenn sie es wollten. Je mehr Möglichkeiten Sie ihnen also geben, zu antworten, desto größer ist die Chance, dass sie antworten.

Drittens könnten sich ihre Umstände geändert haben. Damals brauchten sie Sie vielleicht nicht, aber jetzt brauchen sie Sie dringend. Stellen Sie sich eine Person vor, der Sie vor den Feiertagen eine Nachricht über das Abnehmen schicken. Zu diesem Zeitpunkt passt sie in ihre „Skinny"-Jeans, ohne dass es unangenehm ist. Sie wird wahrscheinlich nicht antworten. Aber nachdem sie über die Feiertage zehn Pfund zugenommen hat, braucht sie plötzlich dringend Ihr Angebot. Und jetzt reagiert die Person auf Ihren Kontaktversuch. Das Einzige, was sich änderte, waren ihre Umstände. Versuchen Sie es also in drei bis sechs Monaten noch einmal und gewinnen Sie eine völlig neue Gruppe engagierter Leads *aus derselben Liste.*

Bis auf das Timing mag alles stimmen. Je öfter wir sie also kontaktieren, desto wahrscheinlicher ist es, dass wir sie zu dem Zeitpunkt erwischen, an dem sie bereit sind, sich zu engagieren.

Aktionsschritt. Warten Sie drei bis sechs Monate, nachdem Sie mehrmals und auf verschiedenen Wegen versucht haben, Kontakt aufzunehmen. Dann machen Sie es noch einmal.

Profi-Tipp: Wenn Sie Neu In Einem Akquise-Team Sind, Sollten Sie Den Besten Im Team begleiten.

Dann verdoppeln Sie seinen Aufwand. Wenn er 200 Anrufe tätigt, tätigen Sie 400. Wenn das bedeutet, dass Sie mehr arbeiten – naja. Sie sind erst mies, bevor Sie gut sind. Mit dem Volumen können Sie Ihren Mangel an Geschick ausgleichen. Volumen macht Glück zunichte. Und wenn Sie doppelt so viele machen, werden Sie in der Hälfte der Zeit erfolgreich sein. Sobald Sie seine Zahlen schlagen, können Sie nett werden und neue Dinge ausprobieren. Replizieren Sie, bevor Sie iterieren.

Drei Probleme Die Fremde Verursachen→Gelöst

Ich habe das Buch in dieser Reihenfolge geschrieben, um auf sich selbst aufzubauen. Beginnen Sie mit warmen Kontakten. Holen Sie sich ein paar Vertreter. Veröffentlichen Sie Inhalte, um Ihr warmes Publikum zu vergrößern. Erhalten Sie noch mehr Vertreter. Dann sind Sie bereit für Kaltkontakte.

Und jetzt haben wir die drei Kernprobleme gelöst, die ein kaltes Publikum mit sich bringt: die richtige Liste von Leuten zu finden, sie dazu zu bringen, Ihnen Aufmerksamkeit zu schenken und sie dazu zu bringen, sich zu engagieren. Sieg!

Anmerkung des Autors: Für Leute mit Low-Ticket-Produkten.

Ich hatte Schwierigkeiten, Kaltakquise beim Verkauf für mein Direktkundengeschäft profitabel zu machen. Kaltakquise-Teams sind teuer und mein durchschnittliches Ticket war nicht hoch genug. Aber ich habe gelernt, dass ich aus einen Low-Ticket-Produkt → ein High-Ticket-Produkt machen kann, wenn ich viel auf einmal verkaufe. Also wechselte ich von der Kaltakquise, um Kunden zu gewinnen, zur Kaltakquise, um Affiliates zu gewinnen, die Kunden für mich akquirierten. Es gab zwei Möglichkeiten, die funktionierten. Entweder würde ich den Partnern im Voraus viele Produkte in großen Mengen verkaufen, dann würden sie meine Produkte an ihre Kunden verkaufen. Oder ich nutze die Kaltakquise, um sie zu rekrutieren, sie dann dazu zu bringen, meine Produkte an ihre Kunden zu verkaufen und nach dem Verkauf eine Provision zu erhalten. Ein Affiliate-Verkauf kann Tausende von Kunden wert sein. Beide Möglichkeiten verwandelten meinen „Low-Ticket"-Verkauf in einen „High-Ticket"-Verkauf, indem viele auf einmal verkauft wurden. Die Zahlen sind also klar. Wenn Sie Schwierigkeiten haben, Kaltakquise für Ihr Direktkundengeschäft zu nutzen, sollten Sie stattdessen Affiliates in Betracht ziehen. Mehr dazu später im Kapitel „Affiliates".

Maßstäbe–Wie gut schneide ich ab?

Die beiden Male, in denen ich bei der Kaltakquise scheiterte, habe ich Leute eingestellt, die die Kennzahlen nie gut erfasst haben. Die dritte Person tat es. Und die Kaltakquise war erfolgreich. Die Person, die es leitet (vielleicht Sie), muss die Kennzahlen des Verkaufsprozesses wie seine Westentasche kennen. Jede einzelne Statistik.

Lassen Sie uns die Zahlen anhand einiger Plattformbeispiele aufschlüsseln. Ich kann nicht für jede Plattform ein Beispiel nennen, da das zu lange dauern würde. Ich hoffe, dass Sie das Konzept auf jede von Ihnen verwendete Plattform übertragen können.

Telefonbeispiel

Nehmen wir an, ich tätige 100 Kaltanrufe pro Tag. Nehmen wir an, ich erhalte eine Antwortrate von zwanzig Prozent. Von da an schaffe ich es, 25 Prozent der Leute dazu zu bringen, meinen Lead-Magneten anzunehmen. Das heißt, ich habe vier engagierte Leads. Wenn ich für diese Anrufe vier Stunden gebraucht habe, bedeutet das, dass ich pro Stunde einen engagierten Lead erhalten habe. Ich könnte das also als erstes machen. Sobald die Menge der engagierten Leads, die in Kunden umgewandelt werden, mir mehr einbringt, als es kostet, einen Kaltakquise-Mitarbeiter zu bezahlen, bringe ich jemand anderem bei, dies für mich zu tun (mehr dazu in Abschnitt IV). Sie wissen also, dass es gut läuft, wenn Sie mindestens das *Dreifache* des lebenslangen Gewinns eines Kunden erzielen, verglichen mit dem, was es kostet, ihn zu gewinnen.

E-Mail-Beispiel

Nehmen wir an, Sie versenden 100 personalisierte E-Mails pro Tag. Von dort aus öffnen dreißig Prozent unsere E-Mail. Von dort zeigen 10 % der Antworten Interesse. Das bedeutet, dass wir drei engagierte Leads hätten (30 % x 10 % = 3 %). Die Zahlen schwanken, aber es besteht die Chance, dass 3 % Ihrer Liste zu engagierten Leads werden. Hier ist ein Beispiel aus einer neuen Kampagne für ein Nischenunternehmen mit hoher Ticket-Leistung in unserem Portfolio. Es zeigt eine Lead-Engagement-Rate von 4 %. Und vermutlich wird ein Drittel davon in Verkäufe umgewandelt. Das würde uns einen neuen Kunden pro hundert Kontaktversuchen einbringen.

Beispiel für eine Direktnachricht

Nehmen wir an, ich mache ein persönliches Video oder nehme eine persönliche Sprachnotiz für hundert Personen auf. Ich nenne deren Namen und füge eine persönliche Zeile hinzu, bevor ich meine Standardnachricht überbringe. Von dort aus antworten zwanzig Prozent der Menschen. Wir haben jetzt zwanzig engagierte Leads. Von dort aus verwenden wir dasselbe B-K-F-Format aus dem Abschnitt „Warme Kontakte", um sie für einen Anruf usw. zu qualifizieren. Wie im Telefonbeispiel wissen Sie, dass Sie gut abschneiden, wenn die Kosten für die Kaltakquise weniger als das Dreifache des Gewinns betragen, den Sie mit einem Kunden erzielen. Hinweis: Sie können VIEL besser als dreimal abschneiden, das ist das absolute Minimum. Zum Vergleich: Das oben genannte Portfoliounternehmen erzielt mit seinen Kontakt-Bemühungen eine Rendite von über 30:1.

Kosten

Diese Methode ist arbeitsintensiv. Fast alle Kosten fallen in Form von Arbeitskosten an. Um unseren Return on Advertising (ROAS, Zurückführen auf die Werbeausgaben) zu berechnen, addieren wir alle Arbeits- und Softwarekosten, die mit den Schritten eins bis drei im vorletzten Abschnitt verbunden sind.

Stellen wir uns vor, wir haben ein Team, das Kaltakquise durchführt:

- Wir zahlen ihm 15 $ pro Stunde und 50 $ pro gezeigtem Termin oder „Shows".

- Wir haben einen Gewinn von 3.600 $ pro Verkauf.

- Leads kosten uns zehn Cent.

- Sie rufen 200 Leads pro Tag an.

- Wir würden wahrscheinlich etwa zwei Shows pro Tag mit einem Vertreter bekommen.

- Wenn sie acht Stunden pro Tag arbeiten würden, würden wir 120 US-Dollar an Arbeit und 100 US-Dollar an Showprovisionen pro Vertreter und 20 US-Dollar für die Leads zahlen.

- Das bedeutet, dass wir 240 $ für zwei Shows oder 120 $ pro Show zahlen würden.

- Wenn wir 33 % der Shows abschließen würden, würden unsere Kosten für die Gewinnung eines Kunden (ohne Provisionen) 360 $ betragen.

- Da wir pro Neukunde einen Gewinn von 3600 $ erzielen, würden wir eine Rendite von 10:1 erzielen.

So funktioniert Kaltakquise. Dann fügen Sie einfach ein Gremium hinzu. Es ist langweilig und ermüdend, aber extrem effektiv.

Profi-Tipp: Geben Sie jedem Mitarbeiter jede Woche eine klare Anzahl an Leads, an denen er arbeiten soll.

Sie sollten sich um diese Leads kümmern, als wären sie ihre Kinder. Wenn Sie einem Vertreter zu viele von ihnen anvertrauen, wird es vielleicht Schwund geben. Wenn jemand hundert Leads mit voller Kapazität bearbeiten kann, gebe ich ihm etwa siebzig. Auf diese Weise hat er Zeit und Energie, alles aus seinen Leads herauszuholen. Und da alle Vertriebsmitarbeiter jede Woche die gleiche Anzahl an Leads erhalten, können Sie ihnen absolute Quoten für abgeschlossene Geschäfte zuweisen. Beispiel: Ich gebe Ihnen siebzig Leads. Sie geben mir sieben Bestellungen zurück. Ich bezahle Sie. Es werden keine Leads ausgelassen.

Das Hört Sich Hart An, Warum Sollte Man Sich Die Mühe Machen?

Die meisten Menschen unterschätzen dramatisch den Umfang, der für die Nutzung von Kaltakquise erforderlich ist. Sie unterschätzen auch, wie lange es dauert. Der Einsatz von Kaltakquise bietet jedoch sieben *enorme* Vorteile:

1) <u>Sie müssen nicht viele Inhalte oder Anzeigen erstellen.</u> Sie konzentrieren sich nur auf eine perfekt gestaltete Botschaft, die Sie allen Ihren Interessenten vermitteln. Ihr einziges Ziel ist es, diese eine Botschaft jeden Tag besser zu machen. Es gibt keine „Werbemüdigkeit" oder „Bannerblindheit", da Ihre Interessenten noch nie etwas von Ihnen gesehen haben. Sie müssen also kein Marketing-Genie sein, damit dies funktioniert.

2) <u>Ihre Konkurrenz weiß nicht, was Sie tun.</u> Alles ist privat. Allein dadurch können Sie weiterhin im Geheimen agieren. Sie informieren Ihre Konkurrenten nicht darüber, wie Sie Kunden gewinnen. Diese wissen nicht, was Sie tun, oder wissen nicht einmal, dass Sie existieren.

3) <u>Es ist unglaublich zuverlässig.</u> Alles, was Sie tun müssen, um mehr zu erreichen, ist, mehr zu tun. Eine bestimmte Menge an Arbeitsaufwand führt zu einer bestimmten Anzahl von Antworten. Es funktioniert wie am Schnürchen und bringt einen zuverlässigen Strom neuer, engagierter Leads in Ihre Welt. Sie können die Anzahl der Verkäufe, die Sie tätigen möchten, auf die Anzahl der Beiträge am oberen Ende Ihres Lead-Pfads zurückführen. Irgendwann haben Sie eine Gleichung: Für jeweils X kontaktierte Personen erhalten Sie Y Kunden. Dann lösen Sie einfach nach X auf.

> Bsp: Nehmen wir an, dass ich auf 100 E-mails einen Kunden erhalte. Wenn ich 100 Kunden möchte, muss ich 10.000 E-mails versenden. Das sind 333 am Tag. Eine Person kann am Tag 111 E-mails versenden. Deshalb brauche ich drei Leute, die den ganzen Tag E-mails versenden, um 100 Kunden pro Monat zu gewinnen.

4) <u>Weniger Plattformwechsel.</u> Private Kommunikation unterliegt selten Plattformänderungen. Während öffentliche Plattformen täglich Regeln und Algorithmen ändern. Sie müssen über Reageländerungen auf dem Laufenden bleiben, um effektiv zu bleiben. Im Gegensatz dazu haben sich die Regeln für Kaltakquise, Türklinkenputzen und Kalt-E-Mail in dreißig Jahren kaum geändert.

5) <u>Die Einhaltung ist weniger schmerzhaft.</u> Auf vielen Plattformen gelten strenge Regeln für Ansprüche, die Sie über die von Ihnen verkauften Waren geltend machen können. Einige verbieten auch bestimmte Branchen ganz (Tabak, Schusswaffen, Cannabis, Gewichtsabnahme usw.). Mit Kaltakquise müssen Sie sich um nichts davon kümmern. Sie müssen weiterhin FTC-konform sein, müssen sich aber darüber hinaus *auch* nicht um die Plattformregeln kümmern. Das macht das Leben einfacher. Wenn Sie ein Telefon haben, können Sie Geld verdienen. Wenn Sie über ein E-Mail-Konto verfügen, können Sie Leads erhalten. Das macht es sehr schwer, Sie zu stoppen.

6) <u>Kein Makler = Verkaufbares Geschäft.</u> Wenn ein Investor es von Ihnen kaufen kann, ohne befürchten zu müssen, dass Ihr Unternehmen keine Kunden mehr gewinnen wird, wenn Sie das Unternehmen verlassen, ist Ihr Unternehmen weitaus wertvoller. Dank eines etablierten Kaltakquise-Teams konnten wir Gym Launch verkaufen. Das Geschäft konnte wachsen, ohne dass ich vor der Kamera tanze

oder mich darauf verlassen muss, dass ich wahnsinnig gut aussehe (ha!). Ich glaube nicht, dass sie uns ohne sie hätten kaufen wollen, oder zumindest nicht für so viel.

7) <u>Schwer zu kopieren</u>. Selbst wenn jemand Ihr gesamtes Kaltakquise-System kopieren möchte, muss er meistens lernen, wie man jeden Schritt ausführt. Und viele Schritte sind unsichtbar. Er weiß nicht, wie Sie Ihre Listen abarbeiten. Er weiß nicht, wie Sie Ihre Nachrichten personalisieren. Er weiß nicht, welche Software Sie zum Verbreiten der Nachrichten usw. verwenden. Darüber hinaus muss er noch lernen, wie man ein Team von Leuten einstellt, schult und leitet, die jeden Schritt erledigen können. Sobald Sie einen Vorsprung haben, vergrößert sich dieser mit der Zeit. Es wird sehr schwer, Sie zu einzuholen.

Anmerkung des Autors: Glaubensbrechendes Volumen – Skalierung auf 60.000 E-Mails pro Monat

Hier ist ein Beispiel, um Ihre Überzeugung von dem, was möglich ist, zu durchbrechen. Um 1.000.000 US-Dollar pro Monat zu überschreiten, haben wir den gesamten Prozess des Abarbeitens, Erstellens und Versendens von E-Mails für eines unserer Portfoliounternehmen automatisiert. Ein virtueller Assistent versendet 2000 E-Mails pro Tag und nutzt dabei mehrere Softwarekomponenten. Dadurch generiert das Unternehmen 40 engagierte Leads pro Tag. Beachten Sie, dass die Rücklaufquote gesunken ist, weil wir so viele Personalisierungen vorgenommen haben. Von dort aus ist er in der Lage, 10 Prozent der engagierten Leads anzuwerben. Das heißt, er gewinnt vier neue Kunden pro Tag. Damit hat er die Grenze von 100 Kunden pro Monat überschritten. <u>Wissenswertes</u>: Der virtuelle Assistent begann bei uns mit 250.000 US-Dollar pro Monat (unsere damalige Mindestgröße für Investitionen). Das Geschäft erwirtschaftet 20.000 $ pro Kunde. Berechnen Sie bei vier Neukunden pro Tag, wie groß diese jetzt sind. :)

Sie Sind An Der Reihe

Wenn Sie sich an unsere Werbe-Checkliste erinnern, ist dies der Beginn Ihrer Reise, um durch Kaltakquise mehr engagierte Leads zu gewinnen. Sie beginnen damit, wenn Ihnen die Leute ausgehen, bei denen Sie werben können, oder weil Sie einfach mehr wollen. Hier ist ein Beispiel.

Tägliche Checkliste der Kaltakquise	
Wer:	Sie selbst
Was:	Aufhänger + Lead-Magnete/Kernangebot
Wo:	Jede private Kommunikations-Plattform
An Wen:	Listen: gesammelte, gekaufte oder genutzte Software
Wann:	Jeden Tag, 7 Tage die Woche
Warum:	Die Leads zu engagieren, Sachen zu verkaufen
Wie:	Live-Anrufe, Senden von Sprachnachrichten, Senden von E-Mails, Senden von Textnachrichten, direkte Textnachrichten, Videonachrichten, Sprachnachrichten, Direktmailing, handgeschriebene Karten usw.
Wie oft:	100 am Tag
Wieviele:	Tag 1 .- 2x, Tag 2 - 2x, Tag 7 - 1x
Wie lange:	So lange wie es benötigt.

Profi-Tipp: Zählen Sie in 100ern

Dies ist ein Volumenspiel. Um die gewünschten Ergebnisse zu erzielen, müssen Sie viel Volumen effizient erzeugen. Setzen Sie sich kein Tagesziel unter 100. Und hören Sie für mindestens 100 Tage nicht damit auf. Wenn Sie 100 Tage hintereinander 100 Kontaktaufnahmen durchführen, verspreche ich Ihnen, dass Sie neue, engagierte Leads gewinnen werden.

Als Nächstes

Nachdem Sie nun Ihr Engagement für diese Methode der Kaltakquise festgelegt haben, kommen wir zum Letzten, was eine einzelne Person tun kann, um Werbung zu machen: Bezahlte Anzeigen schalten.

KOSTENLOSES GESCHENK: Beispiele für Kaltakquise-Skripte

Ich musste die Skripte kürzen, um dieses Buch auf eine überschaubare Länge zu bringen. Wenn Sie Ihre Skripte darauf aufbauen möchten, gehen Sie zu **Acquisition.com/training/leads**. Und wenn Sie außer „damit Geld verdienen" noch einen weiteren Grund benötigen, wird es Sie nichts kosten. Es ist kostenlos. Genießen Sie es.

Und wie immer können Sie auch den QR-Code unten scannen, wenn Sie ungern tippen.

Nr. 4 Bezahlte Anzeigen Schalten
Teil I: Eine Anzeige erstellen

Wie man für Fremde öffentlich Werbung macht

Werbung ist das einzige Casino, in dem Sie mit genügend Geschick selbst zum Casino werden.

DIE VIER GRUNDPRINZIPIEN

	LEUTE DIE SIE KENNEN	LEUTE DIE SIE NICHT KENNEN
1 ZU 1 PRIVAT	WARME KONTAKTE	KALTE KONTAKTE
1 ZU UNENDLICH ÖFFENTLICH	KOSTENLOSE INHALTE POSTEN	BEZAHLTE ANZEIGEN SCHALTEN

DU SIE SIND HIER

Juni 2013.

„Lass uns ein paar Facebook-Anzeigen für das Fitnessstudio ausprobieren", sprudelte ich hervor.

Sams Augenbraue hob sich. „Sie funktionieren nicht. Ich habe es schon versucht."

Nun, das war die kurze Zeit zwischen der Kündigung meines „richtigen Jobs" und der Eröffnung meines ersten Fitnessstudios. Ich wollte etwas Erfahrung. Also schickte ich mehr als 40 Fitnessstudio-Besitzern eine Kalt-E-Mail auf die Möglichkeit hoffend, ihnen über die Schulter schauen zu können. Sam war der Einzige, der auf meine Bitte um Mentorschaft reagierte. Er ließ mich für den Mindestlohn *in seinem* Fitnessstudio *arbeiten*. Ich bin für diese Gelegenheit auf ewig dankbar.

„Ich verspreche, ich glaube wirklich, dass sie funktionieren werden." Sagte ich. „Lassen Sie es mich mit den Dingen versuchen, die ich letztes Wochenende in diesem Workshop gelernt habe. Ich werde alles tun." *Dieser Workshop hat den größten Teil meiner kümmerlichen Ersparnisse gekostet.*

Sam lehnte sich in seinem Stuhl zurück und verschränkte die Arme. „Ich werde Ihnen was sagen. Ich gebe Ihnen tausend Dollar zum Spielen. Wenn Sie es verlieren, müssen Sie über dieses Facebook-Zeug den Mund halten. Wenn Sie mehr verdienen, teile ich den Gewinn mit Ihnen."

„Abgemacht."

Ich habe mit einem Freelancer zusammengearbeitet, um alles einzurichten. Wir probierten hin und her, bis es „perfekt" war. Ein paar Tage später marschierte ich in Sams Büro, um ihm zu zeigen, was ich gemacht hatte.

„Es ist fertig." Sagte ich.

Er drehte seinen Laptop zu mir. „Okay, Hormozi. Zeigen sie mir, was Sie haben."

Ich habe die hässlichste Anzeige geschaltet, die Sie je gesehen haben:

ICH SUCHE 5 EINWOHNER VON CHINO HILLS, DIE AN EINER KOSTENLOSEN 6-WOCHEN-CHALLENGE TEILNEHMEN. SIE MÜSSEN UNS NUR IHRE VORHER- UND NACHHER-BILDER IN UNSEREM MARKETING IM AUSTAUSCH FÜR DAS PROGRAMM ZUR VERFÜGUNG STELLEN. KLICKEN SIE AUF DEN LINK, UM SICH ANZUMELDEN:

[VERKNÜPFUNG]

Keine Bilder. Keine Videos. Kein Schnickschnack. ⊠Nur Worte. ALLES IN GROSSBUCHSTABEN.

Die Anzeige wurde live geschaltet.

Wir erhielten innerhalb weniger Stunden Leads. Ich rief sie alle an und vereinbarte so schnell ich konnte Termine. Ich habe ihnen auch etwa eine Stunde vorher eine SMS geschrieben, um sie an unseren Termin zu erinnern. Und sobald sie ankamen, fing ich an, über unsere sechswöchige Herausforderung zu quatschen. Ich hatte keinerlei Verkaufsfähigkeiten. *Meine Überzeugung machte meinen Mangel an Fähigkeiten wett.* Sie kauften.

Ich habe an 19 Personen für jeweils 299 $ verkauft. Mit der Investition von 1.000 US-Dollar haben wir knapp 5.700 US-Dollar verdient. Getreu seinem Wort stellte Sam mir einen Scheck aus und überreichte ihn mir. Er stelle ihn aus auf 2.500 Dollar. Mehr als mein Anteil.

„Sam, das ist –"

Er unterbrach mich. „Gute Arbeit, Hormozi. *Machen Sie es nochmal.*"

***

Die „6-Wochen-Challenge" wurde zur größten Promotion in der Fitnessstudiobranche. *Für sieben Jahre.* Sie brachte einen Umsatz von mindestens 1,5 Milliarden US-Dollar ein, inzwischen mehr. Ich habe sie über 4.500 Fitnessstudios beigebracht. Und ich wette, mehr als 10.000 Fitnessstudios nutzten Versionen der Aktion, ohne sie zu lizenzieren.

Vielleicht haben Sie in Ihrem lokalen Markt Anzeigen dafür gesehen. Und ja, falls Sie neugierig sind: Mit der Zeit wurde es immer raffinierter.

Wie Bezahlte Anzeigen Funktionieren

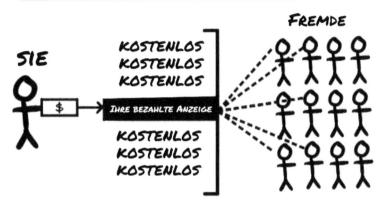

Bezahlte Anzeigen sind eine Möglichkeit, Einer-zu-Vielen-Werbung bei uninteressierten Zielgruppen zu betreiben. Menschen, die Sie nicht kennen. Bezahlte Anzeigen funktionieren, indem Sie eine andere Person oder ein Unternehmen dafür bezahlen, Ihr Angebot *der* Zielgruppe vorzustellen. Stellen Sie sich das so vor, als würden Sie Augäpfel oder Ohren mieten. Und da Sie keine Zeit damit verbringen müssen, ein Publikum aufzubauen, sind bezahlte Anzeigen der schnellste Weg, um die meisten Menschen dazu zu bringen, Ihre Inhalte zu sehen – Sie tauschen Geld gegen Reichweite. *Ein erheblicher Vorteil, wenn man weiß, was man tut.* Anzeigen sind riskanter. Aber wenn sie richtig gemacht werden, können sie Ihnen mehr Leads verschaffen als jede andere Methode.

Mit warmer und kalter Öffentlichkeitsarbeit müssen wir mehr tun, um mehr Menschen zu erreichen. Um mehr Menschen mit kostenlosen Inhalten zu erreichen, sind wir darauf angewiesen, dass die Plattform oder das Publikum diese teilt, wenn sie Lust dazu haben. Bezahlte Anzeigen sind anders. Die Reichweite ist *garantiert*. Aber Sie bekommen Ihr Geld nicht zurück. Es geht also eher um Effizienz als um Reichweite. Lassen Sie mich erklären:

Wenn Sie genug Geld bezahlen würden, könnten Sie im Prinzip jeden Menschen auf der Welt dazu bringen, Ihre Anzeige zu sehen. Und wenn jeder Mensch auf der Welt Ihre Anzeige sehen würde, würde jemand kaufen. Wenn auch nur durch Zufall (ha). Die Frage lautet also nicht: „Funktionieren Anzeigen?" Es geht darum: „*Wie gut* können Sie dafür sorgen, dass sie funktionieren?" Mit anderen Worten, es ist ein Wechsel zwischen der Menge, die Sie ausgeben, und der Menge, die dann gekauft wird.

Und wie die Kaltakquise richten sich bezahlte Anzeigen an kältere Zielgruppen mit geringerem Vertrauen. Selbst auf gute Angebote wird also nur ein kleinerer Prozentsatz der Menschen antworten. Und wie bei der Kaltakquise überwinden bezahlte Anzeigen diese Hürde, indem sie Ihr Angebot mehr Menschen präsentieren.

Und wenn eine Anzeige nicht profitabel ist, dann liegt es meistens daran, dass die richtigen Leute sie *nie gesehen* haben. Damit eine Anzeige profitabel ist, *müssen* die richtigen Leute sie sehen. Dadurch bleiben unsere Anzeigen effizient.

In diesem Kapitel erfahren Sie, wie ich effizientere bezahlte Anzeigen erstelle, indem ich die Nadeln im Heuhaufen finde. Ich beginne mit der ganzen Welt als meinem Publikum (Heuhaufen) und schränke es dann ein, um einen höheren Prozentsatz an engagierten Leads (Nadeln) zu erhalten. Zuerst wähle ich eine Plattform aus, die mein ideales Publikum umfasst. Zweitens verwende ich alle auf der Plattform verfügbaren Ziel-Methoden, um sie zu finden. Drittens gestalte ich meine Anzeige so, dass sie alle anderen *fernhält*. Zum Schluss sage ich jedem, der noch übrig ist, dass er den nächsten Schritt machen soll. Die Leute machen es zu kompliziert. Aber das ist es auch schon. Das ist alles, was wir tun - Eingrenzen, wer unsere Anzeige sieht, damit wir die größtmögliche Chance haben, dass die richtige Art von Leuten darauf antwortet.

Sobald wir in einem kleinen Publikum gewinnbringend Werbung machen, expandieren wir zu einem Teich, dann zu einem See und dann zu einem Ozean. Und wenn das Publikum größer wird, gibt es zwar mehr falsche Leute, aber auch mehr richtige Leute. Die Effizienz von Anzeigen nimmt also ab, aber zu diesem Zeitpunkt können Sie es sich leisten. Mit anderen Worten: Das Verhältnis zwischen dem, was Sie ausgeben, und dem, was gekauft wird, sinkt, aber der Gesamtbetrag, den Sie verdienen, steigt. Also statt 1.000 US-Dollar auszugeben, um 10.000 US-Dollar mit einem Gewinn von 9.000 US-Dollar zu verdienen, geben Sie 100.000 US-Dollar aus, um 300.000 US-Dollar zu verdienen 200.000 $ Gewinn. Ihre Quote sinkt, aber Sie verdienen mehr Geld. Das Risiko ist also höher, weil Sie mehr ausgeben. Aber ebenso ist es auch der Gewinn. Das bedeutet, dass wir das Publikum so groß wie möglich machen und gleichzeitig einen Gewinn erwirtschaften wollen.

Bezahlte Anzeigen stellen uns vor vier neue Probleme, die es zu lösen gilt. Lassen Sie uns sie gemeinsam aufschlüsseln:

1) Wissen, wo man werben kann

2) Das richtige Publikum erreichen, das die Werbung sieht

3) Die beste Anzeige erstellen, die es für das Publikum zu sehen gibt

4) Die Erlaubnis erhalten, die Leute zu kontaktieren

Schritt Nr. 1: „Aber wo mache ich Werbung?" → Finden Sie eine Plattform auf der diese vier Dinge vorhanden sind

Plattformen verbreiten Inhalte an ein Publikum. Wenn Sie mit den verfügbaren Plattformen nicht vertraut sind, lade ich Sie ein, mit mir auf den Planeten Erde zu kommen. Wenn Sie jemals Inhalte konsumiert haben, haben Sie direkt oder indirekt eine Plattform genutzt und waren Mitglied deren Zielgruppe. Und wo es ein Publikum gibt, kann man in der Regel auch Werbung machen. Wenn Sie also ein großartiger Unternehmer werden wollen, müssen Sie das Publikum kennenlernen. Folgendes suche ich auf einer Plattform, auf der ich werben möchte:

- Ich habe sie verwendet und als Verbraucher einen Nutzen daraus gezogen. Ich habe also eine Vorstellung davon, wie sie funktioniert.

- Ich kann Menschen auf der Plattform ansprechen, die sich für meine Sachen interessieren.

- Ich weiß, wie man Anzeigen plattformspezifisch formatiert (darauf werde ich in Schritt drei eingehen).

- Ich habe den Mindestbetrag, den ich ausgeben muss, um eine Anzeige zu schalten.

... Und ja, Plattformen ändern sich ständig, aber diese Prinzipien bleiben gleich.

Profi-Tipp: Platzieren Sie Anzeigen dort, wo Ihre Konkurrenten Anzeigen platzieren (für den Anfang)

Plattformen haben oft unterschiedliche Anzeigentypen. Auf LinkedIn können Sie beispielsweise Nachrichtenanzeigen versenden oder Newsfeed-Anzeigen schalten. Auf Instagram können Sie Anzeigen im Newsfeed oder in den Stories schalten. Auf YouTube können Sie Anzeigen in der Seitenleiste, mitten im Stream oder als Pre-Roll schalten. Woher wissen Sie also, wo Sie anfangen sollen? Schauen Sie sich die Anzeigenplatzierung anderer Personen in Ihrem Bereich an und beginnen Sie dort. Wenn andere dafür sorgen können, dass es funktioniert, können Sie das auch. *Replizieren Sie, bevor Sie iterieren.*

Aktionsschritte: Beginnen Sie mit einer Plattform, die die vier Anforderungen erfüllt. Und beginnen Sie mit dem Ansehen, Hören oder Lesen von Anzeigen auf der Plattform als ersten Schritt, um zu lernen, wie man eine solche erstellt.

Schritt Nr. 2: „Aber wie komme ich an die richtigen Leute, die es sehen können?" → Nehmen Sie sie ins Visier

Wenn wir also mit der ganzen Welt beginnen, was wir in der Regel tun, müssen wir etwas konkreter sein. Wenn Sie sich beispielsweise für eine Plattform mit 100.000.000 Nutzern entscheiden, haben Sie bereits 99 % der Welt eingespart – und zwar auf Anhieb. Und wenn jeder, der bei Ihnen einkauft, Englisch spricht, möchten Sie auch die Zielgruppen innerhalb der Plattform *ausschließen*, die dies nicht können. Wenn das die Hälfte der Nutzer der Plattform ist, sind bereits 99,5 % der Welt ausgeschlossen. Spezifisch ist gut.

Die richtige Botschaft an das falsche Publikum wird auf taube Ohren stoßen. Es spielt keine Rolle, wie gut Ihre Anzeigen sind. Wenn Sie den Bewohnern Floridas Werbung für ein lokales Unternehmen in Iowa machen, wird das wahrscheinlich nicht funktionieren. Beim Anvisieren (Targeting) haben Sie also nur ein Ziel - möglichst vielen Menschen, von denen Sie glauben, dass sie Ihre Produkte kaufen werden, zu ermöglichen, Ihre Anzeige zu sehen.

Wir führten unsere erste Targeting-Runde durch, indem wir unsere Plattform auswählten. Die zweite Runde machen wir *innerhalb* der Plattform selbst. Moderne Werbeplattformen bieten zwei Möglichkeiten zur Zielgruppenansprache. Sie können sie einzeln verwenden oder kombinieren:

1) <u>Sprechen Sie eine ähnliche Zielgruppe an.</u> Moderne Plattformen können Ihre Anzeige einem Publikum zeigen, das einer von Ihnen bereitgestellten Liste ähnelt und viel größer ist. Werbetreibende bezeichnen dies als **„ähnliche Zielgruppe"** (lookalike audience). Moderne Plattformen erstellen für Sie ähnliche Zielgruppen, sofern Sie deren Mindestlistengröße hochladen. Je größer die Liste und je höher die Qualität der Kontakte, desto reaktionsschneller wird die ähnliche Zielgruppe sein. Beginnen Sie mit Ihrer Liste aktueller und früherer Kunden. Wenn Ihre Kundenliste groß genug ist, um die Mindestanforderungen der Plattform zu erfüllen, nutzen Sie sie. Wenn sie nicht groß genug ist, fügen Sie Ihre Warmakquise-Liste hinzu. Wenn sie immer noch nicht groß genug ist, fügen Sie Ihre Kaltakquise-Leads hinzu, um das Minimum zu erreichen. Genau das mache ich. Wenn man die Liste mit Gewalt auf die richtige Größe zwingt, ist die ähnliche Zielgruppe manchmal zu allgemein. Und das ist IN ORDNUNG, denn Sie können…

2) <u>Mit Faktoren Ihrer Wahl zielen.</u> Zu den Ziel-Optionen gehören: Alter, Einkommen, Geschlecht, Interessen, Zeit, Ort usw. Wenn Sie beispielsweise wissen, dass niemand über fünfundvierzig oder unter fünfundzwanzig Ihr Ding jemals gekauft hat, schließen Sie alle Perso-

nen außerhalb dieses Bereichs aus. Wenn Sie Autoteile verkaufen, schalten Sie Ihre Anzeige *während* Automessen und *auf* Autokanälen. Wenn nur Menschen mit Haustieren Ihr Ding kaufen, dann beziehen Sie Haustiere als Interessenspunkt mit ein. Einfache Filter zusätzlich zur plattformgenerierten ähnlichen Zielgruppe sind eine einfache Möglichkeit, dass mehr der geeigneten Personen Ihre Anzeigen sehen. Endergebnis: effizientere Anzeigen.

Profi-Tipp: Lokales Anvisieren

Da die lokalen Märkte im Vergleich zu den nationalen Märkten bereits *winzig* sind, möchten Sie nicht noch viele weitere Filter hinzufügen. Seien Sie so konkret wie möglich, aber nicht weiter. Der lokale Markt allein macht bereits 0,1 % eines Landes aus, Sie sind also schon ziemlich beschränkt.

Je mehr Filter Sie verwenden, desto spezifischer wird die Liste. Je spezifischer die Liste, desto effizienter sind Ihre Anzeigen, aber desto schneller werden Sie sie „aufbrauchen". Diese Spezifität versetzt Sie jedoch in die Lage, frühzeitig mehr Siege zu erzielen. Die Gewinne kleinerer spezifischer Zielgruppen verschaffen Ihnen nun das Geld, um später bei größeren und breiteren Zielgruppen Werbung zu machen. *So skalieren Sie.*

Aktionsschritte: Führen Sie alle Ihre Lead-Listen an einem Ort zusammen. Unterteilen Sie sie nach ehemaligen und bisherigen Kunden, Warmkontakte und Kaltakquise. Schließlich erhalten Sie eine Liste der Personen, die mit Ihren bezahlten Anzeigen interagiert haben, indem sie Ihnen Kontaktinformationen gegeben, aber nicht gekauft haben. Das wird sich als nützlich erweisen. Wenn die Plattform dies zulässt, verwenden Sie diese Listen dann in der Reihenfolge ihrer Qualität, um Ihre ähnliche Zielgruppe zu erstellen. Wenn die Plattform dies ebenfalls zulässt, fügen Sie zusätzlich zu Ihrer ähnlichen Zielgruppe Filter hinzu, um einen noch höheren Prozentsatz an Personen anzusprechen, die mit Ihrer Anzeige interagieren. Wenn Sie nicht in der Lage sind, eine ähnliche Zielgruppe zu finden, beginnen Sie einfach mit der Ausrichtung auf Interessen.

Schritt Nr. 3 „Aber was sollte meine Anzeige aussagen?" → Ansprache + Wert + Aufruf zum Handeln (Call to Action, CTA)

Bis heute wechsle ich nicht den Kanal, wenn ich eine Anzeige sehe. Ich schalte Anzeigen selten aus oder überspringe sie. Tatsächlich habe ich auch keine Premium-Abonnements, die Werbung auf Medienplattformen entfernen. Hauptgrund: Ich *möchte* die Anzeigen konsumieren. Ich möchte sehen, wie Unternehmen drei Dinge tun. 1) Wie sie ihre idealen Kunden ansprechen. 2) Wie sie die Wertelemente darstellen. 3) Wie sie ihrem Publikum einen Aufruf zum Handeln geben. Wenn ich Anzeigen auf diese Weise betrachte, verwandelt sich das, was einst ein alltägliches Ärgernis (Werbung) war, in eine kontinuierliche Lernerfahrung.

Der bewusste Konsum von Anzeigen mit Blick auf die Kernelemente macht mich zu einem besseren Werbetreibenden. Und es wird auch Sie zu einem besseren Menschen machen.

Lassen Sie uns die drei Teile verwenden, um eine Anzeige zu erstellen.

1) Ansprachen – ich muss dafür sorgen, dass jemand auf meine Anzeige aufmerksam wird

2) Wert – ich muss sein Interesse an dem wecken, was ich zu bieten habe

3) Handlungsaufforderungen – ich muss ihm sagen, was als nächstes zu tun ist

1) Ansprache (Callout): *Die Aufmerksamkeit der Leute auf Ihre Anzeige ist der bei weitem wichtigste Teil der Anzeige.* Der Zweck jeder Sekunde der Anzeige besteht darin, die nächste Sekunde der Anzeige zu verkaufen. Und die Schlagzeile ist der Erstverkauf. Wie David Ogilvy sagt: „Nachdem Sie Ihre Überschrift geschrieben haben, haben Sie achtzig Cent Ihres Werbedollars ausgegeben." Konzentrieren Sie Ihre Anstrengung von vorne nach hinten. So verrückt das auch klingt (und alle Profis nicken), meine Werbung wurde 20-mal effektiver, als ich den Großteil meiner Bemühungen auf die ersten fünf Sekunden konzentrierte. Wir brauchen die Augen und Ohren des Publikums gerade so lange, bis es erkennt: „Das ist für mich, ich werde weiterhin aufmerksam sein." Dieser „erste Eindruck" ist der Teil der Anzeige, den ich am häufigsten teste.

Stellen Sie sich vor, Sie sind auf einer Cocktailparty in einem großen Ballsaal. Viele Leute reden in Gruppen. Im Hintergrund läuft laute Musik. In all dem Lärm durchdringt ein einziger Ton alles und Sie drehen sich um. Möchten Sie wissen, wie dieser Ton lautet? Es ist Ihr Name. Sie hören ihn und suchen *sofort* nach der Quelle.

Wissenschaftler nennen es den „Cocktailparty-Effekt". Vereinfacht ausgedrückt: Selbst wenn eine Menge Dinge passieren, kann eine einzige Sache unsere Aufmerksamkeit erregen und fesseln. Unser Ziel mit den Leads ist es also, den Cocktailparty-Effekt zu nutzen und den *ganzen* Lärm zu unterdrücken. Denn wenn die Leute Ihre Anzeige nie bemerken, ist alles andere bedeutungslos.

Eine **Ansprache** *ist alles, was Sie machen, um die Aufmerksamkeit Ihres Publikums zu erregen.* Ansprachen gehen von hyperspezifisch– um die Aufmerksamkeit einer Person zu erregen – bis überhaupt nicht spezifisch – um die Aufmerksamkeit aller zu erregen. Lassen Sie mich erklären. Wenn jemand ein Tablett mit Geschirr fallen lässt, schauen alle hin. Wenn ein Kind „Mama!" schreit, schauen die Mütter. Wenn jemand Ihren Namen sagt, schauen nur Sie. Aber auch hier erregen sie alle Aufmerksamkeit. Und ich versuche, meine Einsätze spezifisch genug zu gestalten, um die richtigen Leute zu erreichen, und weitreichend genug, um so viele wie möglich von ihnen zu erreichen. Achten Sie also genau darauf, wie Werbetreibende ihre Ansprachen nutzen, insbesondere solche, die sich an Ihre Zielgruppe richten.

Folgendes beachte ich bei verbalen Hinweisen – *Worte zu verwenden, die Aufmerksamkeit erregen:*

1) Label: Ein Wort oder eine Reihe von Wörtern, die Menschen einer *Gruppe* zuordnen. Dazu gehören Merkmale, Eigenschaften, Titel, Orte und andere Beschreibungen. Beispiel: *Clark County Moms* *Fitnessstudio-Besitzer* *Remote-Mitarbeiter* *Ich suche nach XYZ* usw. Um die größtmögliche Wirkung zu erzielen, *müssen sich Ihre idealen Kunden mit dem Label identifizieren.*

    a) Menschen identifizieren sich automatisch mit ihrer Umgebung. Also, für lokale Anzeigen gilt: je lokaler, desto besser. Eine lokale Anzeige mit der Aufschrift „LOKALE UMGEBUNG + ART DER PERSON" ist immer noch eine meiner Lieblingsmethoden, um die Aufmerksamkeit einer Person zu erregen. Es hat vor zweihundert Jahren funktioniert, es funktioniert heute und es wird morgen funktionieren. Denken Sie also: Amerikaner < Texaner < Einwohner von Dallas < Einwohner von Irving. Wenn Sie in Irving leben, werden Sie sofort denken, dass diese Anzeige Sie betreffen könnte. Es erregt also Ihre Aufmerksamkeit.

2) <u>Ja-Fragen</u>: Fragen, bei denen sich die Leute für das Angebot qualifizieren, wenn sie mit "Ja, das bin ich antworten. Bsp.: *Wachen Sie mehr als einmal pro Nacht auf, um zu pinkeln?* *Haben Sie Schwierigkeiten, Ihre Schuhe zuzubinden?* *haben Sie ein Haus, das mehr als 400.000 US-Dollar wert ist?*

3) <u>Wenn-Dann-Aussage</u>: *Wenn* sie Ihre Bedingungen erfüllen, *dann* helfen Sie ihnen bei der Entscheidungsfindung. *Wenn Sie mehr als 100.00 US-Dollar im Monat für Anzeigenschaltung ausgeben, dann helfen wir Ihnen, 20% und mehr einzusparen... *Wenn Sie zwischen 1978 und 1986 in Muskogee, Oklahoma, geboren sind, dann qualifizieren Sie sich für eine Sammelklage…*Wenn Sie XYZ möchten, dann passen Sie gut auf…*

4) <u>Unterhaltsame Resultate</u>: Bizzare, seltene oder ungewöhnliche Dinge, die sich jemand wünscht*Ein Massagestudio ist für zwei Jahre im Voraus ausgebucht. Kunden sind ärgerlich.* *Diese Frau verlor 50 Pfund indem sie Pizza aß und ihren Trainer gefeuert hat* *Die Regierung gibt jedem Tausend-Dollar Schecks, der drei Fragen beantworten kann* Etc.

Ansprachen müssen nicht nur aus Worten bestehen. Es kann sich auch um Geräusche oder visuelle Eindrücke in der Umgebung handeln. Kehren wir zur Cocktailparty zurück. Sicher, ein heruntergefallenes Tablett mit Geschirr würde die Aufmerksamkeit aller erregen, aber auch das Anhaften einer Nachricht an einer Champagnerflöte würde das Gleiche tun. Beide ziehen aus unterschiedlichen Gründen die Aufmerksamkeit aller auf sich – das eine signalisiert eine peinliche Katastrophe und das andere wichtige Neuigkeiten *… aber in jedem Fall möchte jeder immer noch wissen, was als nächstes passiert.* Wenn es die Plattform zulässt, verwenden gute Werbetreibende verbale und nonverbale Ansprachen *gemeinsam*.

Folgendes beachte ich bei nonverbalen Ansprachen - *Ich nutze die Umgebung und den Sprecher, um Aufmerksamkeit zu erregen:*

    1) <u>Kontrast</u>: Alles, was in den ersten Sekunden „auffällt". Die Farben. Die Geräusche. Die Bewegungen usw. Beachten Sie, was Ihre Aufmerksamkeit erregt. Bsp.:

        a) Ein helles Hemd erregt mehr Aufmerksamkeit als ein schwarzes oder mattes Hemd.

        b) Attraktive Menschen bekommen fast immer mehr Aufmerksamkeit als unscheinbare Menschen.

        c) Sich bewegende Dinge erhalten fast immer mehr Aufmerksamkeit als unbewegte Dinge.

    b) <u>Ähnlichkeit</u>: Denken Sie daran, Labels visuell *darzustellen* – Merkmale, Merkmale, Titel, Orte und andere Beschreibungen, mit denen sich Menschen identifizieren.

a) Menschen möchten mit Menschen zusammenarbeiten, die auf eine Art und Weise aussehen, sprechen und handeln, die ihnen vertraut ist (und es kann sein, dass Sie nicht auf eine Art und Weise aussehen, sprechen oder handeln, die ihnen vertraut ist). Wenn Sie also einen breiten Kundenstamm bedienen, verwenden Sie in Ihren Anzeigen mehr Ethnien, Altersgruppen, Geschlechter, Persönlichkeiten usw. Wenn Sie einen kleinen Kundenkreis bedienen (z. B. medizinische Geräte für Senioren), dann wenden Sie sich an Leute, die diese auch repräsentieren.

   ii) Quaken Sie wie eine Ente. Wenn Sie Enten anlocken möchten, sehen Sie wie eine Ente aus, gehen Sie wie eine Ente und quaken Sie wie eine Ente. Wenn Sie Klempner anlocken möchten, kleiden Sie sich wie ein Klempner, reden Sie wie ein Klempner und seien Sie in einer Klempnerumgebung. Auch wenn Sie die gleiche Botschaft vermitteln, wird Ihre Anzeige viel besser ankommen, wenn Sie entsprechend aussehen (oder Leute finden, die es tun).

   iii) Wenn Sie eine Anzeige für Ärzte sehen, achten Sie auf den Sprecher. Wie alt ist sein Geschlecht? Ethnie? Trägt er einen Laborkittel? Ein Stethoskop? Ist er in einer medizinischen Einrichtung? All diese Dinge veranlassen eine bestimmte Art von Personen, die sich für gesundheitsbezogene Produkte und Dienstleistungen interessiert, dazu, ihm mehr Aufmerksamkeit zu schenken, als sie es sonst getan hätten.

   iv) Maskottchen funktionieren auch deshalb gut, weil sie nicht altern, nie mehr Geld verlangen und sich nie einen Tag frei nehmen. Denken Sie an Micky Maus für Disney. Der Geico-Gecko. Tony der Tiger für Kellogg's. Das Michelin-Männchen. usw. Ein Maskottchen ist eine großartige Möglichkeit, einen dauerhaften Sprecher für Ihr Unternehmen zu schaffen.

   v) <u>Fortschrittlich</u>: Unabhängig davon, für welches Bild Sie sich entscheiden, wenn Sie es nicht sind, wird das Unternehmen weniger von Ihnen abhängig und daher besser verkaufbar. Vielleicht sind Sie auch nur ein unscheinbarer Geselle. Zudem bringen hübsche Menschen im allgemeinen die Dinge besser an den Mann. Die gute Nachricht ist, dass es nicht viel kostet, eine hübsche Person dazu zu bringen, etwas in die Kamera zu sagen.

3) <u>Die Szene</u>: *Denken* Sie daran, die Ja-Fragen und Wenn-Dann-Aussagen zu zeigen.

   Beispiel: Eine Anzeige mit…

   a) Einer Person, die sich him Bett hin- und herwälzt, spricht Menschen mitSchlafstörungen an.

   b) Einer Birne neben einer Sanduhr, kann Menschen mit einem birnenförmigen Körper ansprechen.

c) Einem Raum voller Zeug, das bis an die Decke gestapelt ist, spricht Leute mit zu viel Müll an.

d) Einem Stein, der ein Fenster einschlägt, spricht Menschen mit zerbrochenen fenstern an.

e) Einem lokales Wahrzeichen. Die Einheimischen denken - *"Hey, ich kenne diesen Platz!"* und schenken Aufmerksamkeit.

Nun, dies ist keine erschöpfende Liste. *Weit* davon entfernt. Ich zeige Ihnen diese, um den Vorhang zu lüften. Auf diese Weise können Sie die unzähligen Möglichkeiten erkennen, mit denen Werbetreibende aus der Masse herausstechen, und das können Sie auch.

Profi-Tipp: Unbegrenzte Werbung

Hier ist einer der besten ROI-Tipps, die ich Ihnen zum Erstellen von Anzeigen geben kann. Nehmen Sie jede Woche etwa zehn neue Anzeigen auf. Nehmen Sie jedoch zu Beginn der Anzeige dreißig oder mehr erste Sätze oder Fragen auf. Überlegen Sie sich fünf Sekunden lange Clips. Das sind die Ansprachen, die die Leute normalerweise konsumieren, bevor sie sich entscheiden, ob sie mehr sehen möchten. Mit dreißig Ansprachen und zehn Hauptanzeigen können Sie innerhalb weniger Stunden dreihundert Variationen erstellen. Sobald Sie sich für die beste Ansprache entschieden haben, wenden Sie sie auf alle Anzeigen an.

Aktionsschritt: Ich bin immer wieder beeindruckt von der cleveren und innovativen Art und Weise, wie Werbetreibende ihre Interessenten ansprechen. Anstatt also die Anzeige stummzuschalten oder auf „Anzeige überspringen" zu klicken, achten Sie auf die *Anpsrache*. Werden Sie ein Schüler des Spiels. Mein Ziel ist es, dass Sie für den Rest Ihres Lebens *die Lautstärke hochdrehen*, wenn Sie eine Anzeige sehen.

Sobald die Leute unsere Anzeige bemerkt haben, gelangen wir zum zweiten Teil der Anzeige – wir müssen ihr Interesse wecken …

2) Wecken Sie ihr Interesse. Wenn Menschen denken, dass ein Angebot oder Lead-Magnet große Vorteile und geringe Kosten hat, dann schätzen sie es. Und sie tauschen Geld oder Kontaktinformationen aus, um das Angebot zu bekommen. Aber wenn die Kosten den Nutzen überwiegen, schätzen sie es nicht und werden es auch nicht tun. *Die besten Anzeigen lassen also den Nutzen so groß wie möglich und die Kosten so gering wie möglich erscheinen.* Dies macht ein Angebot oder einen Lead-Magneten so wertvoll wie möglich und erhält dadurch die engagiertesten Leads.

Eine gute Werbung, ob bezahlt oder nicht, beantwortet auf klare und einfache Weise die Frage: *Warum sollte ich mich für Ihre Sache interessieren?* Es sagt den Leuten, warum sie Ihren Lead-Magneten oder Ihr Angebot haben wollen. Nun, es gibt eine Million Möglichkeiten, dies zu tun, aber ich teile mit Ihnen mein Was-Wer- Wenn Rahmen.

Dieser mentale Rahmen hängt davon ab, dass man die Wertgleichung vorwärts *und rückwärts* kennt. Alles, was Sie tun müssen, ist, acht wichtige Dinge über Ihr eigenes Produkt oder Ihre eigene Dienstleistung zu wissen: Wie es alle Wertelemente für Ihren potenziellen Kunden erfüllt und wie es diesem hilft, versteckte Kosten zu vermeiden (erinnern Sie sich daran?). Betrachten Sie sie es wie Zuckerbrot und Peitsche: Wie Sie Ihr Produkt anbieten, damit es mehr Gutes *und* weniger Schlechtes liefert. Denken Sie dann an die Perspektiven der Menschen, die Ihr Produkt erleben würden (Wer). Und schließlich, in welchem Zeitraum (Wann) sie diese Erfahrungen machen würden (positiv oder negativ).

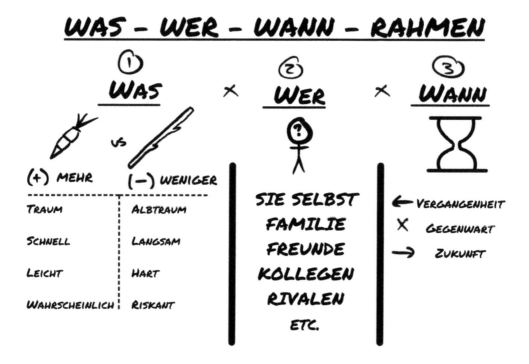

Mit den Worten von David Ogilvy: „Der Kunde ist kein Idiot. Er ist deine Frau." Wissen Sie also, was das bedeutet? *Schreiben Sie ihr.* Anzeigen regen den Interessenten dazu an, sich selbst Fragen zu stellen. Und eine gute Anzeige beantwortet diese Fragen genau dann, wenn er darüber nachdenkt. Wenn Sie also mit Ihrer Anzeige antworten können, was der Interessent denkt, und zwar mit den Worten, die er verwenden würde, haben Sie gewonnen.

Beginnen wir also mit <u>Dem Was</u>: Acht Schlüsselelemente

- **Traumergebnis**: Eine gute Anzeige zeigt und vermittelt den maximalen Nutzen, den die Interessenten mit dem von Ihnen verkauften Produkt erzielen können. Es sollte mit dem Traumergebnis der idealen Interessenten für diese Art von Produkt oder Dienstleistung übereinstimmen. Dies sind die Ergebnisse, die sie nach dem Kauf der Sache erfahren.

- o **Gegenteil – Albtraum**: Eine gute Anzeige zeigt ihnen auch die schlimmsten Probleme, Schmerzen usw. auf, die entstehen, wenn sie auf Ihre Lösung verzichten. Kurz gesagt: die schlimmen Dinge, die sie erleben werden wenn sie nicht kaufen.

- **Wahrgenommene Erfolgswahrscheinlichkeit**: Aufgrund früherer Misserfolge gehen wir davon aus, dass selbst beim Kauf das *Risiko* besteht, dass wir nicht das bekommen, was wir wollen. Verringern Sie das wahrgenommene Risiko, indem Sie vergangene Misserfolge minimieren oder wegerklären, den Erfolg von Menschen wie ihnen betonen, Autoritätszusicherungen und Garantien geben und ihnen zeigen, dass das, was Sie zu bieten haben, ihnen zumindest bessere Erfolgschancen bietet als das, was sie derzeit tun usw .

  - o **Gegenteil – Risiko**: Eine gute Anzeige zeigt ihnen auch, wie riskant es ist, *nicht* zu handeln. Wie wird ihr Leben aussehen, wenn sie so weitermachen wie bisher? Zeigen Sie, wie sie ihre vergangenen Fehler wiederholen und wie ihre Probleme immer größer *und* schlimmer werden ...

- **Zeitverzögerung**: Eine gute Anzeige zeigt den Interessenten auch, wie langsam ihre aktuelle Flugbahn ist oder dass sie mit der aktuellen Geschwindigkeit *nie* das bekommen werden, was sie wollen …

  - o **Gegenteil – Geschwindigkeit**: Um die Dinge zu bekommen, die wir wollen – wir wissen, dass wir Zeit aufwenden müssen, um sie zu bekommen. Eine gute Anzeige *zeigt* und *sagt*, wie viel schneller sie das bekommen, was sie wollen.

- **Aufwand und Aufopferung**: Eine gute Anzeige zeigt ihnen auch, wie viel Arbeit und Können sie benötigen, um das Ergebnis *ohne* Ihre Lösung zu erzielen. Und wie sie weiterhin gezwungen sein werden, die Dinge aufzugeben, die sie lieben, und weiterhin unter den Dingen zu leiden, die sie hassen. Oder schlimmer noch, dass sie jetzt hart arbeiten und eine Menge opfern … und … *nichts erreicht* haben. Mit anderen Worten: Sie verschwenden mehr Zeit und Geld mit dem, was sie derzeit tun, als wenn sie einfach unsere verdammte Lösung gekauft hätten!

  - o **Gegenteil – Leichtigkeit**: Um die Dinge zu bekommen, die wir wollen – wissen wir, dass wir *etwas* ändern müssen. Aber wir *gehen* dann *davon aus*, dass wir Dinge tun müssen, die wir hassen, und Dinge aufgeben müssen, die wir lieben. Und Leichtigkeit entsteht durch einen Mangel an erforderlicher *Arbeit* oder *Fähigkeiten*. Eine gute Anzeige widerlegt diese Annahme. Sie sagt und zeigt, wie Sie die Dinge vermeiden können, die Sie hassen, und mehr von den Dingen tun können, die Sie gerne tun, ohne hart zu arbeiten oder viel Geschick zu haben und *trotzdem* das Traumergebnis zu erzielen.

Das sind die 8 Schlüsselelemente. Jetzt verstehen wir das Was vollständig – wie wir die vier Wertelemente vermitteln und wie wir ihre vier Gegensätze vermeiden. Wir gehen nun zum nächsten W über – <u>Dem Wer.</u>

Wer: Menschen sind in erster Linie statusorientiert. Und der Status eines Menschen hängt davon ab, wie die anderen Menschen ihn behandeln. Wenn Ihr Produkt oder Ihre Dienstleistung also die Art und Weise verändert, wie andere Menschen Ihre Kunden behandeln, was in irgendeiner Weise der Fall ist, *lohnt es sich*, dies zu zeigen. Und wenn Sie aus der Perspektive einer anderen Person über die Wertelemente sprechen, zeigen Sie, wie sich dadurch der Status Ihres Kunden verbessern lässt. Deshalb möchten wir zwei Gruppen von Menschen skizzieren. Die erste Gruppe sind die Menschen, die an Status gewinnen, Ihre Kunden. Die zweite Gruppe sind die Menschen, die ihnen diesen Status geben: Ehepartner, Kinder, Eltern, Großfamilie, Kollegen, Vorgesetzte, Freunde, Rivalen, Konkurrenten usw.

Alle diese Perspektiven bieten uns unterschiedliche Möglichkeiten zu zeigen, wie sich der Status des Interessenten verbessern kann. Und – sie bieten uns *jede Menge* Bonusvorteile. Wenn Sie beispielsweise abnehmen, haben Ihre Kinder dann ein neues Vorbild? Entschließt sich Ihr Ehepartner nun auch, gesünder zu leben? Ist es wahrscheinlicher, dass Sie bei der Arbeit befördert werden? Die Wissenschaft sagt – ja. Macht Ihr Feind beim Abendessen nicht mehr diese kleinen Stiche?

Lassen Sie uns Geschäftsbeispiele durchgehen. Wenn ich sage, dass etwas risikofrei ist, möchte ich darlegen, dass ihr Ehepartner nicht wegen des Kaufs nörgeln wird, da kein Risiko besteht. Ich würde darüber sprechen, wie ihre Kinder bemerken würden, dass sie bei der Arbeit nicht mehr so gestresst oder abgelenkt sind. Wie ihre Konkurrenten bemerken, dass ihre eigenen Telefone nicht mehr so oft klingeln, weil all ihre Kunden zu Ihrem neuen Kunden strömen. Wie ihre Geschäftsinhaber-Freunde sagen: „Das Geschäft muss gut laufen", wenn sie mit ihrem neuen Auto am Golfplatz vorfahren. Sie kriegen eine Vorstellung. Dies sind alles zusätzliche Vorteile des Interessenten, den wir verpassen würden, wenn wir ihn *nur* aus seiner eigenen Perspektive betrachten würden.

Und wir können jede neue Wer-Perspektive auf jeden Werttreiber anwenden. Auf diese Weise erhalten Sie so viele verschiedene Geschichten, Beispiele, Blickwinkel usw., um die Vorteile zu beschreiben (mehr Zuckerbrot und weniger Peitsche).

Das führt mich zum dritten Glas des Was-Wer-Wann-Rahmens – <u>Dem Wann.</u>

Wann: Menschen denken oft nur daran, wie sich ihre Entscheidungen auf das Hier und Jetzt auswirken. Aber wenn wir besonders überzeugend sein wollen (und das wollen wir), sollten wir auch erklären, wozu ihre Entscheidungen in der Vergangenheit geführt haben und wozu ihre Entscheidungen in der Zukunft führen *könnten*. Wir tun dies, indem wir sie dazu auffordern, ihre eigene Zeitachse (Vergangenheit–Gegenwart–Zukunft) zu visualisieren. Auf diese Weise helfen wir ihnen, die Konsequenzen ihrer Entscheidung (oder Unentschlossenheit) *genau jetzt* zu erkennen.

Nehmen wir das Abnehmbeispiel von vorhin *aus deren Sicht*. Wir zeigten ihnen, wie sie als Kinder gehänselt wurden (Vergangenheit), wie sie Schwierigkeiten hatten, ihre Lieblingsjeans zuzuknöpfen (Gegenwart) oder wie sie *erneut* eine *weitere* Gürtelschlaufe hochklettern (Zukunft). Wie sieht dieser Albtraum für ihren Ehepartner aus? Für ihre Rivalen? Wie peinlich!

Denken Sie daran, dass wir denselben Zeitstrahl auch aus der Perspektive *einer anderen Person* betrachten können. Deren Kind fragt, warum andere Kinder sich über es lustig machen (weil es schlechte Essgewohnheiten gezeigt hat) (Vergangenheit), oder wie sich ihre Kinder jetzt darüber beschweren, dass die Väter der anderen Kinder an einem Training teilnehmen, während die entsprechende Person nichts dergleichen macht (Gegenwart), oder wie deren Arzt sagte, sie würde ihre Tochter bei deren Hochzeit möglicherweise nicht zum Traualtar begleiten (Zukunft). Hinweis: Das sind all die *schlechten Dinge*, die man vermeiden will. Unsere nächsten Ausfertigungselemente würden mit den guten Dingen kontrastieren, die (gegenwärtig und in Zukunft) passieren könnten, *wenn sie unser Produkt kaufen würden.*

Wir nutzen beides, um Gutes zu tun und Schlechtes wegzudenken, und kombinieren es dann mit der Vergangenheit, Gegenwart und Zukunft des Lebens des Interessenten, um *starke* Motivatoren in unserem Text zu schaffen.

Indem wir das Was, das Wer und das Wann zusammenfassen, beantworten wir die Frage, *WARUM* sie interessiert sein sollten.

Wenn ich mit der Sache mit der Gewichtsabnahme weitermache, könnte ich darüber sprechen, wie:

Ihr Ehepartner (WER) erkennt, wie schnell (WAS) er in der Zukunft (WANN) in „den Anzug passt, den Ihre Frau liebt, der jetzt nicht passt, aber in Zukunft passen wird". Oder wie ihre Kinder (WER) Monat für Monat (WANN) mehr Interesse daran entwickelten, sich gesund zu ernähren und beim Training mitzumachen (WAS). Oder wie sie (WER) in ein paar Monaten im Einkaufszentrum (WANN) einen Blick auf sich selbst in einem Spiegel werfen und feststellen: „In diesem Laden passt mir tatsächlich etwas" (WAS).

Profi-Tipp: Gestalten Sie Ihre Anzeigen So Spezifisch Wie Möglich, Aber Nicht Zu Spezifisch

Je spezifischer Ihre Ausfertigung, desto effizienter kann sie sein, wird aber tendenziell auch umso länger. Und wenn sie für die Plattform zu lang wird, sinkt die Effizienz. Gestalten Sie also die gesamte *Anzeige in ihrer Gesamtheit* so spezifisch wie möglich und nutzen Sie dabei den effizientesten Platz, der Ihnen zur Verfügung steht. Wenn Ihnen Audio- und Bildmaterial zur Verfügung steht, verwenden Sie *Kontrast, Ähnlichkeit* und die Szene selbst, um sie an Ihre <u>Ausfertigung anzupassen</u> – sie wird spezifischer, ohne länger zu werden. Und das macht Ihre Anzeige noch effizienter und profitabler.

Wenn wir kombinieren, dann:

- kombinieren wir alles, was wir können, um den potenziellen Kunden dazu zu bringen, sich den vier Werttreibern *zuzuwenden* und sie gleichzeitig von ihren Gegensätzen *wegzubringen*
- kombinieren wir die vielen Perspektiven, um ihnen zu zeigen, wie sie an Status gewinnen, *und*
- kombinieren wir die unterschiedlichen Zeitabschnitte für jede…

…Das ist der Grund, *warum* sie interessiert sein sollten. Und jetzt haben wir viele Möglichkeiten, ihr Interesse zu wecken! Und je mehr Aspekte wir abdecken, desto größer wird das Interesse der Teilnehmer.

Außerdem – weil Sie gefragt haben – besteht der einzige Unterschied zwischen langen und kurzen Anzeigen darin, wie viele Aspekte wir im Texterstellungsrahmen abdecken können. Längere Anzeigen verbrauchen mehr. Kürzere Anzeigen verbrauchen weniger. Fügen Sie also je nach Plattform etwas hinzu oder nehmen Sie etwas weg, aber behalten Sie die gleichen Ansprachen (die ersten paar Sekunden) und CTAs (was als Nächstes zu tun ist) bei.

Profi-Tipp: Lassen Sie sich grenzenlos inspirieren.

Viele Plattformen verfügen über eine Datenbank mit früheren und aktuellen Anzeigen. Wenn Sie ab sofort in einer Suchmaschine nach „[PLATFORM] Werbebibliothek" suchen, werden Sie sie mit wenigen Klicks finden. Wenn Sie eine Anzeige sehen, die über einen längeren Zeitraum (einen Monat oder länger) geschaltet wird, gehen Sie davon aus, dass sie profitabel ist. Machen Sie sich dann Notizen zu den verwendeten Ansprachen, zur Veranschaulichung der Wertelemente und zu ihren CTAs. Achten Sie auf <u>die Wörter, die sie verwenden</u>, *und* darauf, <u>wie sie diese demonstrieren</u>. Wenn Sie etwa fünfzig Anzeigen aufschlüsseln, haben Sie einen enormen Vorsprung selbst Gewinner zu ermitteln.

Aktionsschritte: Nutzen Sie mit dem Was-Wer-Wann-Rahmen so viele Werbeaspekte wie möglich für Ihr Angebot.

Was: Kennen Sie die acht wichtigsten Dinge über Ihr eigenes Produkt oder Ihre eigene Dienstleistung. Wie sie jedes Wertelement erfüllen und wie sie dabei helfen, ihre Gegenteile zu vermeiden.

Wer: Zeigen Sie, wie die acht Schlüsselaspekte Ihres Produkts oder Ihrer Dienstleistung den Status Ihres *potenziellen Kunden* verändern können. Zeigen Sie dann, wie *die Menschen, die sie kennen,* dem potenziellen Kunden Status verleihen, wenn er Ihr Produkt kauft, oder ihm den Status entziehen, wenn er dies nicht tut.

Wann: Bringen Sie den Interessenten dazu, die Konsequenzen des Kaufens und Nichtkaufens anhand seiner Vergangenheit, Gegenwart und Zukunft zu erkennen. Vor allem durch ihren Statuswechsel bei Menschen, die sie kennen. Auf diese Weise helfen wir ihnen, den Wert ihrer Entscheidung (oder Unentschlossenheit) in diesem Moment zu erkennen.

Anmerkung des Autors: Sie müssen kein Copywriting-Experte werden.

Das bin ich sicher nicht. Und wenn ich gedacht hätte, dass die Ausfertigung für die meisten das Limit darstellt, hätte ich mehr Zeit damit verbracht. Sicher, Weltklasse-Unternehmer verfügen über Fähigkeiten im Texten. Allerdings verfügen erstklassige Texter nicht unbedingt über unternehmerische Fähigkeiten. *Opfern Sie nicht das eine für das andere.* Wenn Sie Ihr Angebot anhand des Was-Wer-Wann-Rahmens klar erläutern, verfügen Sie über genügend Fähigkeiten, um die Erstellung einer Ausfertigung als Hemmnis für Ihr Wachstum zu beseitigen. Und das ist alles, was Sie tun müssen: gut genug werden, um zu wachsen. Denn wenn Sie die richtigen Leute anrufen und ein tolles Angebot haben, brauchen Sie von Anfang an kaum eine Ausfertigung. *Sie müssen Ihr Angebot nur erklären.* Werden Sie gut genug, um Ihre Anzeigen profitabel zu machen, skalieren Sie sie dann und sehen Sie, was als nächstes funktioniert.

Außerdem füge ich am Ende des Kapitels noch ein paar weitere Werbetipps und -tricks hinzu, die mir in den Lektionen gute Dienste geleistet haben. Aber selbst wenn Sie sie nie nutzen, brauchen Sie nur noch eines, um diese interessierten Leute in engagierte Leads zu verwandeln …

3) CTA – Sagen Sie Ihnen, Was Als Nächstes Zu Tun Ist

Wenn Ihre Anzeige das Interesse geweckt hat, wird Ihr Publikum eine enorme Motivation haben – für kurze Zeit. Nutzen sie das. <u>Sagen Sie ihm *genau*</u>, was als nächstes zu tun ist. B-U-C-H-S-T-A-B-I-E-R-E-N sie es: Klicken Sie auf diese Schaltfläche. Rufen Sie diese Nummer an. Antworten Sie mit „JA". Gehen Sie auf diese Website. Scannen Sie diesen QR-Code (zwinkern). So viele Anzeigen tun dies *immer* noch nicht. Ihr Publikum kann nur wissen, was zu tun ist, wenn Sie es ihm sagen.

Erstellen Sie CTAs schnell und einfach. Einfache Telefonnummern, offensichtliche Schaltflächen, einfache Websites. Ein üblicher CTA besteht beispielsweise darin, das Publikum auf eine Website zu leiten. Machen Sie Ihre Webadresse also kurz und einprägsam:

Statt… alexsprivateequityfirm.com/free-book-and-course2782

Benutzen sie.. acquisition.com/training

Hinweis: Dies stammt von einem Mann, der 370.000 US-Dollar für eine Einzelwort-Domain Acquisition.com ausgegeben hat. Vielleicht überbewerte ich einfache Domains, aber ich glaube nicht, dass das der Fall ist. Ich denke, alle anderen unterschätzen sie. Nur meine Meinung.

Alex Hormozi ✔
@AlexHormozi

Gehen Sie davon aus, dass die Öffentlichkeit keine Ahnung hat, wer Sie sind, was Sie tun oder wie es funktioniert, dass sie es eilig haben und dass sie eine Ausbildung auf Drittklässler Niveau haben.

Über diese Grundlagen hinaus, die die meisten immer noch vergessen, können Sie auch alle Taktiken wie Dringlichkeit, Knappheit und Boni aus „Schritt 7" im Kapitel „Engagement Ihrer Leads" nutzen, um noch stärkere CTAs zu erstellen. Sie gelten hier und überall sonst, wo Sie Ihrem Publikum sagen, dass es etwas tun soll.

So können wir jetzt eine Plattform auswählen, auf der wir werben möchten, die Leute anvisieren, denen wir unsere Anzeigen zeigen möchten, die Anzeigen erstellen, die sie dann sehen, und ihnen sagen, was sie als Nächstes zu tun haben. Jetzt müssen wir nur noch ihre Kontaktinformationen erhalten.

Schritt Nr. 4 "Wie erhalte ich ihre Informationen?" → Holen Sie Sich Die Erlaubnis, Sie Zu Kontaktieren

Nachdem sie die Aktion ausgeführt haben – Holen. Sie. Sich. Ihre. Kontakt. Information. Am liebsten erhalte ich Kontaktinformationen über eine einfache Zielseite (Landingpage). Denken Sie nicht zu viel darüber nach. Je einfacher Ihre Zielseite ist, desto einfacher ist sie zu testen. Konzentrieren Sie sich auf die Worte und das Bild. Hier sind meine drei Lieblingsvorlagen. Wählen Sie eine aus und beginnen Sie mit dem Testen.

ZIELSEITEN

GRUNDRISS #1

GRUNDRISS #2

GRUNDRISS #3

Und passen Sie Ihre Zielseiten an Ihre Anzeigen an. Die Leute klicken auf eine Anzeige, weil Sie ihnen einen Nutzen versprochen haben. Übertragen Sie also das gleiche Erscheinungsbild und die gleiche Sprache auf Ihre Zielseite. Stellen Sie sicher, dass Sie auch halten, was Sie in Ihrer Anzeige versprochen haben. Das klingt einfach, aber viele Leute vergessen es und verschwenden Geld, bis sie sich daran erinnern. Sie möchten nicht mit einem Frankenstein-Erlebnis enden, bei dem alles anders aussieht. Sie möchten ein kontinuierliches Erlebnis vom „Klicken zum Schließen".

Gewinnen Sie mehr Menschen durch mehr Schritte. In Robert Cialdinis bahnbrechendem Werk „Influence"(„Einluss") zeigt er, dass Menschen sich gerne für konsequent halten. Wenn Sie sie also an die Aktion erinnern, die sie gerade ergriffen haben (CTA), und zeigen, wie die Durchführung der nächsten Aktion damit übereinstimmt, werden Sie mehr Leute dazu bringen, die zweite Aktion auszuführen (Kontaktinformationen). Zum Beispiel: „Nachdem Sie gerade A gemacht haben, müssen Sie B machen, um das Beste aus A herauszuholen." *Oder* „Wenn Sie A machen, sind Sie ein Typ, der A macht. Und ein Typ der A macht, macht auch B."

Um es klarzustellen: Wir verkaufen nichts. Wir fragen, ob sie an den von uns verkauften Produkten interessiert sind. Und wenn sie Interesse haben, bieten sie uns die Möglichkeit, ihnen mehr darüber zu erzählen. Und wenn sie das tun, werden sie zu engagierten Leads. Umwerben Sie sie!

Aktionsschritt: Erstellen Sie Ihre erste Zielseite (Landingpage). Ich habe vier Jahre damit verschwendet, weil ich zu viel Angst hatte, eine Zielseitezu erstellen. Als ich es endlich versuchte, war ich vor ziemlich schnell fertig. Heutzutage gibt es unzählige „Drag-and-Drop"-Tools, mit denen Sie Websites in wenigen Minuten erstellen können. Und wenn Sie immer noch Bedenken haben: Freiberufler erstellen kostengünstig eine Website, wahrscheinlich mit denselben Drag-and-Drop-Tools. Also erledigen Sie es einfach.

→ **Jetzt haben Sie Leads aus bezahlten Anzeigen gewonnen!** Hurra! Wir haben es geschafft!

Bezahlte Anzeigen Schalten Teil I Fazit

Was *muss* passieren, damit Werbung funktioniert? Nun, wir müssen unsere Anzeige den richtigen Leuten zeigen. Deshalb wählen wir die richtige Plattform aus und sprechen die Personen innerhalb dieser Plattform an, die den höchsten Prozentsatz unseres Publikums ausmachen. Sobald wir das tun, müssen wir dafür sorgen, dass sie auf unsere Anzeige aufmerksam werden. Sobald sie sie bemerken, müssen sie sie konsumieren, um einen Grund zu bekommen, sofort und nicht später zu handeln. Das machen wir mit der Wertgleichung. Und demonstrieren Sie dies in der Vergangenheit, Gegenwart und Zukunft, aus ihrer Perspektive und der Perspektive der Menschen, die sie kennen. Und sobald die Leute einen Grund haben, zu handeln, müssen sie eine Möglichkeit haben, uns die Erlaubnis zu erteilen, mit ihnen Kontakt aufzunehmen. *Diese Aktion macht sie zu einem engagierten Lead.* Und da diese Dinge passieren müssen, werden sie langsam aber sicher zu den drei Kernelementen jeder von mir erstellten Anzeige:

1) Ansprachen (damit sie es bemerken)

2) Wertelemente (um ihnen einen Grund zu geben, etwas zu tun)

3) Handlungsaufforderungen (um ihnen eine Möglichkeit zu geben, dies zu tun)

Jetzt… bleibt nur noch eine Frage… Wie effizient sind wir? Reden wir über Geldangelegenheiten.

Nr. 4 Bezahlte Anzeigen Schalten
Teil II: Geldangelegenheiten

„Ich versuche nur, einen Dollar zu kaufen und ihn für zwei zu verkaufen"
— *Proposition Joe, The Wire*

Wir konzentrieren uns in diesem und im letzten Kapitel auf die Effizienz bezahlter Anzeigen, *da Effizienz wichtiger ist als Kreativität.* Alle Werbung funktioniert. Der einzige Unterschied zwischen den Anzeigen besteht darin, wie *gut* sie funktionieren. Vielleicht werden die Leute verrückt danach, bezahlte Anzeigen zu erstellen, weil sie Wörter wie „Ausfertigung", „kreativ" und „Medien" verwenden, und konzentrieren sich dann übermäßig darauf, all das Zeug „perfekt" zu machen (als ob Sie es könnten). Sie arbeiten dann Tag und Nacht daran … bis Sie schwarz werden! Die Realität ist, dass es bei bezahlten Anzeigen, eigentlich bei jeder Werbung, *vor allem um die Rendite Ihrer Investition geht.* Und bei bezahlten Anzeigen ist es eigentlich auch logisch, da Sie X Dollar investieren, damit die Leute die Anzeige sehen, und Y Dollar rausbekommen, wenn sie Ihre Sachen kaufen. Wenn Sie also eine 100-Millionen-Dollar-Leads-Maschine wollen, müssen Sie sie nur „gut genug" erstellen, um skaliert zu werden. Warum? Weil gut genug, gut genug ist.

Da Effizienz am wichtigsten ist, möchten wir so effizient wie möglich sein, damit wir so weit wie möglich skalieren können. So bekommen wir so viele Leads, wie unser kleines Herz begehrt.

Allerdings gibt es bei der Skalierung bezahlter Anzeigen so viele Nuancen, dass es für mich sinnvoller erschien, sie in ein eigenes Kapitel zu unterteilen. In diesem Kapitel werden vier wichtige Fragen zu Anzeigen, wie ich sie verstehe, beantwortet:

- Wie viel gebe ich aus? →Drei Phasen der Skalierung von Anzeigen
- Woher weiß ich, ob ich es gut mache? →Kosten und Maßstäbe (Benchmarks)
- Wie kann ich das Problem beheben, wenn meine Anzeigen nicht profitabel sind? →Kundenfinanzierte Akquisition.
- Was hätte ich gerne gewusst, bevor ich meine erste bezahlte Anzeige geschaltet habe? →Lektionen

„Aber wieviel gebe ich für bezahlte Anzeigen aus?" →Die Drei Phasen Der Skalierung Bezahlter Anzeigen

Meiner Meinung nach gibt es drei Phasen, um Geld für Werbung auszugeben.

Phase eins: Geld aufspüren,

Phase zwei: Geld verlieren,

Phase drei: Geld drucken

Lassen Sie uns sie gemeinsam aufschlüsseln.

Phase eins: *Geld verfolgen (tracking)*. Bevor Sie einen Dollar für Anzeigen ausgeben, richten Sie alles so ein, dass Sie Ihre Erträge genau verfolgen können. Wenn Sie sie nicht verfolgen, werden Sie ausgenommen. Es wäre so, als würden Sie in ein Casino gehen und Ihr Lieblingsspiel so lange spielen, wie Sie Lust dazu haben, und nicht so lange, wie Sie es sich leisten können. Aber wenn Sie Ihr Geld verfolgen, können Sie mehr Dinge tun, mit denen Sie Geld verdienen, und weniger Dinge tun, mit denen Sie kein Geld verdienen. Es manipuliert das Spiel zu Ihren Gunsten. Holen Sie sich also einen Berater, schauen Sie sich Tutorials an und lassen Sie alles gut einrichten. Ende der Geschichte. Sobald Sie die Spur des Geldes haben, können Sie anfangen, wie ein Profi Geld zu verlieren (Augenzwinkern).

Phase Zwei: *Geld verlieren* (halber Scherz). Ich nenne es lieber „Investition in eine Gelddruckmaschine". Wenn Sie bezahlte Anzeigen schalten, zahlen Sie schließlich zuerst. Ihr Bankkonto muss also erst sinken, bevor es wieder hochkommt.

Ich betone das, weil ich Sie lieber darauf vorbereiten möchte: *Sie werden Geld verlieren*. Tatsächlich habe ich mit der Schaltung bezahlter Anzeigen *öfter* Geld verloren, als ich Geld verdient habe. Aber jedes Mal, wenn ich mit bezahlten Anzeigen Geld verdiene, bekomme ich alles zurück, was ich verloren habe, *und noch viel mehr*. Die Häufigkeit, mit der ich verliere, ist also hoch, aber die Menge, die ich verliere, ist gering, weil ich weiß, wann ich damit aufhören muss. Und die Häufigkeit meiner Gewinne ist gering, aber die Gewinnsumme ist sehr hoch, weil ich weiß, wann ich Gas geben muss. Stellen Sie sich das also so vor.

Stellen Sie sich vor, ich gäbe 100 US-Dollar für zehn Anzeigen aus – insgesamt 1.000 US-Dollar. Neun von ihnen verlieren 100 Dollar. Dann erhält eine von ihnen 500 $ für die 100 $ zurück, die ich ausgegeben habe. Ich bin immer noch um 500 $ im Minus. Viele Leute hören hier auf, weil sie einen Verlust von 500 Dollar sehen. Aber nicht wir. Wir sehen einen Gewinner. Also, jetzt schnallen wir uns an und sahnen richtig ab. Wir geben 10.000 US-Dollar für die Gewinneranzeige aus und erhalten 50.000 US-Dollar zurück.

Hinweis: Ich habe immer noch *neun Mal* verloren, aber das eine Mal, als ich gewonnen habe, habe ich groß gewonnen. Und das ist wichtig, denn Sie könnten neun oder neunundneunzig Mal hintereinander verlieren, bevor Sie groß gewinnen. Aber um groß zu gewinnen, muss man die Gewinner sehen und sie *verdoppeln, verdreifachen, vervierfachen oder verzehnfachen*. Aus diesem Grund ähnelt bezahlte Werbung einem Casino. Am Anfang wird man oft verlieren, wenn man das Spiel nicht erlernt. Aber – mit genügend Geschick – werden Sie schließlich zum Casino selbst. Dennoch können Sie in dieser „Geld verlieren"-Phase immer noch klug vorgehen. So mache ich es.

Beim Testen neuer Anzeigen plane ich das Doppelte des Geldes ein, das ich in dreißig Tagen von einem Kunden erhalte (nicht LTGP). Ich habe eine Menge Geld damit verschwendet, Anzeigen zu lange laufen zu lassen, bevor mir klar wurde, dass sie Mist waren. Aber auf der anderen Seite habe ich noch mehr Geld verloren, weil ich auf Anzeigen verzichtet habe, bevor ich ihnen eine Chance gegeben habe. Schließlich fand ich den richtigen Punkt, indem ich das Zweifache des Geldes, das ich in den ersten dreißig Tagen von einem neuen Kunden eingenommen hatte, für den Test einer neuen Anzeige einsetzte. Wenn ich zum Beispiel weiß, dass ich mit einem Kunden in den ersten dreißig Tagen einen Gewinn von 100 US-Dollar verdiene, gebe ich für eine Anzeige 200 $ aus, bevor ich sie abschalte (solange ich Leads erhalte). Wenn ich durch eine Anzeige überhaupt keine Leads erhalte, schalte ich sie ab, bevor ich 1x ein 30-Tage-Netto ausgebe (im Beispiel 100 $).

Der Bau einer Werbemaschine kostet Geld. Ich habe mit einem Unternehmen zusammengearbeitet, das ein Jahr brauchte, um bezahlte Anzeigen profitabel zu machen. Es war hart. Aber andere Unternehmen in der gleichen Branche schalteten profitable Anzeigen, was bedeutete, *dass wir das auch konnten.* Sobald sie profitabel waren, machten sie das „verschwendete" Geld des Jahres im *nächsten Monat* wieder wett. Der Bau einer Werbemaschine kostet Geld … und das ist *normal.* Stellen Sie einfach sicher, dass Sie die Renditen über einen langen Zeithorizont messen, nicht nächste Woche. Können Sie sich etwas Wertvolleres vorstellen als eine Maschine, die Geld druckt? Es wäre unvernünftig, wenn es billig (oder einfach) wäre. Sobald Sie anfangen, mehr Geld zu verdienen, als es Sie kostet, befinden Sie sich in Phase drei.

Phase drei: *Geld drucken.* Wenn Sie mehr Geld zurückverdienen, als Sie ausgeben –ist die Antwort einfach: *Geben Sie so viel aus, wie Sie können.* Wenn Sie schließlich eine magische Maschine hätten, die Ihnen 10 Dollar für jeden Dollar einbringt, den Sie hineinstecken, wie hoch wäre dann Ihr Budget? Genau. Das ganze Geld. Aber realistischerweise gibt es in Ihrem Unternehmen wahrscheinlich noch andere Einschränkungen, die Sie daran hindern, unbegrenzt viele Kunden zu gewinnen. So skaliere ich also mein Budget.

Anstatt zu fragen: „Wie viel Geld soll ich für eine Anzeige ausgeben?" frage ich: „Wie viele Kunden möchte ich?" oder „Wie viele Kunden kann ich betreuen?" Sobald die Anzeigen also die Gewinnschwelle erreichen oder besser sind, kehre ich mein Budget von meinen Verkaufszielen um. Wenn ich nächsten Monat nur 100 Kunden betreuen kann und es mich 100 US-Dollar kostet, Kunden zu gewinnen, müsste ich 10.000 US-Dollar ausgeben, um sie zu gewinnen (100 x100 $). Da Anzeigen jedoch mit zunehmender Skalierung weniger effizient sind, erhöhe ich das Budget normalerweise um zwanzig Prozent. Das bedeutet also 12.000 US-Dollar über einen Zeitraum von 30 Tagen oder 400 US-Dollar pro Tag an Werbeausgaben. Ich kehre mein tägliches Werbebudget von meinem Lead-Gewinnungsziel um. Dann *gehe ich ins Vertrauen.* Wenn Ihnen die Zahl Angst macht, dann machen Sie es richtig. Vertrauen Sie den Daten. So skalieren Sie. Und deshalb tun es die meisten Menschen nie.

„Wie gut mache ich es?" - Kosten & Erträge – Effizienz-Benchmarks

Effiziente bezahlte Anzeigen bringen mehr Geld ein, als sie kosten. Wenn das schmerzlich offensichtlich klingt, gut. Sie haben die meisten Leute bereits besiegt. Ich messe die Effizienz bezahlter Werbung, indem ich den Langzeit-Bruttogewinn eines Kunden (LTGP) mit den Kosten für die Kundenakquise (CAC) vergleiche. Ich drücke dieses Verhältnis als LTGP zu CAC aus.

Ich messe LTGP statt „Langzeitwert" oder „LTV" („Lifetime Value")

Der langfristige Bruttogewinn ist das gesamte Geld, das ein Kunde jemals für Ihre Produkte ausgibt, abzüglich des gesamten Geldes, das für die Lieferung dieser Produkte aufgewendet wird. Wenn ein Kunde beispielsweise etwas für 15 US-Dollar kauft und die Lieferung 5 US-Dollar kostet, beträgt Ihr Bruttogewinn 10 US-Dollar. Wenn dieser Kunde also im Laufe seines Lebens zehn Dinge kauft, dann hat er insgesamt für 150 $ gekauft. Aber die Lieferung dieser Sachen hat Sie insgesamt 50 US-Dollar gekostet. Das ergibt einen Langzeit- Bruttogewinn von 100 US-Dollar.

Der Bruttogewinn ist im Allgemeinen wichtig, da es sich um das tatsächliche Geld handelt, das Sie zur Kundenakquise, zur Zahlung der Miete, zur Deckung der Lohn- und Gehaltsabrechnung und… für alles andere zur Führung Ihres Unternehmens verwenden.

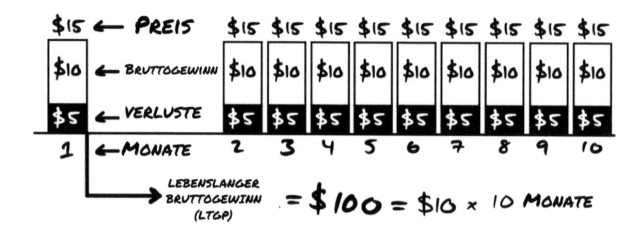

Wenn Sie mich also jemals sagen hören: „Ich bekomme hier 3 zu 1", beziehe ich mich auf mein LTGP-zu-CAC-Verhältnis. Ich vergleiche, wie viel ich verdient habe und wie viel ich ausgegeben habe. Wenn also der LTGP größer als die CAC ist, haben Sie profitable Werbung. Wenn er niedriger als die CAC ist, verlieren Sie Geld.

Was ist ein gutes Verhältnis von LTGP *zu* CAC? Jedes Unternehmen, in das ich investiere und das Schwierigkeiten hat, zu skalieren, hat mindestens eines gemeinsam: Ihr LTGP-zu-CAC-Verhältnis lag *unter* 3 zu 1. Sobald ich es über 3 zu 1 erreiche (entweder durch Senkung der CAC oder Erhöhung des LTGP), werden sie abheben. *Dies ist ein Muster, das ich persönlich beobachtet habe, keine Regel.*

$$LTGP > CAC = \$+ \ \ \ \odot$$

$$LTGP < CAC = \$- \ \ \ \odot$$

$$\frac{LTGP}{CAC} > 3 \ \ \ \odot$$

Sie haben zwei große Hebel zur Verbesserung von LTGP:CAC:

- Senken Sie die CAC– Gewinnen Sie günstigere Kunden. Wir tun dies mit effizienteren Anzeigen, indem wir die gerade beschriebenen Schritte befolgen.

- Erhöhen Sie den LTGP– Erhöhen Sie Ihren Verdienst pro Kunde. Wir tun dies mit einem besseren Geschäftsmodell.

Für maximales Geld... *mache ich am liebsten beides.*

Wenn Sie beispielsweise eine Milliarde Dollar pro Kunde verdienen würden, könnten Sie neunhundertneunundneunzig Millionen Dollar ausgeben, um einen Kunden zu gewinnen, und hätten *immer* noch eine Million Dollar übrig. Sie könnten so ziemlich alles ausgeben, was nötig ist, um einen Kunden zu gewinnen. Ganz gleich, wie schlecht Ihre Anzeigen sind – Sie würden wahrscheinlich trotzdem gewinnen. Andererseits: Wenn Sie einen Cent pro Kunde verdienen würden, müssten Sie jeden Kunden für *weniger als einen Penny* gewinnen, damit es funktioniert. Selbst mit der besten Werbung würden Sie scheitern.

Ich spreche das an, weil wir jeden Monat mit Hunderten von Unternehmern sprechen. Sie denken oft, dass sie schlechte Anzeigen haben (hohe CAC), obwohl sie in Wirklichkeit ein schlechtes Geschäftsmodell haben (niedriger LTGP). Hier ist ein Befund, der Sie wahrscheinlich genauso überraschen wird wie mich. Die Kosten für die Kundenakquise zwischen Wettbewerbern derselben Branche liegen <u>viel näher beieinander als man denken würde</u>. Der Unterschied zwischen den Gewinnern und den Verlierern besteht darin, *wie viel sie an jedem Kunden verdienen.*

Woher wissen Sie also, ob Ihre Anzeigen oder Ihr Geschäftsmodell überarbeitet werden müssen? Ich orientiere mich an den durchschnittlichen CAC der Branche. Informieren Sie sich über die durchschnittlichen Kosten für die Kundenakquise in Ihrer Branche. Wenn Ihre CAC unter dem Dreifachen Ihres Branchendurchschnitts liegen (gut), *konzentrieren Sie sich auf Ihr Geschäftsmodell* (LTGP). Wenn Ihre CAC über dem Dreifachen des Durchschnitts liegen (schlecht), *konzentrieren Sie sich auf Ihre Werbung* (CAC).

Die Dinge können nur so günstig werden. Irgendwann muss man einfach mehr machen. Stellen Sie sich das so vor: Die Kosten für die Akquise eines Kunden um 100 US-Dollar zu senken, wird letztendlich mehr Arbeit kosten, als 100 US-Dollar zusätzlich durch den Kunden zu verdienen. Sobald Ihre Kosten niedrig genug sind, konzentrieren Sie sich auf Ihr Geschäftsmodell. Die Kosten können sich nur Null nähern, aber Ihr Verdienst kann bis ins Unendliche steigen. Die Steigerung der Werbeeffizienz über einen bestimmten Punkt hinaus ist wie der Versuch, sich „den Weg" zu einer Milliarde Dollar zu „sichern". Sie haben das Gefühl, dass Sie Fortschritte machen, aber Sie werden nie dorthin gelangen.

„Meine Anzeigen sind nicht profitabel, wie kann ich das beheben?"
→ Kundenfinanzierte Akquisition

Für viele Unternehmen ist der LTGP größer als die CAC. Juchuh!. Aber *nicht nach dem ersten Kauf.* Buh. Der Gewinn aus dem *ersten Einkauf* des Kunden ist oft geringer als die Anschaffungskosten. Es kann viele Monate dauern, bis der vollständige LTGP eingenommen ist. So erhalten Sie Ihr Geld später statt jetzt. Dieses Cashflow-Problem beeinträchtigt Ihre Fähigkeit, Anzeigen zu skalieren und mehr Kunden zu gewinnen. Nochmal Buh.

Aber... wenn Ihr Kunde in den ersten 30 Tagen mehr ausgibt, als es Sie kostet, ihn zu erreichen <u>und</u> ihn zufriedenzustellen, dann haben Sie die Mittel, um *jetzt* und *für immer* zu skalieren. Ich nenne das eine **kundenfinanzierte Akquisition.**

Ich wähle dreißig Tage, weil jedes Unternehmen dreißig Tage lang zinsloses Geld in Form einer Kreditkarte erhalten kann. Und wenn wir in den ersten dreißig Tagen mehr als die Kosten für die Gewinnung und Befriedigung des Kunden erwirtschaften, gleichen wir unsere Bilanz aus. Jetzt haben wir keine Schulden mehr und einen neuen Kunden, von dem wir für immer profitieren können. Dann wiederholen wir den Vorgang. Geld ist nicht länger Ihr Engpass. Dies ist der Schlüssel zur grenzenlosen Skalierbarkeit. *Ich wiederhole das gleiche Bild oben, damit Sie sich darauf beziehen können.*

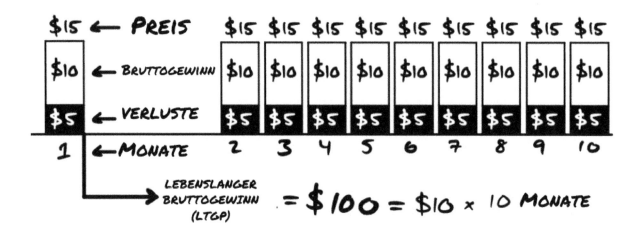

Sehen wir uns die kundenfinanzierte Akquisition in Aktion an:

- Angenommen, wir hätten eine Mitgliedschaft von 15 $ pro Monat, deren Lieferung uns 5 $ kostet. Damit bleibt uns ein Bruttogewinn von 10 $ übrig.

    (15 $ Mitgliedschaft) – (5 $ Kosten) = 10 $ Bruttogewinn pro Monat

- Nehmen wir an, unser durchschnittliches Mitglied bliebe zehn Monate. Das ergäbt einen Lebenszeitbruttogewinn von 100 US-Dollar.

    (10 $ Bruttogewinn pro Monat) x (10 Monate) = 100 $ LTGP

- Wenn die Kosten für die Gewinnung eines Kunden 30 $ (CAC = 30 $) betragen, haben wir ein LTGP : CAC- Verhältnis von 3.3:1.

    (100 $ LTGP) / (30 $ CAC) = 3.3 LTGP / 1 CAC → 3.3:1 Unsere Anzeigen bringen Geld ein. Hurra.

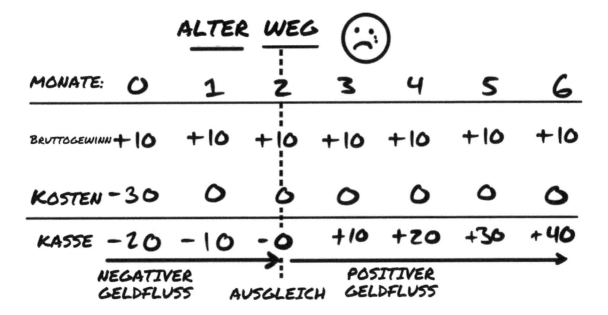

Aber warten Sie … es gibt ein Problem. Sie haben 30 $ für Anzeigen ausgegeben und nur 10 $ zurückbekommen. Zehn Dollar fließen ein, einen Monat nach dem anderen, bis Sie schließlich die Gewinnschwelle erreichen … zwei. Monate. später. Das ist schwer! Machen Sie keinen Fehler, Sie sollten diesen Handel zu 100% abschließen. Aber jetzt haben wir ein *Cashflow*-Problem.

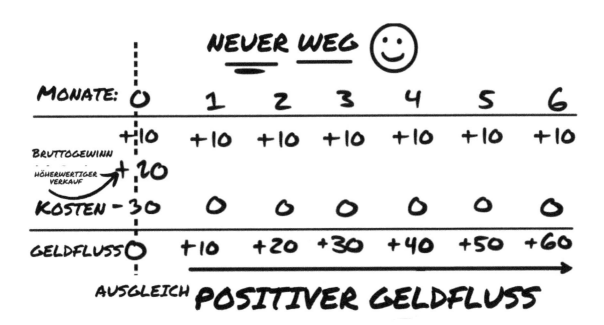

So behebe ich das Problem - *Ich verkaufe ihnen sofort mehr Sachen*

- Wenn ich ein Upselling im Wert von 100 $ (mit 100 % Marge) anbiete, nimmt es jeder fünfte Neukunde an. Das erhöht den Bruttogewinn pro Kunde um 20 US-Dollar.

  (100 $ Upselling) /(5 Kunden) = 20 $ durchschnittlicher Upselling-Dollar pro Kunde.

- Dadurch steigen wir in den ersten dreißig Tagen (unser Break-Even-Fenster) von 10 auf 30 US-Dollar. Der erste Kauf kostet 10 $. Aber jetzt *bringt das durchschnittliche Upselling 20 $ ein.*

  10 $ + 20 $ = 30 $ Bruttogewinn pro Kunde in weniger als 30 Tagen.

- Und da der Erwerb 30 $ kostet, erreichen wir die Gewinnschwelle. Großartig!

  30 $ CAC – 30 $ Bargeld in 30 Tagen eingenommen = Kostenlose Kunden!

Alle weiteren 10 US-Dollar im Monat, die danach eingehen, sind „Sahnehäubchen". Jetzt kann ich einen weiteren Kunden gewinnen, während ich in den nächsten neun Monaten weiterhin diesen 10-Dollar-Gewinn pro Monat sammle. So drucken Sie Geld. Die Dinge, die Sie verkaufen oder weiterverkaufen können, sind unbegrenzt.

Wenn ich in den ersten dreißig Tagen die Kosten für die Gewinnung und Befriedigung eines Kunden decken kann, kann ich meine Kreditkarte ausgleichen und es dann noch einmal so machen. Auf diese Weise habe ich jedes Unternehmen, das ich in den letzten sieben Jahren gegründet habe, in den ersten zwölf Monaten auf über 1 Mio. USD/Monat gebracht – ohne externe Finanzierung. Ohne Effizienz ist die Kreativität Ihre einzige Grenze.

Fazit: Bringen Sie Ihre Kunden dazu, Sie innerhalb der ersten dreißig Tage zu bezahlen, damit Sie Ihr Geld wiederverwenden können, um mehr Kunden zu gewinnen.

Persönliche Lektionen aus Bezahlten Anzeigen

1) **Verwechseln Sie Verkaufsprobleme Nicht Mit Werbeproblemen**. Die Kosten, um Kunden zu gewinnen, entstehen nicht nur durch Werbung (meistens schon). Ein Unternehmen, in das ich investiert habe, hat beispielsweise zwölf Wochen und 150.000 US-Dollar für die Schaltung bezahlter Anzeigen aufgewendet. Am Telefon bekamen sie die richtigen Leads, aber diese kauften nicht. Der Eigentümer sagte, die Werbung habe nicht funktioniert. Aber die Anzeigen funktionierten gut, sogar großartig, nur ihre Verkäufe waren miserabel. Der Eigentümer schlug die Hände über dem Kopf zusammen und gab auf … sechs Zoll vom Gold entfernt. Frustrierend. Die Verwechslung eines Werbeproblems mit einem Verkaufsproblem kostete ihn schätzungsweise etwa 30 Millionen US-Dollar an Unternehmenswert. Wenn Ihre engagierten Leads das Problem haben, das Sie lösen, und auch das nötige Geld haben, aber nicht kaufen, funktionieren Ihre Anzeigen einwandfrei – Sie haben ein Verkaufsproblem.

2) **Mit Ihren Besten Kostenlosen Inhalten Können Sie die Bestbezahlte Werbung Erzielen**. Einige der besten bezahlten Anzeigen, die ich je geschaltet habe, stammten aus kostenlosen Inhalten. Wenn Sie einen kostenlosen Inhalt erstellen, der Verkäufe generiert oder sehr gut funktioniert, ist dies in neun von zehn Fällen eine großartige bezahlte Anzeige.

   a) **Benutzergenerierte Inhalte (UGC).** Wenn Sie Ihre Kunden dazu bringen können, Erfahrungsberichte oder Bewertungen zu Ihrem Produkt zu erstellen, veröffentlichen Sie diese. Auch wenn diese als kostenlose Inhalte gut funktionieren, geben sie oft auch Killerphrasen ab. Ein System zur Förderung dieser öffentlichen Posts von Kunden zu haben, ist für mich die beste Möglichkeit, einen stetigen Strom potenzieller Anzeigen zu erhalten. Und – das Beste daran ist – es ist keine zusätzliche Arbeit.

3) **Wenn Sie Sagen, Dass Sie In Etwas Mieß Sind, Werden Sie Wahrscheinlich Mieß Darin Sein.** Sagen Sie niemals „Ich bin kein Technikfan" oder „Ich hasse Technikkram." Es macht Sie einfach ärmer, als Sie sein sollten. Ich habe es... Moment eben... VIER JAHRE lang gesagt. Dann bin ich eines Tages durchgedreht, weil ich meinen Website-Designer mehr hasste als die Technik selbst. „Wenn dieser Idiot es kann, kann ich es auch." Vier Jahre Zeitverschwendung und verlorenes Geld wurden durch vier Stunden konzentrierter Anstrengung wieder rückgängig gemacht.

Sie Sind Dran

Ich kann Ihnen zeigen, wie Sie in zwanzig Minuten eine Anzeige schalten. Es wird Sie 100 $ kosten. Lohnt es sich? Ich hoffe es. Es ist eine wichtige Fähigkeit. Sie werden damit kein Geld verdienen, aber Sie werden eine Lektion lernen, die weit mehr als hundert Dollar wert ist - *Das Schalten von Anzeigen ist einfacher, als Sie denken.* Tatsächlich geben Plattformen Millionen aus, um es so einfach wie möglich zu halten (damit sie mehr Geld verdienen können). Hier ist alles, was Sie tun müssen:

Suchen Sie nach „SO PLATZIEREN SIE EINE [PLATTFORM]-ANZEIGE." Dann platzieren Sie eine für 100 $. Gehen Sie nicht erst bis zum Ende durch und lassen es dann doch sein. Geben Sie verdammt viel Geld aus. Kein Scherz. Sobald Sie dies tun, sind Sie kein Beobachter mehr, <u>sondern im Spiel.</u>

Sobald Sie alle Teile zusammengefügt haben, ist es Zeit, sie zu versenden. Geben Sie Geld aus. Beginnen Sie mit einem akzeptablen Geldbetrag, den Sie jeden Monat verlieren möchten. Erwarten Sie, ihn zu verlieren. Sie werden nicht verdienen, Sie werden lernen.

Wenn Sie sich an unsere Werbecheckliste erinnern, müssen Sie jede Zeile auswählen, um Ihre Aktionskarte auszufüllen. Damit beginnt Ihre Reise mit bezahlten Anzeigen, um engagiertere Leads zu gewinnen. <u>Beispiel-Checkliste für Bezahlte Anzeigen:</u>

Tägliche Checklicste der bezahlten Anzeigen	
Wer:	Sie selbst
Was:	Ihr Angebot
Wo:	Jede Plattform /Zielgruppe für die Sie Zugang erwerben können
An Wen:	Zielgruppe oder ähnliche Gruppe
Wann:	Jeden Tag, 7 Tage die Woche
Warum:	Engagierte Leads anzuwerben
Wie:	Ansprachen + 3 Ws + CTA
Wie oft:	Ein Budget erstellen und es dann in ein Verkaufsziel investieren
Wieviel:	30 Ansprachen x 10 Anzeigen
Wie lange:	So lange wie es benötigt

Bezahlte Anzeigen Schalten Teil II Schlussfolgerung

Bezahlte Anzeigen sind der schnellste Weg, die Anzahl der gewonnenen Leads zu steigern. Wir haben den Löwenanteil dieses Kapitels damit verbracht, über Effizienz zu sprechen. Denn sobald Sie verstehen, wie man mit Anzeigen wirklich Geld verdient, wird es viel einfacher, zu gewinnen. Ich war mit bezahlten Anzeigen sehr erfolgreich, aber das lag nicht daran, dass ich am kreativsten war oder den besten Text hatte. Es lag daran, dass ich die Zahlen kannte. Befolgen Sie daher die beschriebenen Schritte.

Ich empfehle aus zwei Gründen, bezahlte Anzeigen zuletzt zu schalten. Erstens werden die Fähigkciten dcr anderen drei Methoden auf diese übertragen. Und zweitens kosten bezahlte Anzeigen Geld. Sie werden Geld haben, wenn Sie zuerst mit den anderen drei Methoden beginnen. Erlernen Sie also die Fähigkeiten und verdienen Sie Geld mit den anderen drei Methoden, damit Sie bei dieser Methode die kürzeste Lernkurve haben.

Und wenn wir das alles haben, skalieren wir es. Wir gehen davon aus, dass wir öfter verlieren als gewinnen. Und wenn wir erst einmal gewonnen haben, können wir es verdammt noch mal schaffen. Und so machen wir es.

Bezahlte Anzeigen sind die letzte der vier wichtigsten Möglichkeiten, mit denen eine einzelne Person andere über ihre Inhalte informieren kann. Aber bevor wir zur zweiten Hälfte des Buches übergehen, möchte ich Ihnen zeigen, wie Sie diese Strategien auf Steroide anwenden können.

KOSTENLOSES GESCHENK: Bonusschulung – Der Schnelle Weg Für Bezahlte Anzeigen

Die Schaltung bezahlter Anzeigen ist der schnelle Weg. Es ist ein hohes Risiko und ein hoher Ertrag. Ich habe eine detailliertere Aufschlüsselung der Entwürfe für bezahlte Anzeigen aufgezeichnet, die mir in allen Branchen und Preisklassen geholfen haben. Sie finden sie wie immer hier kostenlos: Acquisition.com/training/leads. Mein Geschenk an Sie – Geld, das Sie in Zukunft verdienen werden. Und wie immer können Sie auch den QR-Code unten scannen, wenn Sie ungern tippen.

Vier Grundprinzipien über Steroide: Mehr, Besser, Neu

„Wenn es Ihnen zunächst nicht gelingt, wenden Sie Gewalt an.“

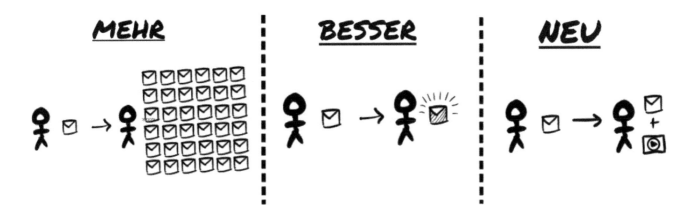

Ich musterte die etwa fünfzig Gesichter der Gruppe. Alles Unternehmer, die ihr Geschäft skalieren möchten. Jeder ist hungrig nach dem „fehlenden Glied“, das ihn mit engagierten Leads überschwemmen würde. Nachdem ich eine Präsentation zum Thema Lead-Generierung beendet hatte, *erteilte ich das Wort für Fragen und Antworten:*

Der erste Geschäftsinhaber ergriff das Wort: „Ich habe einfach das Gefühl, den Markt gesättigt zu haben. Ich glaube nicht, dass wir in der Chiropraktiker-Nische noch größer werden können, als wir es bereits sind.“

„Was machen Sie an Umsatz?“ fragte ich.

„2.000.000 US-Dollar pro Jahr“

„Und wie viel geben Sie für Werbung aus?“

„Etwa 30.000 US-Dollar pro Monat auf Facebook“

„Wie hoch ist Ihre Konvertierungs-Rate vom Klick bis zum Abschluss?“

„Ich weiß nicht“

„Sie verfolgen also nicht den Gesamtdurchsatz?“

„Ich denke nicht.“

„Okay … Auf welchen anderen Plattformen werben Sie?“

„Keiner.“

„Wie viele Inhalte erstellen Sie für Chiropraktiker?“

„Keine.“

„Wie viel Kaltakquise machen Sie?"

„Keine."

„Und die 30.000 US-Dollar, die Sie auf einer Plattform für ein Zwei-Millionen-Dollar-Unternehmen ausgeben, haben die 15,1 Milliarden US-Dollar teure Chiropraktikerbranche gesättigt? Klingt das vernünftig?"

Ein zweiter Geschäftsinhaber mischte sich ein, bevor er antworten konnte: „Wenn es hilft – ich bin auch in der Chiropraktiker-Nische tätig und habe letzte Woche 30.000 US-Dollar für Werbung auf vier Plattformen ausgegeben …"

„Haben Sie immer noch das Gefühl, Ihre Nische gesättigt zu haben?" fragte ich.

Er hat es verstanden.

***

Ich führe dieses Gespräch täglich mit Unternehmern, die wachsen wollen. In der Regel haben sie herausgefunden, wie sie über eine Plattform genügend Kunden gewinnen können, um ein Einkommen von 1 bis 3 Millionen US-Dollar pro Jahr zu erzielen. Es ist immer noch nicht vollständig vorhersehbar. Und sie haben ihre Höhen und Tiefen. Aber sie haben die „Grundlage" dessen, was sie tun müssen, und haben einige Erfolge erzielt. An diesem Punkt stoßen sie an eine Wand, weil sie glauben, dass sie nicht mehr Geld verdienen können. Sie gehen davon aus, dass sie ihren Markt „erschlossen" haben. Das ist kein Scherz. Ich hatte ein Gespräch mit einem anderen Unternehmer, der 3.000.000 US-Dollar pro Jahr im Bereich Gewichtsreduktion erwirtschaftete. Er befürchtete, seine Werbeausgaben auf über 40.000 US-Dollar pro Monat zu erhöhen würde seine Werbeplattform überfordern. Zum Vergleich: Diese Plattform hat täglich über 1 Milliarde aktive Benutzer. Und er verkaufte Produkte zur Gewichtsreduktion … in Amerika … eine 60-Milliarden-Dollar-Industrie. Dumm.

Es gibt mehr Leads, als Sie sich vorstellen können. Ich habe ein Raster verwendet, um diese Leads immer wieder freizuschalten, und jetzt können Sie es auch verwenden.

Wie Man Noch Mehr Leads Erhält: Mehr, Besser, Neu

Zuerst wenden Sie sich an Menschen, die Sie kennen. Dann beginnen Sie mit der Erstellung kostenloser Inhalte. Dann fangen Sie an, auf Leute zuzugehen, die Sie nicht kennen. Dann fangen Sie an, bezahlte Anzeigen zu schalten. So *wenden* Sie die vier Grundprinzipien *an*, um engagierte Leads zu gewinnen. Und es gibt wirklich nichts Anderes, was eine einzelne Person *alleine* tun kann, um sie zu bekommen.

Aber was ist, wenn Sie die vier Grundprinzipien umsetzen und trotzdem nicht so viele engagierte Leads erhalten, wie Sie möchten? Nun, keine Sorge! Es gibt zwei Möglichkeiten, einen der vier Kernpunkte zu stärken, um *selbst* noch mehr engagierte Leads zu gewinnen. Ich verwende diese jedes Mal, wenn ich den engagierten Lead-Flow in einem Portfoliounternehmen steigern möchte. Sie sind leicht im Kopf zu behalten: **Mehr, Besser, Neu.**

Einfach ausgedrückt:

1) Sie können *mehr* von dem tun, was Sie gerade tun.

2) Sie können das, was Sie gerade machen, *besser* machen.

3) Sie können es an einem *neuen* Ort tätigen.

Und genau wie die Geschichte am Anfang mit dem Agenturinhaber ist es *genau das, was ich ihn gefragt habe.* Könnten Sie mehr Werbung machen? Könnten Sie besser werben? Könnten Sie woanders Werbung machen?

Beginnen wir also mit dem, was ich genaugenommen zuerst mache: *Mehr.*

Mehr

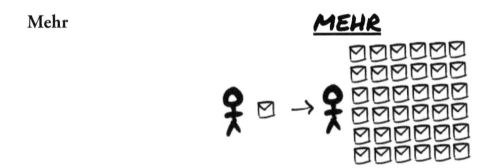

Sie haben inzwischen Werbung gemacht. Und Sie wissen, dass die Werbung, die Sie machen, bis zu einem gewissen Grad funktioniert. Das nächste Offensichtliche, was Sie tun können, um mehr engagierte Leads zu gewinnen, ist - *mehr. Eine Menge mehr.* Erhöhen Sie das Volumen auf Ihre maximale Kapazität.

Selbst ohne jegliche Verbesserungen erhalten Sie mehr engagierte Leads, wenn Sie Ihre Eingaben verdoppeln. Erzielen Sie die doppelte Reichweite, veröffentlichen Sie doppelt so viele Inhalte, schalten Sie doppelt so viele Anzeigen, verdoppeln Sie die Werbeausgaben usw. Sie werden es nicht bereuen. Es sei denn natürlich, Sie hassen Geld.

Während wir uns also immer auf Tests konzentrieren, um uns zu *verbessern,* wozu wir gleich noch kommen werden, ergeben sich die <u>größten</u> Zuwächse oft aus *mehr* Werbung.

<u>So mache ich *mehr*: Die 100er-Regel</u>

Die 100er-Regel ist einfach. Sie bewerben Ihre Produkte, indem Sie hundert Tage hintereinander jeden Tag 100 Hauptaktionen durchführen. Das ist es. Ich mache nicht viele Versprechungen, aber dies ist eine. Wenn Sie 100 Primäraktionen pro Tag durchführen und dies 100 Tage lang am Stück, erhalten Sie mehr engagierte Leads. Halten Sie sich an die 100er Regel und Sie werden nie wieder hungern.

So sieht es, angewendet auf jede der vier Grundprinzipien, aus:

<u>Warme Kontaktaufnahme:</u>

100 Kontaktaufnahmen pro Tag

Beispiele für primäre Aktionen: E-Mail, SMS, Direktnachricht, Anrufe usw.

<u>Inhalte Posten:</u>

100 Minuten pro Tag, um Inhalte zu erstellen.

Veröffentlichen Sie mindestens eine pro Tag auf einer Plattform. Wenn Sie besser werden, posten Sie noch mehr.

Beispiele für primäre Aktionen: kurze und lange Videos oder Artikel, Podcasts, Infografiken usw.

<u>Kaltakquise:</u>

100 Kontaktaufnahmen pro Tag

Beispiele für primäre Aktionen: E-Mail, SMS, Direktnachricht, Kaltanruf, Flyer usw.

Erwarten Sie, wie bei jeder Kaltwerbung, niedrigere Antwortraten, also nutzen Sie die Automatisierung.

<u>Bezahlte Anzeigen:</u>

100 Minuten pro Tag, um bezahlte Anzeigen zu schalten

Beispiele für primäre Aktionen: Direct-Response-Medienanzeigen, Direktmailing, Seminare, Podcast-Spots usw.

100 Tage am Stück, nachdem diese bezahlten Anzeigen geschaltet wurden. Verwenden Sie das Tagesbudget, das wir im Kapitel „Bezahlte Anzeigen" gemeinsam berechnet haben. Streben Sie eine kundenfinanzierte Akquisition an.

Profi-Tipp: Mehr Anzeigen Bedeuten Bessere Anzeigen, Bedeuten Mehr Leads.

Facebook hat die Konten aller Werbetreibenden auf seiner Plattform überprüft. Sie fanden etwas Merkwürdiges. Die besten 0,1 % der Werbetreibenden testen elfmal kreativer als alle anderen. Oftmals ist es nicht so, dass Sie eine Anzeige nicht profitabel skalieren können. Eine *mittelmäßige* Anzeige lässt sich einfach nicht profitabel skalieren. Und die einzige Möglichkeit, die *außergewöhnlichen* Anzeigen zu finden, besteht darin, elfmal mehr davon zu machen. Erfolg hinterlässt Spuren. Tun Sie, was die 0,1 % tun, um das zu bekommen, was die 0,1 % bekommen.

Hier ist eine Inspiration von jemandem in #Mozination, der die 100er-Regel befolgt:

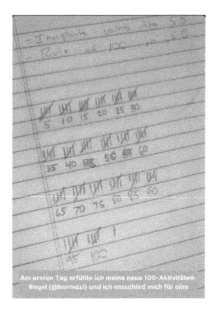

Besser

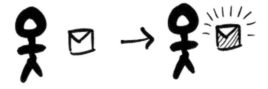

Wenn Sie besser werden, erhalten Sie bei gleichem Aufwand mehr Leads. Das wollen wir. Und Sie können nur durch eine Sache besser werden - durch Testen. Also machen Sie immer mehr ... *bis es zusammenbricht.* Dann machen Sie es *besser.* Mit anderen Worten: Wenn Sie lange genug *mehr* tun, werden Ihre CAC irgendwann zu hoch, um sie aufrechtzuerhalten. Nehmen Sie also eine Optimierung vor und prüfen Sie, ob sich dadurch eine Verbesserung ergibt. Wenn ja, machen Sie weiter. Wenn nicht, verwerfen Sie sie. Tausende dieser winzigen Tests trennen die Gewinner von den Anfängern.

Jede Aktion, die ein Lead durchführt, bevor er zum Kunden wird, ist ein potenzieller „Ausstiegspunkt". Deshalb *führe ich die meisten Tests bei jedem Schritt durch, bei dem die meisten Leads abfallen.* Ich nenne das „Einschränkungen". Einschränkungen sind die Punkte, an denen die kleinsten Verbesserungen den größten Ergebnisschub bewirken. Deshalb sind sie so wichtig. Wir bekommen das Beste für unser Geld. Wenn Ihr Prozess beispielsweise drei Schritte umfasst:

30 % Beitreten (geben Sie Ihre Kontaktinformationen an)

5 % Anwenden ← *Dies ist die Einschränkung, da sie den größten Abfall aufweist*

50 % Zeitplan

Aber lassen Sie uns die Einschränkung für einen Moment ignorieren. Stellen Sie sich vor, wir verbessern jeden Schritt für sich um 5 %.

30 + 5 % → 35 % Beitreten = 16 % Anstieg der Leads (1,16x)

5 + 5 % → 10 % Anwenden = 100 % Anstieg der Leads (2x)

50 + 5 % → 55 % Zeitplan = 10 % Anstieg der Leads (1,1x)

Wir bekommen völlig unterschiedliche Ergebnisse! Auch die Verbesserung der Einschränkung geht als klarer Gewinner hervor. *Konzentrieren Sie sich* also *auf die Einschränkung.* Und noch einmal: Wenn Sie nicht sicher sind, welcher Schritt die größte Einschränkung darstellt, finden Sie den Schritt, bei dem die meisten Leads abfallen. Für die kleinste Verbesserung erhalten Sie die größte Belohnung.

So werde ich besser: *Ich teste eine Sache pro Woche und Plattform.* Und ich tue es aus vier guten Gründen.

1) Wenn Sie mehrere Dinge gleichzeitig auf einer Plattform testen, erfahren Sie nie wirklich, was funktioniert hat.

2) Schritte beeinflussen sich gegenseitig. Eine *einzelne* Änderung kann sich auf die Ergebnisse anderer Schritte auswirken. Wenn Sie beispielsweise Schritt eins ändern und sich mehr Menschen dafür entscheiden, es aber *weniger* Menschen verwenden, ist das nicht gut. Aber das wüssten Sie nicht, wenn Sie beide Schritte ändern würden. Wenn Sie eine Änderung vornehmen, *können Sie sehen, was passiert ist.* Wenn Sie eine Menge Änderungen vornehmen … viel Glück dabei, herauszufinden, was funktioniert hat (oder nicht).

3) Es zwingt Sie dazu, Prioritäten zu setzen, die Ihnen die engagiertesten Leads verschaffen. Sie können unendlich viele Tests durchführen. Aber die Zeit ist begrenzt. Daher müssen Sie Ihre Tests mit Bedacht auswählen. Wenn Sie beispielsweise nur einen „großen" Test pro Woche und Plattform durchführen, verschwenden Sie ihn nicht mit einem Farbwechsel von Rot zu leuchtendem Rot.

4) Das Wichtigste ist vielleicht, dass Sie den Test lange genug durchführen, um zu sehen, ob Sie tatsächlich eine Verbesserung erzielen. Zu kurz und Sie erhalten nicht genügend Daten. Zu lange und Sie verschwenden Zeit, die Sie für die Verbesserung der nächsten Einschränkung hätten aufwenden können. Aufgrund der Größe meines Teams und der Menge Geld, die ich für Werbung ausgebe, reicht mir normalerweise eine Woche.

In jedem Unternehmen, das ich besitze, erstelle ich einen Testplan. Jeden Montag führen wir einen Split-Test pro Plattform durch. Wir geben ihm eine Woche Zeit. Und am nächsten Montag machen wir drei Dinge:

1) Schauen Sie sich die Ergebnisse an und wählen Sie die Gewinner für jeden Plattformtest aus.

2) Dann (wichtig) notieren wir die Ergebnisse des Tests in einem Protokoll aller Tests. Wenn wir also das nächste Mal etwas tun, beginnen wir eine Zillion Verbesserungen später und nicht bei Null.

3) Treten Sie an unseren nächsten Test heran, um unsere aktuelle „beste" Version zu schlagen. Wenn wir die Version, die wir derzeit verwenden, in *vier Versuchen (oder einem Monat)* nicht schlagen können, gehen wir zur nächsten Einschränkung über.

Sie unternehmen weiterhin Anstrengungen, um die Dinge zu verbessern. Aber ab einem bestimmten Punkt führt die Anstrengung, die Sie unternehmen, um es besser zu machen, zu immer geringeren Erträgen. Irgendwann ist es sinnvoller, Ihre Mühe in etwas zu investieren, das höhere Renditen bringt. Erst jetzt probieren wir etwas *Neues* aus.

Profi-Tipp: Vorne > Hinten (meistens)

Im Allgemeinen finden die niedrigsten prozentualen Schritte normalerweise an der Vorderseite statt. Und die höheren prozentualen Schritte finden hinten statt. Wenn 1 % der Menschen auf eine Anzeige klicken, geben Ihnen 30 % ihre Kontaktinformationen. Aus diesem Grund konzentrieren Sie sich (meistens) mehr auf die Vorderseite als auf die Rückseite. Und das ist in Ordnung. Diese Schritte sind normalerweise die Einschränkung. Sie erzielen die größten Erträge für die kleinsten Verbesserungen. Die Ansprache. Die Werteelemente. Das Angebot. Der CTA. Die Überschrift der Zielseite. Unter-Überschrift. Bild usw. Gehen Sie den Weg entlang in der Reihenfolge, was der Lead sieht und dann tut.

Profi-Tipp: Besser, Mehr, Neu

Wenn ich mit Unternehmen spreche, die weniger als 1.000.000 US-Dollar Gewinn pro Jahr erwirtschaften, rate ich ihnen normalerweise, zunächst *mehr* zu tun. Sie haben nicht genug Volumen erreicht, um prozentuale Änderungen zu ermöglichen, die einen großen Unterschied machen. Aber sobald Sie die Grenze von 1.000.000 US-Dollar Jahresgewinn überschreiten, bedeutet, die Dinge besser zu machen, die niedrigsten Kosten und die höchsten Rendite. Sobald ein Unternehmen also groß genug ist, ändere ich die Reihenfolge von „mehr, besser, neu" zu „*besser*, mehr, neu".

Neu

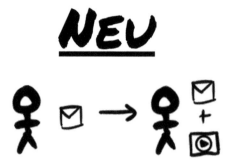

Nachdem Sie also Ihre Marketingbemühungen durch „mehr" und „besser" optimiert haben, bleibt Ihnen nur noch: „Neue Orte auf neue Weise". Einfach ausgedrückt - *neu*. Und wenn Sie der Meinung sind, dass Ihr Unternehmen unmöglich noch größer werden kann, möchte ich Ihnen zeigen, *warum* es das kann. Nun, ich zeige Ihnen, *wie* es geht.

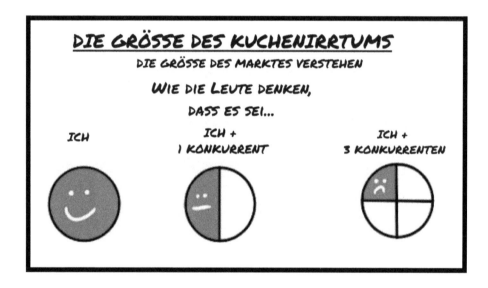

Die meisten Geschäftsinhaber achten nur auf die Plattform und die kleine Community, in der sie vermarkten. Und normalerweise gibt es nur drei oder vier große Unternehmen, die in ihrer Nische vermarkten. Sie gehen also davon aus, dass diese Unternehmen den gesamten Markt unter sich *aufteilen müssen*. Genau das hat der Unternehmer in meiner Einführungsgeschichte getan. Denken Sie einen Moment darüber nach, wie lächerlich das ist. Ich nenne dieses Problem: **Die Größe Des Kuchenirrtums**. Hier ist eine Zeichnung, die verdeutlicht, dass der Markt tatsächlich viel größer ist, als die meisten annehmen.

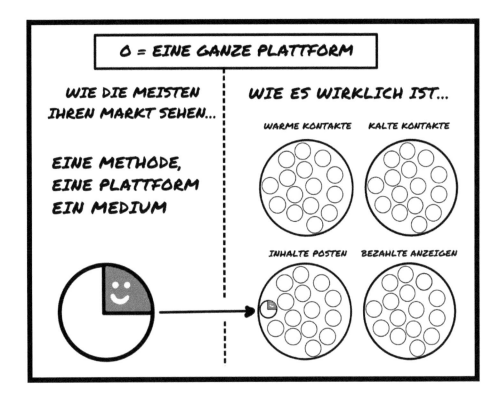

Die Größe Des Kuchenirrtums. Ein kleines Unternehmen nutzt eine der vier Grundprinzipien auf einer Plattform auf eine bestimmte Art und Weise mit einem sehr gezielten Publikum. Und im gleichen Bereich und mit der gleichen Werbung gibt es möglicherweise nur eine Handvoll anderer Konkurrenten.

Sie gehen fälschlicherweise davon aus, dass der winzige Teil des Universums, für den sie werben, der gesamte verfügbare Markt sei! Aus diesem Grund bleiben die meisten Unternehmen klein. Wenn sie ein Plateau erreichen, denken sie, dass es keine weiteren Leads zu gewinnen gäbe. Sie glauben, dass sie so groß geworden seien, wie sie nur können. Denn für viele ist es viel einfacher zu sagen: „Ich bin so groß, wie ich nur sein kann", als zu sagen: „Ich bin nicht so gut in der Werbung, wie ich dachte." Dieses falsche Argument sorgt dafür, dass Unternehmer überall ärmer sind, als sie sein sollten.

<u>Wann Sie etwas *Neues* tun sollten</u>: Wenn die Erträge, die Sie durch mehr↔bessere Maßnahmen erzielen, geringer sind als die, die Sie durch eine neue Platzierung oder eine neue Art der Werbung erzielen könnten.

Es gibt viele andere Aufmerksamkeitsbereiche (und potenzielle Leads), die sich *direkt innerhalb des winzigen Universums der „Beitragsinhalte" befinden*. Sie könnten <u>neue Platzierungen</u> hinzufügen (da viele Plattformen über mehrere Orte und Inhaltsformen verfügen). Auf Instagram können Sie beispielsweise Storys, Messenger-Anzeigen und Beiträge erstellen. Auf YouTube können Sie Kurzfilme, Longfilme, Community-Beiträge usw. erstellen. Alternativ können Sie auch eine <u>neue Plattform</u> hinzufügen. Sie wechseln vom Instagram-Messenger zum Facebook-Messenger. Sie reichen von YouTube-Kurzvideos bis hin zu Instagram-Kurzvideos (Reels). Usw. Und sobald sie diese ausgeschöpft haben, könnten sie eine völlig neue <u>Vier-Kernpunkte-Aktivität</u> hinzufügen.

Und, falls Sie neugierig sind: Die Reihenfolge, in der ich mein nächstes „Neues" auswähle, hängt von einer Sache ab: Was bringt mir für den Arbeitsaufwand die meisten Leads? Das ist die Regel. Und in neun von zehn Fällen läuft es so ab:

Neue Platzierungen→Neue Plattformen→Neue vier Kernpunkte (Grundprinzipien).

Fazit: Egal wie Sie Werbung machen, Sie können dies auf neue Weise (verschiedene Arten von Inhalten) oder an neuen Orten (denken Sie an andere Plattformen) tun. Führen Sie dann schließlich eine völlig neue Vier-Kernpunkte-Aktivität durch. Und Sie haben es erraten: Jede von ihnen bringt uns, was wir wollen – mehr Leads.

In der Praxis ist das nun viel schwieriger, weshalb ich zuerst „mehr, besser" ausschöpfe. Aber ab einem bestimmten Punkt müssen Sie auf „neue" Platzierungen, Plattformen und die vier Grundprinzipien expandieren, um mehr Menschen auf Ihre Inhalte aufmerksam zu machen.

Aktionsschritt: Schöpfen Sie es zuerst „mehr-besser" aus. Erst wenn Sie nicht mehr tun können, ist es besser, etwas *Neues* auszuprobieren (was bedeutet, dass die Erträge geringer sind, als wenn Sie den gleichen Aufwand in eine neue Plattform stecken). Verwenden Sie diese grobe Reihenfolge: neue Platzierung, neue Plattform, neue Vier-Kernpunkte-Aktivität. Bringen Sie es in Gang. Messen Sie, wie Sie damit vorankommen. Und skalieren Sie von dort aus mit mehr – besser. Anschließend swipen und wiederholen.

'Mehr, Besser, Neu' Zusammenfassung

Erstens, machen Sie *viel mehr* Werbung, die funktioniert, bis sie „durch" ist. Dann *wird der nächste Abbruchpunkt offensichtlich.* Dann halten Sie das Maß an Werbung aufrecht, während Sie etwas zurücktreten, beheben Sie die Einschränkung und *verbessern* sie. Also, *besser* und *mehr* fuktionieren zusammen tatsächlich eher, als getrennt. Die erste Frage, die ich mir normalerweise stelle, bevor wir in ein Unternehmen investieren, um mehr Kunden zu gewinnen, lautet: „Was hält sie davon ab, das Zehnfache dessen zu tun, was sie derzeit tun?" Manchmal nichts – also machen wir einfach *mehr*. Zu anderen Zeiten müssen wir auch einfach erst etwas *besser* machen. Beantworten Sie diese Frage und Sie wissen, was als Nächstes zu tun ist.

Erst wenn Sie „mehr – besser" ausgeschöpft haben, kommen die wirklichen Erträge aus etwas *Neuem*. Führen Sie zunächst neue Anzeigenplatzierungen auf einer Plattform durch, die Sie kennen. Zweitens: Nutzen Sie die Ihnen bekannten Platzierungen auf einer neuen Plattform. Sobald Sie sich mit der neuen Plattform vertraut gemacht haben, nutzen Sie neue Platzierungen darauf. Sobald Sie das ausgeschöpft haben, können Sie zusätzlich zu dem, was Sie derzeit tun, eine neue der vier Kernaktivitäten hinzufügen. Das ist meine einfache, *realitätsnahe Methode*: Ich setze die vier Grundprinzipien auf Steroide, um noch mehr Leads zu bekommen.

Schlussfolgerung

Werbung ist *der Prozess der Bekanntmachung*. Das ist es, was wir tun, um Fremde über die Dinge zu informieren, die wir verkaufen. Jetzt haben wir das Problem mit Ihrem Lead-Magneten oder Angebot gelöst. Aber damit sie zu engagierten Leads werden, müssen Sie ihnen davon erzählen. Deshalb haben wir diesen Abschnitt damit verbracht, die einzigen vier Möglichkeiten zu besprechen, wie eine einzelne Person Werbung machen kann – andere Leute über ihre Produkte zu informieren. Und um dies zu erreichen, handeln Sie entweder mit Zeit, Geld oder beidem. Und wenn Sie das tun, werben Sie bei Menschen, die Sie kennen (warm), oder bei Fremden (kalt). Sie können öffentlich (Inhalte/Anzeigen) oder privat (Reichweite/Akquise)) werben.

Was ist wann zu tun? Wann immer ich ein Unternehmen aufbaue, überlege ich mir folgendes: Nachdem ich Kontakt aufgenommen habe, um meinen Kundenstamm in Schwung zu bringen, gehe ich dazu über, Inhalte zu veröffentlichen, wenn ich mehr Zeit als Geld habe. Wenn ich mehr Geld als Zeit habe, greife ich auf Kaltakquise zurück oder schalte Anzeigen.

Aber denken Sie daran, dass Sie nur einen Schritt tun müssen, um engagierte Leads zu gewinnen. Wählen Sie also einfach einen aus. Dann *maximieren* Sie ihn. Tun Sie mehr. Machen Sie es besser. Machen Sie etwas Neues. Und alle Werbemethoden fügen sich zusammen. Das Geld, die Systeme und die Erfahrung, die Sie mit der vorherigen Methode gesammelt haben, werden Ihnen helfen, die nächste zu meistern. Ein Unternehmen, das kostenlose Inhalte veröffentlicht *und* bezahlte Anzeigen schaltet, wird mehr aus seinen Anzeigen und Inhalten herausholen als ein Unternehmen, das nur das eine oder das andere tut. Ein Unternehmen, das Kaltakquise betreibt *und* Inhalte erstellt, wird mehr aus seiner Kaltakquise herausholen und seine warmen Leads besser bearbeiten als eines, das nur eine solche Aktion betreibt. Jede Kombination der vier Kernwerbeaktivitäten verstärkt sich gegenseitig auf irgendeine Weise.

Und als persönliche Anmerkung: Ich habe sie alle angewendet. Mein erstes Geschäft baute ich auf der Veröffentlichung von Inhalten und einer warmen Öffentlichkeitsarbeit auf. Ich habe meine Fitnessstudios aus kostenlosen Inhalten und bezahlten Anzeigen aufgebaut. Ich habe Gym Launch aus bezahlten Anzeigen und kalter Kontaktaufnahme aufgebaut. Ich habe Prestige Labs-Partner aufgebaut (die wir in Abschnitt IV behandeln). Ich habe ALAN aus bezahlten Anzeigen und Affiliates erstellt (auch Abschnitt IV). Ich habe Acquisition.com aus Veröffentlichten Inhalten aufgebaut.

Es gibt viele Möglichkeiten, engagierte Leads zu gewinnen. Wenn Sie eine beherrschen, können Sie sich für den Rest Ihres Lebens selbst ernähren. *Sie funktionieren alle, wenn Sie das tun.*

Als Nächstes

Wenn Sie die Schritte in diesem Buch befolgen, werden Ihnen die Stunden am Tag ausgehen. Sie werden nichts mehr und nichts besser machen können… geschweige denn etwas Neues hinzufügen! Sie benötigen also Hilfe auf Ihrer Reise in das Land der endlosen Leads. Sie werden Verbündete brauchen. Diese Verbündeten gibt es in vier verschiedenen Nuancen. Und da es mehr von ihnen gibt als Sie, sind sie der Schlüssel, um dorthin zu gelangen. Also lassen Sie uns sie holen.

KOSTENLOSES GESCHENK: Bonustraining – Mehr, Besser, Neu

Dies ist eines meiner Lieblingsthemen rund um die Skalierung von Unternehmen. Unsere Portfolio-CEOs nennen dies einen der wirkungsvollsten Rahmen, den ich ihnen gegeben habe. Falls Sie eine Videoversion sehen möchten, in der ich dies aufschlüssele, finden Sie sie wie immer hier kostenlos: Acquisition.com/training/leads. Und wie immer können Sie auch den QR-Code unten scannen, wenn Sie ungern tippen.

Abschnitt IV: Lead-Getter gewinnen

Holen Sie sich Leute, die Ihnen mehr Leads verschaffen

„Geben Sie mir einen Hebel, der lang genug ist, und einen Drehpunkt, an dem ich ihn platzieren kann, und ich werde die Welt bewegen."
— *Archimedes*

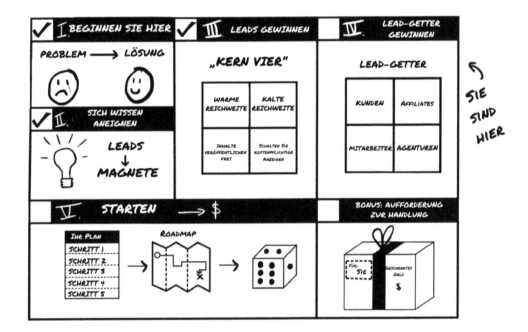

Beim Aufbau Einer 100 Millionen Dollar Lead-Maschine Kommt Es Vor Allem Auf Die Hebelwirkung An

Eine alte Dame kann einen Sattelschlepper mit einem ausreichend langen Hebel anheben. Der stärkste Mann der Welt *kann* es ohne ihn *nicht*. Die Länge des Hebels bestimmt, wie viel jemand stemmen kann. Das ist Hebelwirkung. Wir können das Prinzip der Hebelwirkung in der Werbung nutzen. Lassen Sie mich erklären:

Jemand mit Internet kann eine Nachricht an Millionen von Menschen gleichzeitig senden. Jemand, der Postkarten von Hand schreibt, kann das *nicht*. Das Internet ermöglicht es uns, in der gleichen Zeit mehr Menschen zu erreichen. Es handelt sich also um eine höhere Hebelwirkung.

Das bedeutet, dass die Hebelwirkung darauf hinausläuft, wie viel wir für die Zeit, die wir dafür aufwenden, erhalten. Deshalb wollen wir Aktivitäten mit höherer Hebelwirkung nutzen, um das zu erreichen, was wir wollen. Mehr Dinge, die wir wollen. Weniger Zeit, um sie zu bekommen. Gut.

Und wir wollen *Leads. Viele Leads.*

Profi-Tipp: Verwechseln Sie Hebelwirkung nicht mit Geschwindigkeit

Eine Person kann sich nur entsprechend schnell bewegen. Eine Person, die 1000x vor Ihnen ist, bewegt sich nicht 1000x schneller. Sie kann es nicht. Sie macht die nur Dinge anders. Die Zukunft, die sich so weit entfernt anfühlt, ist mit der Hebelwirkung also näher, als Sie denken.

Lead-Getter Verschaffen Ihnen Hebelwirkung

Alex Hormozi ✔
@AlexHormozi

Nur zwei Leute können Fremde wissen lassen, was sie zu verkaufen haben.

1) Sie
2) Andere Leute

Es gibt mehr von ihnen als von Ihnen.

Die Leute können sich aus zwei Quellen über die Dinge informieren, die wir verkaufen. *Wir* können sie anhand der vier Grundprinzipien informieren. Oder *andere Leute* können es ihnen anhand der vier Grundprinzipien mitteilen. Ich nenne diese anderen Leute **Lead-Getter**. Wenn andere etwas für uns tun, sparen wir Zeit. Das bedeutet, dass wir mit weniger Aufwand mehr engagierte Leads erhalten. Hebelwirkung, Mann.

Stellen Sie sich vier Szenarien vor :

Szenario Nr. 1: Sie <u>sind</u> der Lead-Getter. Sie gehen die vier Grundprinzipien jeden Tag den ganzen Tag alleine durch. Sie erhalten genügend Leads, um die Rechnungen zu bezahlen.

Arbeitsaufwand: HOCH. Leads: GERING. Hebelwirkung: GERING

Szenario Nr. 2: Sie <u>bekommen</u> einen Lead-Getter. Sie beauftragen einen Lead-Getter, die vier Grundprinzipien in Ihrem Namen zu erledigen. Jetzt bringt der Lead-Getter genügend Leads, um die Rechnungen zu bezahlen, ohne dass Sie Werbung schalten müssen. Sie arbeiten weniger als in Szenario Nr. 1 und erhalten die gleiche Anzahl an Leads.

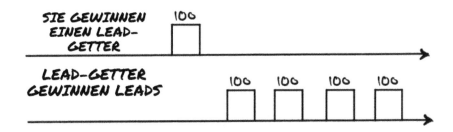

Arbeitsaufwand: GERING. Leads: GERING. Hebelwirkung: HOCH.

Szenario Nr. 3: Sie erhalten <u>viele</u> Lead-Getter. Sie verbringen Ihre ganze Zeit damit, andere Lead-Getter zu finden. Ihre Leads steigen jedes Mal, wenn Sie einen weiteren gewinnen. Sie arbeiten jeden Tag den ganzen Tag, aber Sie erhalten viel mehr Leads als früher, als es nur Sie waren. Sie arbeiten mehr als in Szenario Nr. 2, erhalten aber *viel* mehr Leads .

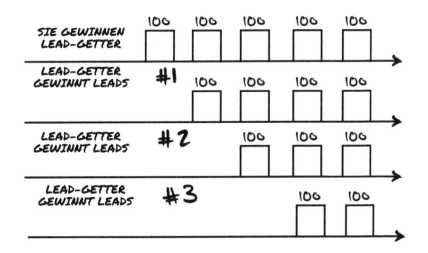

Arbeitsaufwand: HOCH. Leads: HOCH. Hebelwirkung: HÖHER.

Szenario Nr. 4: Sie bekommen einen Lead-Getter, der Lead-Getter gewinnt. Sie rekrutieren jemanden, der andere Leute rekrutiert, um in Ihrem Namen Werbung zu machen. Sie bekommen jeden Monat mehr Lead-Getter. Sie mussten nur *einmal* arbeiten, um den ersten Lead-Getter zu finden, aber seine Leads steigen weiter, ohne dass Sie arbeiten. Sie arbeiten weniger als in Szenario Nr. 3 und erhalten jeden Monat mehr Leads.

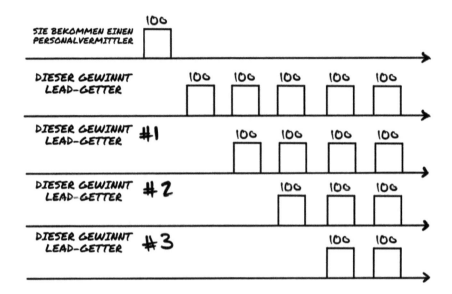

Arbeitsaufwand: GERING. Leads: HOCH. Hebelwirkung: AM HÖCHSTEN.

Jetzt haben Sie das Zeug zu einer *100-Millionen-Dollar-Leads*-Maschine.

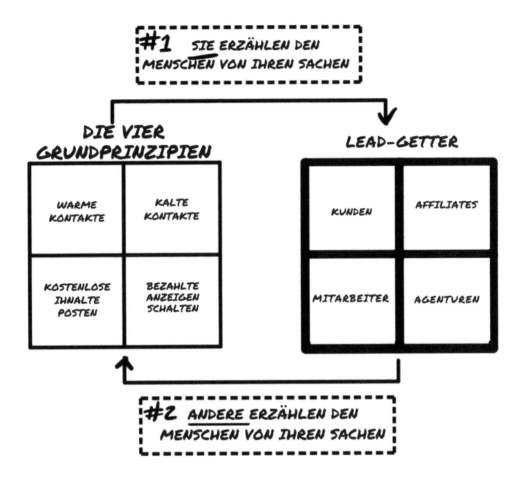

Überblick über den Abschnitt „Lead Getter"

Die Lead-Getter gehören nicht zu den „vier Grundprinzipien", weil sie nicht zu Ihren Aufgaben gehören. Sie ‚machen' keine Affiliate-Partnerschaften, keine Kundenempfehlungen, keine Agenturen oder keine Mitarbeiter. Aber *um sie zu bekommen, müssen Sie die vier Grundprinzipien anwenden*. Sie erhalten sie durch warme Kontaktaufnahme, kalte Kontaktaufnahme, das Posten von Inhalten und das Schalten bezahlter Anzeigen. Und sobald Sie sie gewinnen, erledigen sie das für Sie.

Also der Kern besteht aus vier Stapeln. Einmal, um sie zu gewinnen, und ein zweites Mal, wenn Lead-Getter in Ihrem Namen engagierte Leads gewinnen. Aber damit muss es noch nicht enden. Tatsächlich sollte es nicht so sein. Der Vorgang wiederholt sich. Lead-Getter können Lead-Getter gewinnen! Wenn wir also etwas einmal tun, können Lead-Gewinner es immer tun.

Aber Moment, ich dachte, in diesem Buch geht es darum, Leads zu gewinnen? Versuche ich also, Leads zu gewinnen? Oder möchte ich Lead-Getter? Antwort: Ja. Lead-Getter beginnen als Leads, interessieren sich dann für die Dinge, die Sie verkaufen, und werden wie jeder andere zu engagierten Leads. Der Unterschied besteht darin, dass sie andere Leute dazu bringen, sich auch für die Sachen, die Sie verkaufen, zu interessieren! Und im Idealfall wird jeder Lead zum Lead-Getter.

In den folgenden Kapiteln erfahren Sie im Detail, *wie Sie andere Menschen dazu bringen, für Sie zu werben.* Und wenn Sie auf über 100 Millionen US-Dollar skalieren möchten, müssen Sie sie folgendes verstehen:

Nr. 1 Kunden – sie kaufen Ihre Sachen und erzählen dann anderen Leuten davon, um Ihnen Leads zu verschaffen.

Nr. 2 Mitarbeiter – Menschen in Ihrem Unternehmen, die Ihnen Leads verschaffen.

Nr. 3 Agenturen – Unternehmen mit Dienstleistungen, die Ihnen Leads verschaffen.

Nr. 4 Affiliates – Unternehmen, die ihrem Publikum von Ihren Produkten erzählen, um Ihnen Leads zu verschaffen.

*Alle vier Lead-Getter informieren andere Leute über Ihre Sachen. Mit anderen Worten: Alle vier haben einen größeren Einfluss, als wenn Sie alles alleine machen würden.

Sobald Sie das Prinzip der vier Lead-Getter verstanden haben, können Sie für den Rest Ihres Lebens eine Lead-Gewinnungsmaschine für jedes Unternehmen aufbauen, das Sie gründen. Ich werde aufschlüsseln, wie ich alle vier Lead-Getter verwende. Wie jedes anders ist. Wie man mit ihnen arbeitet. Wann man sie verwendet. Die beste Vorgehensweise. Und wie Sie Ihren Fortschritt auf dem Weg messen können. Am Ende dieses Abschnitts erfahren Sie, wie Sie andere Menschen dazu bringen, Ihnen mehr Leads zu verschaffen, als Sie sich vorstellen können.

Und da wir bereits die vier Grundprinzipien nutzen, um Kunden zu gewinnen, beginnen wir mit etwas, was wir jetzt tun können – diese Kunden dazu zu bringen, weitere Kunden zu empfehlen.

KOSTENLOSES GESCHENK: Erweiterter Bonus – Bringen Sie Andere Dazu, Es Für Sie Zu Tun

Das war vielleicht eines meiner Lieblingskapitel im Buch. Es hat so lange gedauert, bis ich herausgefunden habe, wie ich alles zu einem einfachen Modell zusammenfügen kann. Wenn Sie noch mehr Schulungen dazu wünschen, wie Sie andere dazu bringen, Ihnen Leads zu verschaffen, und wie dies auf die Skalierung angewendet wird, gehen Sie zu: Acquisition.com/training/leads. Und wie immer können Sie auch den QR-Code unten scannen, wenn Sie ungern tippen.

SCANNE MICH

Nr. 1 Kundenempfehlungen - Mundpropaganda

„Die beste Quelle für neue Arbeit ist die Arbeit auf Ihrem Schreibtisch"
— Charlie Munger

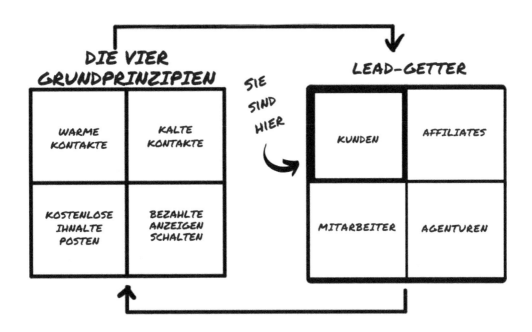

Oktober 2019.

Leila und ich saßen zusammen auf der Wohnzimmercouch ihrer Eltern. Der, auf der sie als Kind Filme geschaut hat. Die verblassten Kanten des Couchtisches forderten uns dazu auf, unsere Füße hochzulegen. Wir balancierten Laptops auf unseren Oberschenkeln. Verlängerungskabel schlängelten sich um die Couch herum zu Steckdosen im Flur. Ihre Stiefmutter klirrte in der Küche. Dies war keine Arbeitsumgebung. Aber wir haben es geschafft.

Zwei Jahre zuvor habe ich alles verloren und am selben Wochenende ihre Eltern kennengelernt …

Hey Papa, ich habe diesen Kerl im Internet kennengelernt. Er hat alles verloren und hat kein Geld. Aber keine Sorge, ich habe meinen Job gekündigt und bin zu ihm gezogen, um ihm bei seiner nächsten großen Geschäftsidee zu helfen. Können wir übrigens eine Weile hier übernachten?"

…Toller erster Eindruck, Alex.

Aber seitdem hatte sich viel verändert. Wir waren jetzt Multimillionäre. Wir haben genug verdient, um ihr Elternhaus in bar zu kaufen. *Jede Woche.*

Leila überprüfte die Berichte unserer Abteilungsleiter. Ach ja, wir hatten jetzt auch Führungskräfte.

„Hey, die Verkaufszahlen sehen diese Woche etwas schwach aus", sagte sie.

„Wirklich? Wie viele haben wir abgeschlossen?"

„Fünfzehn. Und letzte Woche begannen auch die Verkäufe zu sinken. Ist bei dir irgendetwas anders?"

„Ich weiß nicht. Lass mich das überprüfen." Ich habe mich beim Werbeportal von Facebook angemeldet. Rote Ablehnungsbenachrichtigungen füllten den Bildschirm.

„Na ja. Daran wird es liegen", sagte ich.

„Was? Was ist passiert?"

„Alle Anzeigen wurden abgeschaltet."

„Nun... das ist ein Problem. Wann, glaubst du, kannst du sie wieder einstellen?"

„Es wird ein oder zwei Tage dauern, bis eine neue Kampagne gestartet ist."

Ich blinzelte auf den Bildschirm. Etwas noch Beunruhigenderes sprang mir direkt ins Auge. *Facebook lehnte die Anzeigen vor zwei Wochen ab.* Ich habe so getan, als wäre nichts passiert.

„Also haben wir diese Woche 15 abgeschlossen, und wie viele in der Woche davor?" fragte ich.

„21"

„Nun, ich habe gute und ich habe schlechte Nachrichten."

„Ähh…Okay…"

„Die schlechte Nachricht ist, dass die Werbung vor zwei Wochen abgeschaltet wurde, das erklärt also den Rückgang. Die gute Nachricht ist … unser Produkt ist so gut, dass wir allein durch Mundpropaganda immer noch 500.000 US-Dollar pro Woche verdienen.

„Du hast die Werbung zwei Wochen lang ignoriert!?" Ihr stand ein *„Oh nein, das hast du nicht* direkt ins Gesicht geschrieben.

Ich zuckte mit einem verlegenen Grinsen mit den Schultern. „Du liebst mich immer noch, oder?"

Wir brachen in Gelächter über die Absurdität des Ganzen aus.

Diese zwei Jahre waren verrückt. Der Geldbetrag, den wir verdienten, ergab keinen Sinn. Wir haben erst Jahre später verstanden, wie viel. Wir waren einfach dankbar, dies alles gemeinsam tun zu dürfen,

Fehler finden und all sowas. Und dieser zufällige Abschnitt, in dem keine bezahlten Anzeigen geschaltet wurden, machte etwas ganz deutlich: *Unsere Kunden erzählten es ihren Freunden.*

Ein paar Monate später

Ich stand auf der Bühne und blickte auf das über 700-köpfige Publikum der Fitnessstudiobesitzer. Jeder hat 42.000 US-Dollar bezahlt, um dort zu sein. Alle trugen schwarze „Gym Lord"-T-Shirts und aufklebbare Schnurrbärte. Es. War. Verrückt.

Ich befand mich mitten in der Präsentation und erklärte, wie exzellenter Service durch Mundpropaganda Leads generiert. Die ganze Zeit über war ich besessen davon, ob das Geld, das wir zwei Wochen lang ohne die Schaltung bezahlter Anzeigen verdienten, ein Zufall war. Zuversichtlich unterbrach ich die Präsentation. *Zeit, es herauszufinden*:

„Okay, nur um Ihnen zu zeigen, wie wichtig das ist. Wer hat hier von einem anderen Fitnessstudio-Besitzer von Gym Launch erfahren? Heben Sie Ihre Hand." Sobald die Worte meine Lippen verließen, empfand ich sofortiges Bedauern. *Was ist, wenn niemand die Hand hebt? Was wäre, wenn unser Wachstum völlig erzwungen wäre? Ich bin so ein Idiot.*

Ich sah mich mit erhobenem Arm wie ein Affe im Raum um. Der Raum stand still. *Oh nein.*

Dann … hoben ein paar Fitnessstudiobesitzer ihre Hände. *Das sieht nicht gut aus, aber es könnte schlimmer sein.*

Dann mehr. *Gott sei Dank.* Dann mehr. Dann eine Welle von Händen. *Heiliger Bimbam.* Die Leute blickten zur Seite und hinter sich. *Es war fast der gesamte Raum.* Ich lasse den Moment für uns alle auf mich wirken. Ich werde es nie vergessen. Ich wusste, dass wir eine gute Mundpropaganda hatten, aber nicht, dass sie *so* gut war.

„Das", sagte ich, „ist die Macht der Mundpropaganda."

***

Ich weiß, dass Sie nicht dabei waren, als Leila und ich erkannten, dass wir durch Mundpropaganda mehr als 500.000 US-Dollar pro Woche verdienen. Ich weiß, dass Sie nicht dort waren, um Kunden im Wert von 30 Millionen US-Dollar zu sehen, die sagten, jemand hätte es ihnen empfohlen. Das erste Mal, dass ich die Macht von Empfehlungen erkannte - *war ein Zufall*. Als ich sah, wie viel es mir einbrachte, untersuchte ich, was richtig gelaufen war. Ich wollte sicherstellen, dass ich es *absichtlich* nachbilden konnte. Damit ich diese Fähigkeit auf Sie übertragen kann, muss ich die Überzeugungen übertragen, die sie geschaffen haben. Und diese Erfahrungen formten diese Überzeugungen. *Deshalb teile ich sie.*

Die Leute haben unsere Angebote, Anzeigen und Lead-Magnete kopiert. Sie haben unsere Zielseiten, E-Mails und Verkaufsskripte kopiert. Sie kopierten alles, was sie konnten – aber sie taten es mit wenig Erfolg. Sie denken, es gehe um „Werbung", und das ist auch so. Aber die *beste* Werbung ist ein zufriedener Kunde. Ein tolles Produkt macht jeden Kunden zum Lead-Getter.

Die Welt verliert von Sekunde zu Sekunde das Vertrauen. Jeden Tag recherchieren mehr Kunden. Sie rüsten sich mit Informationen aus, um Kaufentscheidungen zu treffen. Das sollten sie auch. Um also auf höherem Niveau spielen zu können, muss unser Produkt nicht nur liefern… sondern auch *Freude* bereiten. Kunden müssen *so viel Wert* erhalten, dass sie gezwungen sind, anderen Menschen von uns zu erzählen. Die gute Nachricht ist: Wenn Sie erst einmal wissen, wie es geht, ist es einfacher als Sie denken.

In diesem Kapitel erkläre ich, wie Sie die niedrigsten Kosten, den höchsten Gewinn und die beste Qualität an Leads erzielen: durch Empfehlungen.

Wie Empfehlungen Funktionieren

Eine Empfehlung erfolgt, wenn jemand, ein Empfehlungsgeber, einen engagierten Lead an Ihr Unternehmen weitersendet. Jeder kann weiterempfehlen, aber die besten Empfehlungen kommen von Ihren Kunden. Daher konzentriert sich dieses Kapitel darauf, mehr Empfehlungen von Ihren Kunden zu erhalten.

Wie Empfehlungen Ihr Geschäft Wachsen Lassen

Empfehlungen sind wichtig, weil sie Ihr Geschäft auf zwei Arten wachsen lassen:

1) **Sie sind mehr wert (höherer LTGP).** Durch Empfehlungen kaufen die Menschen teurere Sachen und kaufen sie öfter. Sie neigen auch dazu, im Voraus bar zu bezahlen. Schön.

2) **Sie kosten weniger (niedrigere CAC).** Wenn ein Kunde Ihnen einen anderen Kunden schickt, weil ihm Ihre Sachen gefallen, kostet Sie dieser neue Kunde nichts. Und kostenlose Kunden sind günstiger als Kunden, die Geld kosten. Also kostenlose Kunden = gut.

Aber was bedeutet das alles wirklich? Schauen Sie sich das an ... Stellen Sie sich vor, Sie hätten ein LTGP-zu-CAC-Verhältnis von 4 zu 1. Das bedeutet, dass es 25 Prozent Ihres lebenslangen Bruttogewinns eines Kunden kostet, einen anderen zu gewinnen. Nicht schlecht. Aber stellen Sie sich nun vor, *jeder Kunde würde Ihnen zwei weitere Kunden bringen.* Sie hätten jetzt ein LTGP-zu-CAC-Verhältnis von 12 zu 1 – Sie würden etwas mehr als 8,3 % Ihres lebenslangen Bruttogewinns verwenden, um einen neuen Kunden zu gewinnen. So erhalten Sie drei Kunden zum Preis von einem. Jetzt reden wir. Hurra. Was für ein Handel! Darüber hinaus *sind Empfehlungen exponentiell.* Lassen Sie mich erklären.

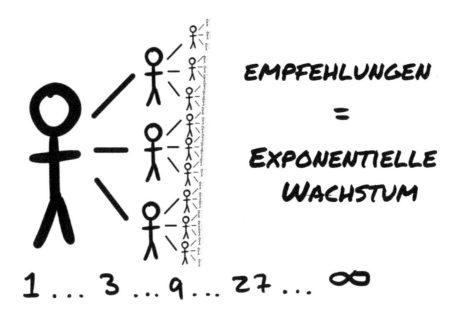

Die Anzahl der engagierten Leads, die Sie durch die vier Grundprinzipien erhalten, hängt davon ab, *wie oft* Sie diese nutzen. Die Aufwand-zu-Ertrag Relation ist ziemlich linear. Wenn Sie 100 Kontaktaufnahmen durchführen, erhalten Sie engagierte Leads. Wenn Sie die Anzahl der Kontakaufnahmen verdoppeln, verdoppeln sich Ihre Leads ungefähr gleich. Wenn Sie 100 $ für Anzeigen ausgeben, erhalten Sie engagierte Leads. Wenn Sie das verdoppeln, verdoppeln sich auch annähernd Ihre Leads. Egal wie gut Sie werben, wie viel Sie bekommen, hängt davon ab, wie viel Sie tun. Und das ist großartig. Aber durch Mundpropaganda können wir es noch besser machen. Durch Mundpropaganda bringt ein Kunde zwei. Zwei bringen vier. Vier bringen acht. Und so weiter. Es ist nicht linear, *es ist exponentiell.*

Nichts ist so erfolgreich wie Mundpropaganda. Möchten Sie wissen, warum so wenige Menschen durch Mundpropaganda skalieren? Sie verlieren Kunden schneller als sie sie gewinnen. Schauen Sie sich die Empfehlungswachstumsgleichung an, um sie in Aktion zu sehen. Empfehlungen (eingehend) minus abgewanderte Kunden (abgehend).

• Wenn die Weiterempfehlungen größer sind als die Abwanderung: Sie wachsen ohne weitere Werbung (Juhu!)

• Wenn Empfehlungen gleichbedeutend mit Abwanderung sind: Sie benötigen andere Werbung, um Ihr Geschäft auszubauen (naja)

• Wenn die Weiterempfehlungen geringer ausfallen als die Abwanderung: Sie müssen Werbung schalten, um die Gewinnschwelle zu erreichen (buh – die meisten Leute)

Das wird richtig verrückt, wenn man sich die Prozentsätze ansieht. Wenn der Prozentsatz der Empfehlungen jeden Monat größer ist als der Prozentsatz der Kunden, die das Unternehmen verlassen, steigert sich Ihr Geschäft jeden Monat. Sie müssten viel mehr Geld für Anzeigen ausgeben, so viel mehr Kontakte knüpfen oder so viel mehr Inhalte veröffentlichen, nur um dieses Wachstum aufrechtzuerhalten. Vielleicht stoßen Sie gegen eine Wand. Aber mit Empfehlungen können Sie Ihr Wachstum aufrechterhalten, *egal wie groß Sie werden.* Auf diese Weise explodierten Unternehmen wie PayPal und Dropbox zu Multimilliarden-Dollar-Unternehmen. Ich werde deren genaue Strategien später in diesem Kapitel aufschlüsseln.

Auf der anderen Seite kommen kleine Unternehmen kaum über die Runden, weil sie etwa gleichviel Kunden haben, die aus dem Geschäft ausscheiden wie hineinkommen. Ein Hamsterrad des Todes. Hier ist der Grund…

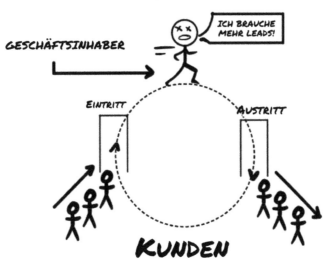

Zwei Gründe, Warum Sie Meisten Unternehmen Keine Empfehlungen Erhalten

Die meisten Unternehmen erhalten aus zwei Gründen keine Empfehlungen. Erstens ist ihr Produkt nicht so gut, wie sie denken. Zweitens fragen sie nicht danach.

Problem Nr. 1: Das Produkt ist nicht gut genug

„Jeder liebt unsere Sachen, wir müssen sie nur bekannt machen!" - sagt jeder Kleinunternehmer mit einem Produkt, das nicht so gut ist, wie er denkt.

Ich werde für eine Sekunde meine netten Art ablegen. Wenn Ihr Produkt außergewöhnlich wäre, wüssten die Leute bereits davon und Sie hätten mehr Geschäfte, als Sie bewältigen könnten. Wenn Sie also direkt an Verbraucher verkaufen und diese Ihnen nicht mehr Kunden bringen, besteht bei Ihrem Produkt Raum für Verbesserungen.

Ich frage mich gerne: „Warum ist es meinen Kunden zu peinlich, jedem, den sie kennen, von meinem Produkt zu erzählen?" Es mag in Ordnung sein, aber es ist *unauffällig*, d. h. – nicht erwähnenswert.

Tatsächlich sind die meisten Dinge, für die ich bezahle, irgendwie Mist. Meine Schreibkraft vergisst die Hälfte der Zeit Dinge. Meine Landschaftsgärtner machen in den ungünstigsten Stunden jede Menge Lärm. Meine Reinigungskräfte legen meine Kleidung routinemäßig in den Kleiderschrank meiner Frau. Die Liste geht weiter.

Unternehmer fragen sich, warum sie keine Empfehlungen erhalten. Die Antwort liegt direkt vor ihnen. *Sie sind einfach nicht gut genug.* Lassen Sie mich Ihnen zeigen, wie ich darüber denke:

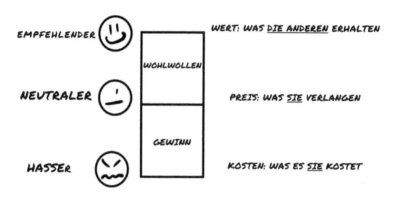

Der Preis ist das, was Sie berechnen. Wert ist das, was die Leute bekommen. <u>Der Unterschied zwischen Preis und Wert ist das **Wohlwollen**</u>.

Das bedeutet, dass der Preis nicht nur den Wert kommuniziert, sondern auch die Art und Weise, wie wir den Wert *beurteilen*. Wirtschafts-Idioten nennen es „Kundenüberschuss". Aber ich werde es einfach Wohlwollen nennen. Sie wollen viel Wohlwollen. Viel Wohlwollen sorgt für Mundpropaganda. Mundpropaganda bedeutet Empfehlungen.

Es gibt zwei Möglichkeiten, bei Ihren Kunden Wohlwollen aufzubauen. Sie können Ihren Preis senken oder mehr Wert bieten. Denn wenn Sie den Preis Ihres Produkts ausreichend senken, stehen die Leute Schlange, um es zu kaufen. Aber Sie würden wahrscheinlich Geld verlieren. Eine Preissenkung ist also bestenfalls eine vorübergehende Lösung. Sie können den Preis nur über einen bestimmten Zeitraum um ein bestimmtes Maß senken. Und wie Marketinglegende Rory Sutherland sagt: *„Jeder Dummkopf kann etwas für weniger verkaufen."*

Um das Wohlwollen aufzubauen, Empfehlungen zu erhalten, stellt sich also nicht die Frage, wie wir unseren Preis senken, sondern wie wir mehr Wert bieten können.

Sechs Möglichkeiten mehr Empfehlungen Zu Erhalten, Indem Sie Mehr Wert <u>Bieten</u>

Es gibt sechs Möglichkeiten, Empfehlungen zu erhalten, indem ich mehr Wert biete. Und es ist einfach so, dass es den Teilen einer Anzeige zugeordnet wird. Prima.

1) Ansprachen → Bessere Kunden anwerben

2) Traumergebnis → Bessere Erwartungen voraussetzen

3) Die wahrgenommene Erfolgswahrscheinlichkeit erhöhen → Bringen Sie mehr Menschen bessere Ergebnisse

4) Verringern Sie die Zeitverzögerung → Erhalten Sie schnellere Ergebnisse

5) Reduzieren Sie den Aufwand und die Opferbereitschaft → Machen Sie Ihre Sachen immer besser

6) Aufforderung zur Handlung (CTA) → Sagen Sie ihnen, was sie als Nächstes kaufen sollen

WERBEN SIE BESSERE KUNDEN AN

1) **Ansprachen → Bessere Kunden anwerben.** Wir wollen bessere Kunden anwerben, weil sie den größtmöglichen Nutzen aus unseren Produkten ziehen. Kunden, die den größten Nutzen ziehen, haben das größte Wohlwollen. Und die Kunden mit dem größten Wohlwollen werden am ehesten weiterempfehlen. Ja, so einfach ist das. Lassen Sie mich Ihnen ein Beispiel aus der Praxis geben:

Wir haben ein Portfoliounternehmen, das Öffentlichkeitsarbeit für generische Kleinunternehmen betreibt. Sie hatten viele Verkäufe, aber auch eine große Abwanderung. Also erreichten sie ein Plateau, Stillstand. Sie sind jahrelang nicht gewachsen.

Um zu sehen, was wir tun können, haben wir uns die Kunden mit der geringsten Abwanderungsrate angesehen, um herauszufinden, ob sie etwas gemeinsam haben – das stimmte. Sie waren alle in einer bestimmten Nische tätig und suchten nach Kapital von Investoren. Die Lösung lag also auf der Hand: Besorgen Sie sich mehr davon! Aber der Gründer hatte große Sorgen – diese Kunden machten nur fünfzehn Prozent seines Geschäfts aus. Wenn er seine Ausrichtung ändern würde und diese scheitern würde, würde er 85 Prozent seines Geschäfts(!) verlieren. Aber das Geschäft wuchs ohnehin nicht. Eine schwierige Situation für jeden Unternehmer. Doch nachdem er die Daten viele Male überprüft hatte, stimmte er zu, *die Werbeansprache zu ändern, um sie an diesen engeren, „perfekt passenden" Kunden anzupassen.*

Das Ergebnis: Das Unternehmen durchbrach sein Plateau. Sie wuchsen zum ersten Mal seit Jahren – und sind nun auf dem Weg, *jeden Monat Millionen* hinzuzugewinnen. Außerdem sanken ihre Werbekosten – ein enormer Kostenfaktor für ihr stagnierendes Geschäft. Sie erhielten *noch günstigere Leads,* da sie ihre Botschaften präziser formulieren konnten. Aber nicht nur das, die günstigeren Leads zogen sogar noch mehr Wert aus dem Produkt, *weil es für sie bestimmt war.* Und weil diese Kunden dem Unternehmen mehr Wohlwollen entgegenbrachten, begannen sie wie am Schnürchen zu empfehlen.

Aktionsschritt: Erhöhen *Sie die Qualität des Interessenten und Sie steigern die Qualität des Produkts.* Finden Sie heraus, was Ihre erfolgreichsten Kunden gemeinsam haben. Nutzen Sie diese Ähnlichkeiten, um eine neue Zielgruppe anzusprechen, die die größten Chancen auf den größtmöglichen Nutzen hat. Werben Sie dann <u>nur</u> für Leute, die diese neuen Kriterien erfüllen. Bereiten Sie sich darauf vor, mehr Wohlwollen aufzubauen. Mehr Wohlwollen bedeutet mehr Empfehlungen.

WECKEN SIE <u>BESSERE</u> ERWARTUNGEN

WENIG VERSPRECHEN MEHR LIEFERN > **VIEL VERSPRECHEN WENIG LIEFERN**

2) **Traumergebnis → Höhere Erwartungen stellen:** Der schnellste, einfachste und kostengünstigste Weg, Ihr Produkt bemerkenswert zu machen – machen Sie es besser, als man erwartet. Und das ist einfacher, als Sie vielleicht denken, weil Sie die Erwartungen festlegen.

Profi-Tipp: Dating-Ratschläge

Beim ersten Date lege ich die Messlatte gerne so niedrig wie möglich, indem ich alle meine Fehler eingestehe. Nachdem ich meiner (jetzigen) Frau alle meine Fehler erzählt hatte, scherzte ich: „Von hier aus kann es nur noch aufwärts gehen!"

Hat Ihnen jemals ein Fremder erzählt, dass ein neuer Film großartig sei? Dann schauen Sie sich den Film an und denken: „Das war nicht so gut, wie ich erwartet hatte." Auf der anderen Seite: Hat Ihnen jemals jemand gesagt, ein Film sei schrecklich, und am Ende haben Sie ihn sich trotzdem angeschaut und gedacht: „Das war nicht so schlimm, wie ich erwartet hatte." Unsere Erwartungen an eine Erfahrung können sich *dramatisch* auf die Erfahrung selbst auswirken. Wir können das Wohlwollen erhöhen, indem wir die Erwartungen senken. Es gibt uns Raum, mehr zu liefern.

Am Anfang habe ich alles Mögliche versprochen, um die Leute zum Kauf zu bewegen. Das zu erfüllen, wurde zu einem Albtraum. Also begann ich, meine Versprechen schrittweise einzuschränken und gleichzeitig die Qualität beizubehalten. Dadurch hatte ich mehr Spielraum für mehr Lieferungen und konnte einen großen Vorteil erzielen: Weiterempfehlungen. Die Erwartungen der Kunden sind unbeständig. Deshalb stellen wir die Erwartungen an sie. Und wenn wir diese Erwartungen stellen, können wir sie übertreffen.

Aktionsschritt: Senken Sie langsam die Versprechen, die Sie bei der Unterbreitung von Angeboten machen. Senken Sie sie weiter, bis Ihre Schlusskurse sinken. An diesem Punkt hören Sie auf. Dies maximiert die Anzahl Ihrer Kunden *und* den guten Ruf, den Sie mit ihnen aufbauen. Maximierte Kunden und mehr Wohlwollen bedeuten mehr Empfehlungen.

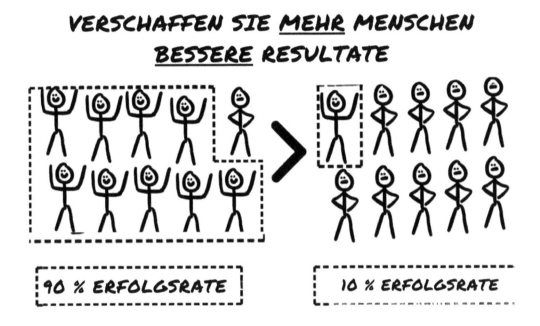

VERSCHAFFEN SIE MEHR MENSCHEN BESSERE RESULTATE

90 % ERFOLGSRATE   10 % ERFOLGSRATE

3) **Die Wahrgenommene Erfolgswahrscheinlichkeit erhöhen → Erzielen Sie Bei Mehr Menschen Bessere Ergebnissen:**

Die Kunden mit den besten Ergebnissen ziehen den größten Nutzen aus Ihrem Produkt. Finden Sie heraus, was sie tun, um den größtmöglichen Nutzen zu erzielen, und Sie können Ihren anderen Kunden dabei helfen, dasselbe zu tun. Um bessere Kunden anzuwerben, haben wir vor zwei Schritten herausgefunden, wer die besten *waren*. Um nun für alle die besten Ergebnisse zu erzielen, finden wir heraus, was die Besten *gemacht* haben.

Lassen Sie mich Ihnen zeigen, wie es beim Gym Launch aussah. Wir begannen mit der Verfolgung der Kundenaktivitäten. Wie schnell es zur Schaltung ihrer ersten bezahlten Anzeige kam. Wie schnell es zum ersten Verkauf kam. Deren Anwesenheit bei Anrufen, usw. Dann haben wir die Aktivitäten unserer *durchschnittlichen* Kunden mit den Aktivitäten unserer besten Kunden verglichen. Wir haben etwas Großes herausgefunden. Wenn ein Fitnessstudiobesitzer in den ersten sieben Tagen bezahlte Anzeigen schaltete und einen Verkauf tätigte, *verdreifachte* sich sein LTGP. Als uns das klar wurde, konzentrierten wir uns darauf, *alle* dazu zu bringen, in den ersten sieben Tagen Anzeigen zu schalten und Verkäufe zu tätigen. Die Ergebnisse unserer Durchschnittskunden stiegen sprunghaft an.

Mehr Kunden, weitere Erfahrungsberichte und weitere Empfehlungen folgten.

Hier ist der Prozess, den ich durchlaufe, um bei mehr Menschen bessere Ergebnisse zu erzielen:

Schritt Nr. 1: Befragen Sie die Kunden, um diejenigen zu finden, die die besten Ergebnisse erzielt haben.

Schritt Nr. 2: Befragen Sie sie, um herauszufinden, was sie anders gemacht haben.

Schritt Nr. 3: Schauen Sie sich die gemeinsamen Aktionen an.

Schritt Nr. 4: Bringen Sie neue Kunden dazu, die Aktionen zu wiederholen, die die besten Ergebnisse erzielt haben.

Schritt Nr. 5: Messen Sie die Verbesserung der durchschnittlichen Kundenergebnisse (Geschwindigkeit und Ergebnis)

Schritt Nr. 6: Passen Sie die Bedingungen Ihrer Garantie an die Maßnahmen an, die die besten Ergebnisse erzielen, um mehr Menschen dazu zu bewegen, sie durchzuführen.

Profi-Tipp: Machen Sie Die Erfolgsaktivitäten Zu Den Bedingungen Ihrer Garantie

TUN SIE DAS NICHT, WENN SIE GELD UND MENSCHEN ZU HELFEN HASSEN : Sobald Sie Ergebnisse von Kunden erhalten, notieren Sie, was diese getan haben. Dann beginnen Sie damit, neuen Kunden diese Ergebnisse zu garantieren. Aber *tun Sie es unter der Bedingung, dass sie das tun, was die besten Kunden getan haben*. Die Garantie wirbt mehr Menschen an. Die Bedingungen bringen ihnen bessere Ergebnisse. Sie gewinnen. Jene gewinnen.

Aktionsschritte: Finden Sie heraus, was die besten Leute getan haben. Dann bringen Sie alle dazu, es so zu machen. Geben Sie Ihre Garantien für die Aktionen, die den größten Erfolg bringen. Mehr Erfolg. Mehr Wohlwollen. Weitere Empfehlungen.

MACHEN SIE __SCHNELLERE__ GEWINNE

4) **Zeitverzögerung verringern → Schnellere Erfolge erzielen:** Ich definiere einen „Gewinn" als jede positive Erfahrung, die ein Kunde macht. Schnellere Erfolge erhöhen ihre Wahrnehmung von Geschwindigkeit, erhöhen die Wahrscheinlichkeit, dass sie bleiben, und erhöhen das Vertrauen, das sie Ihnen entgegenbringen. Dreifachsieg. Damit sich Gewinne schneller *anfühlen*, schenken wir ihnen *häufiger* Gewinne.

Stellen Sie sich vor, Sie haben ein Produkt, dessen Lieferung eine Woche dauert. Der Kunde kann am Ende dieser Woche einen Gewinn erzielen oder jeden Tag mit täglichen Fortschrittsaktualisierungen gewinnen. Gleicher Fortschritt, siebenfache Siege. Darüber hinaus vertraue ich ihm noch mehr, wenn jemand sagt, dass sieben Dinge passieren würden und alle sieben passieren. Das Risiko, einem Freund etwas zu empfehlen, ist jetzt geringer, da sieben Versprechen gemacht und alle sieben gehalten wurden.

Hier sind fünf Möglichkeiten, wie ich in der realen Welt schneller Erfolge erzielen kann:

1. Wenn ich sieben kleine Dinge zu liefern habe, liefere ich sie in kürzeren Abständen und nicht alle auf einmal.

2. Updates sind Gewinne. Wenn es sich um ein größeres Projekt handelt, teile ich Fortschrittsaktualisierungen so oft wie möglich. Man kann jemandem nie zu viele gute Nachrichten überbringen. Und regelmäßige Updates, egal ob Fortschritt oder nicht, sind besser, als Ihre Kunden hängen zu lassen.

3. Kunden machen sich innerhalb der ersten 48 Stunden nach dem Kauf einen bleibenden Eindruck von einem Unternehmen. Sorgen Sie für einen guten Eindruck. Sorgen Sie in diesem Zeitfenster für so viele Siege wie möglich. Setzen Sie viele Erwartungen. Erfüllen Sie viele Erwartungen. Wiederholen Sie.

4. Sie sollten immer wissen, wann sie das nächste Mal von Ihnen hören werden. Ich habe einen raffinierten Spruch von einem meiner öffentlichen CEO-Freunde erhalten – BAMFAM: Book-A-Meeting-From-A-Meeting (Buchen Sie ein Meeting von einem Meeting). Auch hier gilt: Lassen Sie einen Kunden niemals im Niemandsland zurück. Sie sollten immer wissen, was *als nächstes* passiert.

5. Erwarten Sie niemals, dass Kunden Ihnen verzeihen. Nie. Also benehmen Sie sich entsprechend. Sie können beispielsweise frühzeitig liefern, aber nie zu spät. Ich verlängere meinen Zeitrahmen um fünfzig Prozent, damit ich immer frühzeitiger liefere. Das macht *frühzeitig* für sie, aber „pünktlich" für mich.

Aktionsschritt: Unterteilen Sie die Ergebnisse in die kleinstmöglichen Zuwachsraten. Kommunizieren Sie so oft wie möglich (auch wenn es keine Fortschritte gibt, aktualisieren Sie sie). Legen Sie Zeitpläne mit Freiraum fest. Liefern Sie frühzeititg. Mehr Kundengewinne bedeuten mehr Wohlwollen. Und mehr Wohlwollen bedeutet mehr Empfehlungen.

FORTLAUFENDER WERT

$$\$ .... \$ .... \$ .... \$ .... \$ ....$$

5) **Reduzieren Sie Aufwand und Opferbereitschaft → Machen Sie Ihr Produkt immer besser**: Wenn der Kunde weniger Dinge tut, die er nicht mag, um von Ihrem Produkt zu profitieren, haben Sie es besser gemacht. Wenn der Kunde weniger Dinge aufgibt, die er liebt, um von Ihrem Produkt zu profitieren, haben Sie es besser gemacht. Und das perfekte Produkt gibt es nicht. Sie können es *immer* besser machen. Und je einfacher Sie es ihnen machen, davon zu profitieren, desto mehr Wohlwollen erhalten Sie und desto wahrscheinlicher ist es, dass Sie weiterempfohlen werden. Hier ist mein Prozess, um meine Sachen immer besser zu machen.

Schritt Nr. 1: Nutzen Sie Kundendienstdaten, Umfragen und Bewertungen, um das häufigste Problem mit Ihrem Produkt zu finden.

Schritt Nr. 2: Erarbeiten Sie Ihre Lösung daraus. Um sich einen Vorsprung zu verschaffen, holen Sie Feedback von den Kunden ein, die dafür gesorgt haben, dass Ihr Produkt trotz des Problems funktioniert.

Schritt Nr. 3: Nutzen Sie dieses Feedback, um Ihr Produkt zu verbessern.

Schritt Nr. 4: Geben Sie die neue Version an eine Gruppe Ihrer (schwierigen) Kunden weiter.

Schritt Nr. 5: Holen Sie sich Ihre nächste Feedback-Runde. Wenn Sie das ursprüngliche Problem gelöst haben, führen Sie es bei allen Kunden ein. Wenn dies nicht der Fall sein sollte, kehren Sie zu Schritt 2 zurück.

Schritt Nr. 6: Gehen Sie zum nächsthäufigsten Problem und wiederholen Sie den Vorgang. Wiederholen Sie dies bis zum äußersten Ende.

Aktionsschritt: Verbessern Sie Ihre Sachen auch weiterhin. Machen Sie eine Umfrage. Nehmen Sie Änderungen vor. Implementieren Sie. Messen Sie. Wiederholen Sie. Ich führe diesen Prozess jeden Monat durch. Legen Sie dies als wiederkehrenden monatlichen Prozess fest. Ein Produkt, das weniger Aufwand und weniger Opferbereitschaft erfordert, bedeutet mehr Wohlwollen. Und mehr Wohlwollen bedeutet mehr Empfehlungen.

6) **Aufforderung zum Handeln (Call-to-Action) → Sagen Sie Ihnen, Was Sie Als Nächstes Kaufen Sollen:** Wenn Sie ein tolles Produkt haben, werden sie mehr wollen. Sie müssen ihre Kauflust befriedigen. Wenn Sie das nicht tun, kaufen sie trotzdem … aber bei *jemand anderem*. Lassen Sie das nicht geschehen. Bewerben Sie sie erneut. Sie können ihnen entweder eine neue Sache verkaufen oder mehr von der Sache, die sie gerade gekauft haben. In beiden Fällen erhalten Sie noch mehr Wohlwollen und verlängern die Einnahmen durch den Kunden. Und je mehr Dinge er kaufen kann, desto mehr Dinge kann er seinen Freunden empfehlen.

Beispielsweise empfahlen in einem uns bekannten Unternehmen für Gewichtsreduktion viele Kunden den Freunden ihr erstes Produkt zum Abnehmen. Aber einige taten es nicht. Viele der Kunden, die beim Kauf des teureren Produkts nicht auf das erste Produkt hingewiesen haben, verwiesen ihre Freunde darauf! Also müssen sie weiterhin verkaufen.

Meiner Erfahrung nach sind die Leute besessen von ihren Frontend-Angeboten. Und das macht Sinn. Aber dann vernachlässigen sie das Backend *und die Kunden fallen ab*. Und Kunden, die von Ihrem Produkt abfallen, werden es wahrscheinlich nicht weiterempfehlen – verkaufen Sie sie also weiter, damit diese nicht abfallen.

Aktionsschritt: Behandeln Sie jeden Kunden so, als ob Sie ihn zum ersten Mal bewerben würden. Stellen Sie sicher, dass Ihr nächstes Angebot überzeugender ist als Ihr erstes. Erinnern Sie ihn daran, nach jedem großen Gewinn mehr zu kaufen. Mehr Dinge zu kaufen bedeutet mehr Möglichkeiten, noch mehr Wert zu schaffen. Mehr Wert bedeutet mehr Wohlwollen. Und mehr Wohlwollen bedeutet, Sie haben es erraten, mehr Empfehlungen.

<u>Eine Frage, Um Sie Alle zu Beherrschen</u>

Lassen Sie uns diese sechs Schritte in einem Gedankenexperiment zusammenfassen. Ich ermutige Sie, es mit Ihrem Team auszuprobieren. Hier ist es:

Sie haben alle Ihre Kunden bis auf einen verloren. Die Götter der Werbung verbieten Ihnen die Umsetzung der vier Grundprinzipien und verfügen über Folgendes:

-Alle Kunden müssen von diesem einen Kunden stammen.

-Verstoßen Sie gegen unsere Bedingungen und wir werden Ihr Unternehmen und jedes andere Unternehmen, das Sie gründen, für die Ewigkeit zerstören.

Harter Bruch. Aber die Frage bleibt: Wie würden Sie diesen Kunden behandeln? Was würden Sie tun, um seine Erfahrung so wertvoll zu machen, dass er alle seine Freunde schicken würde? Welche Ergebnisse würde er benötigen? Wie würde seine Einführung aussehen? Für welchen Kundentyp würden Sie sich entscheiden? Denken Sie darüber nach. Schreiben sie es auf. *Ihr Unternehmen hängt davon ab. Dann tun Sie es :)*

Fangen Sie an, so zu tun, als ob die Werbegötter Ihre vier Grundprinzipien jeden Moment widerrufen würden. Bald werden Sie feststellen, dass Ihnen keine andere Wahl bleibt, als mehr Mehrwert zu schaffen, um mehr Kundenempfehlungen zu erhalten.

Nun, da wir das besprochen haben. Möchten Sie wissen, wie Sie noch *mehr* Empfehlungen erhalten können?
→Fragen Sie danach.

Empfehlungen: Fragen Sie Danach

Wissen Sie, warum Unternehmen im Vergleich zu dem, was sie haben könnten, so wenige Empfehlungen haben? Sie fragen nie danach. Ihre Kunden können, wie jedes Publikum auch, nur dann wissen, was sie tun sollen, wenn Sie es ihnen sagen.

Jetzt habe ich *viele* Empfehlungsstrategien ausprobiert. Die meisten scheiterten. Und ich hatte damit zu kämpfen, bis mir diese Erkenntnis kam: Um Empfehlungen zu bitten, funktioniert nur, wenn man es wie ein Angebot behandelt. *Die Empfehlungen kommen, wenn Sie den Wert zeigen, den der Kunde erhält, wenn er seinen Freunden eine Empfehlung ausspricht.* Lassen Sie mich Ihnen zwei kurze Fallstudien geben, um zu zeigen, wie wirkungsvoll die Bitte um Empfehlungen ist:

Fallstudie Nr. 1: Dropbox stellte den Kunden *und* den Freunden, die sie geworben hatten, kostenlosen Speicherplatz zur Verfügung. Das Empfehlungsprogramm verbreitete sich viral und sie steigerten ihr Geschäft in fünfzehn Monaten um das 39-Fache.

Fallstudie Nr. 2: Paypal gab den Kunden *und* den Freunden, die sie geworben hatten, 10 $ Guthaben. Innerhalb von zwei Jahren erreichte das Programm eine Million Nutzer und sechs Jahre später erreichten sie 100 Millionen Nutzer. Sie verwenden es noch heute.

Wie können wir also das gleiche virale Wachstum in unseren eigenen kleinen Unternehmen nutzen? Wir tun, was sie getan haben. Wir bitten darum.

Sieben Möglichkeiten, Um Empfehlungen zu *Bitten*

Ein Empfehlungsprogramm besteht aus drei Komponenten: Wie Sie den Anreiz geben, womit Sie Anreize setzen und wie Sie fragen. Anstatt Ihnen hundert Variationen vorzustellen, die möglicherweise funktionieren oder auch nicht, sind hier die sieben Kombinationen, die für mich am besten funktioniert haben:

1) Einseitiger Empfehlungsvorteil: Ich bezahle lieber Kunden jeden Tag in der Woche, als eine Plattform. Bezahlen Sie Ihre durchschnittlichen Kosten für die Kundenakquise (CAC) an den Empfehlungsgeber oder Freund. Machen Sie sie auf den Anreiz aufmerksam.

   Bsp.: Stellen Sie sich vor, es kostet 200 $, einen neuen Kunden zu gewinnen. Bitten Sie den aktuellen Kunden, einem Freund eine echte Dreierbeziehung zu ermöglichen – per Anruf, SMS oder E-Mail. Nicht nur ein Name und eine Nummer. Bitten Sie sie außerdem, es beim Kauf richtig zu machen … warten Sie nicht. Stellen Sie ihm dann einen Scheck über 200 $ aus, wenn sich sein Freund anmeldet, ODER geben Sie ihm 200 $ Rabatt.

   Bsp.: Dies funktioniert hervorragend für Ehepartner, da grundsätzlich beide die Leistung erhalten. Fragen Sie immer nach dem Ehepartner und gewähren Sie einen Haushaltsrabatt.

2) Zweiseitige Empfehlungsvorteile: Dies nutzen Dropbox und PayPal. Wir zahlen unsere CAC an beide Parteien. Die Hälfte geht an den Empfehlenden (in Guthaben oder Bargeld) und die andere Hälfte geht an den Freund (in Guthaben). Auf diese Weise profitieren beide.

Bsp.: Wir verkaufen 500-Dollar-Programme. Unsere Kosten, um einen Kunden zu gewinnen, betragen 200 $. Für jeden empfohlenen Freund geben wir ihm 100 $ in bar und seinem Freund 100 $ Rabatt auf die Anmeldung. Der Vorteil gilt für bis zu 3 Freunde. Das hat für meine lokalen Unternehmen wirklich gut funktioniert.

Profi-Tipp: Schalten Sie Ihre bezahlten Anzeigen Kostenlos

In unseren Dienstleistungsunternehmen erhalten wir regelmäßig weitere 25–30 % der Anmeldungen durch Empfehlungen. *Wenn wir gleich bei der Anmeldung um eine Empfehlung bitten.* Wenn wir also 100 Kunden für eine Werbeaktion gewinnen würden, würden wir normalerweise weitere 25–30 Kunden durch Empfehlungen gewinnen. Und da wir immer über 3:1 LTGP:CAC arbeiten, deckten die Einnahmen aus Empfehlungen oft die Kosten für die Anzeigen (und einige davon). Bingo-Bango.

---

3) <u>Bitten Sie Direkt Beim Kauf Um Eine Empfehlung</u>: Fragen Sie auf dem Kaufvertrag oder auf der Checkout-Seite nach den Namen und Telefonnummern der Personen, *die sie gerne dabeihätten*. Zeigen Sie ihnen, wie *sie* bessere Ergebnisse erzielen, wenn sie das gleiche mit einem Freund durchführen würden.

Bsp.: Ein neuer Verkäufer kam in eines meiner Portfoliounternehmen und brach alle Verkaufsrekorde für eine bevorstehende Veranstaltung. Wir wussten nicht, was los war. Also habe ich mit ihm telefoniert – *wieso verkaufen Sie mehr Tickets als alle anderen?* Er zuckte mit den Schultern und sagte: „Ich mache das Gleiche wie alle anderen. Ich stelle nur sicher, dass ich sie frage, wen sie sonst noch gerne mitgenommen hätten. Dann bitte ich sie, mich bekannt zu machen." <u>Die Hälfte</u> seiner Verkäufe waren Empfehlungen. So einfach und doch <u>macht es niemand</u>.

Beispiel für ein Skript: *Leute, die unser Programm mit jemand anderem durchführen, erzielen in der Regel das Dreifache der Ergebnisse. Mit wem sonst könnten Sie dieses Programm durchführen?*

Profi-Tipp: Nicht „Ob", Sondern „Wer"

Sobald jemand Kunde ist, gehen Sie bei Ihrer Anfrage direkter vor. Fragen Sie nicht, *OB* sie jemanden kennen, sondern *WEN* sie kennen.

---

4) <u>Fügen Sie Empfehlungen als Verhandlungsgrundlage hinzu</u>: Darüber hinaus können Sie um Empfehlungen bitten, um einen niedrigeren Preis auszuhandeln. Mit anderen Worten: Wenn jemand 400 US-Dollar zahlen möchte und Ihr Preis 500 US-Dollar beträgt, können Sie ihm den Rabatt gewähren

und sich *dafür* drei Freunde mitbringen. Sie können ethisch vertretbar einen anderen Preis für die gleiche Sache verlangen, weil Sie die Verkaufsbedingungen geändert haben.

Bsp.: „Ich kann nicht mehr als 500 $ runtergehen, aber wenn Sie jetzt ein paar Ihrer Freunde per SMS vorstellen, würde ich die Einführungsgebühr gerne senken."

Und um die Frage zu beantworten, die Sie nicht gestellt haben: Wenn ein Vollpreiskunde herausfindet, dass Sie jemand anderem einen Rabatt gewährt haben (was mir schon passiert ist), sagen Sie nur Folgendes: *„Ja - Stacy hat 100 $ Rabatt bekommen, weil sie drei Freunde empfohlen hat. Ich gebe Ihnen gerne 100 $, wenn Sie mir drei Freunde empfehlen. Wen haben Sie im Sinn?* Entweder ziehen sie sich zurück oder sie geben dir drei Freunde. Win-win.

5) <u>Empfehlungsveranstaltungen</u>: Wo Leute Punkte, Verdienste, Dollars oder einfach nur das Recht erhalten, damit zu prahlen, dass sie innerhalb eines bestimmten Zeitraums Freunde mitgebracht haben. Empfehlungsveranstaltungen dauern in der Regel eine bis vier Wochen. Wenn Sie eine dieser Veranstaltungen durchführen, überzeugen Sie alle von den Vorteilen der Zusammenarbeit mit anderen. Verwenden Sie einige Statistiken (intern oder extern), um hohe Erfolgsquoten und den egoistischen Vorteil des Mitbringens von Freunden aufzuzeigen. Ich verwende Namen wie:

"Bring-einen-Freund" Aktion

"Ehepartner-Challenge" Aktion

"Verantwortlicher-Kumpel" Aktion

"Coach Challenge"Aktion, bei der Sie Teams mit Ihren Mitarbeitern und Kunden bilden. Dies funktioniert gut bei Unternehmen im Coaching-Stil.

6) <u>Laufende Empfehlungsprogramme</u>: Anstatt eine Empfehlungsaktion mit begrenzter Dauer durchzuführen, sprechen Sie über die Vorteile, die es hat, ständig etwas mit anderen zu machen. Denken Sie an Ihre kostenlosen Inhalte, Ihre Reichweite, bezahlte Anzeigen usw. Nachdem ein Kumpel dies getan hatte, verzeichnete er einen Anstieg der *Gesamt*anmeldungen um 33 %. Zum Vergleich: Er ließ 1.000.000 Kunden Tickets für seine virtuelle Veranstaltung kaufen und 250.000 von ihnen wurden empfohlen … das funktioniert.

7) <u>Freischaltbare Empfehlungsboni</u>: Erstellen Sie Boni für Personen, die 1) werben und 2) eine Empfehlung hinterlassen. Ein paar Beispiele: Schalten Sie VIP-Boni, Kurse, Token, Status, Schulungen, Waren, Servicelevel, Premium-Support, zusätzliche Servicestunden usw. frei.

Freischaltbare Empfehlungsboni funktionieren gut, wenn Sie nicht gerne Bargeld auszahlen. Wenn Sie möchten, können die Boni auch für *beide* Parteien gelten (da sie weniger kosten als Bargeld). Besuchen Sie den Lead-Magnet-Bereich für zusätzliche Inspiration. Wie immer gilt: Je verrückter Sie Ihr Angebot machen, desto mehr Leute werden es weiterempfehlen. Wenn Sie möchten, dass sie Sie weiterempfehlen, machen Sie es so gut, dass es dumm wäre, abzulehnen.

Sie Sind Nur Durch Ihre Kreativität Begrenzt

So sieht es aus, einige der oben genannten Strategien zu einer Killer-Empfehlungsaktion zu kombinieren.

Schenken Sie jedem eine Geschenkkarte für ein Drittel der Programmkosten. Sagen Sie ihnen, dass sie sie einem Freund schenken können, wenn sie sich bei ihnen anmelden. Geben Sie der Geschenkkarte eine Ablauffrist innerhalb von sieben bis vierzehn Tagen ab dem Datum, an dem Sie sie ihnen gegeben haben. Dadurch werden sie sozusagen gezwungen, diese zu verwenden. Dies gibt den Empfehlungsstatus, wenn jemand sie seinem Freund gibt. Anstatt zu sagen „Hey, nimm an meinem Programm teil und erhalte 2.000 $ Rabatt", sagt er: „Ich habe diese Geschenkkarte für 2.000 $ bekommen." Willst du sie? Ich möchte sie nicht verschwenden." Das wird als eine viel größere Sache angesehen, sowohl für ihn als auch für Sie.

Sie können mit dieser Taktik immer noch die Drei-Wege-Einführung nutzen. Senden Sie dann per SMS ein Bild der Geschenkkarte. Es gibt Bonuspunkte, wenn Sie den Namen des Freundes darauf schreiben, bevor Sie das Bild per SMS verschicken. Es wirkt persönlich und gibt Ihnen einen berechtigten Grund, nach dem Namen des Freundes zu fragen (zwinkern).

PS: Sie können die Geschenkkarten auch zu 90 Prozent günstiger als käufliche Geschenke verkaufen (nur für Freunde von Kunden). Der Empfehlungsgeber scheint viel Geld ausgegeben zu haben und Sie werden dafür bezahlt, neue Kunden zu gewinnen. Ich kann mir kaum einen besseren Weg vorstellen, Geld zu verdienen. Auch hier ist die einzige Grenze Ihre Kreativität.

Profi-Tipp: Passen Sie das, Was Sie Verschenken, An Das An, Was Sie Verkaufen.

Wenn Sie kein Geld verschenken möchten, versuchen Sie, den Empfehlungsanreiz auf das von Ihnen verkaufte Kernprodukt abzustimmen. Wenn Sie beispielsweise ein Unternehmen haben, das T-Shirts herstellt, ist es sehr sinnvoll, kostenlose T-Shirts zu verschenken. Denn Ihr Anreiz lockt Menschen an, die tatsächlich T-Shirts wollen. Und es ist wahrscheinlicher, dass sie zu zahlenden Kunden werden. (Hinweis: Deshalb funktioniert die Geschenkkarte so gut.)

Wenn Sie andererseits ein tolles T-Shirt in limitierter Auflage für Ihr IT-Dienstleistungsunternehmen verschenken, könnte es Menschen anziehen, die IT-Dienstleistungen brauchen, oder auch nicht. Versuchen Sie also, das, was Sie verschenken, mit dem, was Sie verkaufen, in Einklang zu bringen.

Schlussfolgerung

Empfehlungen sind keine Werbemethode, die Sie „machen" können. Es handelt sich nicht um einen Trick oder Hack (obwohl wir einige davon gelernt haben). *Es ist eine Art, Geschäfte zu machen. Und es beginnt bei Ihnen.*

Denn eine Weiterempfehlung ist immer ein Risiko für den Kunden. Er riskiert *sein* Wohlwollen gegenüber seinem Freund *in der Hoffnung*, mehr zu bekommen, indem er ihm etwas Cooles (Ihre Sachen) zeigt. Daher empfehlen Kunden *nur* dann weiter, wenn sie davon ausgehen, dass ihr Freund mit hoher Wahrscheinlichkeit eine gute Erfahrung damit machen wird. Mit anderen Worten, wenn die Vorteile für sie persönlich das Risiko, die Beziehung zu ihrem Freund zu beeinträchtigen, überwiegen. Deshalb schaffen wir durch Anreize Vorteile für sie und ihre Freunde und senken das Risiko, indem wir ein Wohlwollen aufbauen (und damit zeigen, dass wir unsere Versprechen einhalten). Und das erreichen wir, indem wir die sechs Wege nutzen, um Ihren Kunden einen Mehrwert zu bieten. Verstehen Sie mich nicht falsch: Der Aufbau von Wohlwollen allein leistet fantastische Arbeit, wenn es darum geht, Empfehlungen zu erhalten. Aber wenn wir schlau sind, was wir sind, nutzen wir dieses Wohlwollen, um noch mehr Empfehlungen zu erhalten, indem wir die sieben Möglichkeiten nutzen, danach zu fragen. Hu!

Geben Sie also mehr, als Sie bekommen, und Sie werden nie wieder hungern. *So behandeln wir unsere Kunden.* Wenn Sie es so handhaben, können Sie das *Wohlwollen* für immer monetarisieren. Um dies im Blick zu behalten, erinnere ich mich immer daran: *Ich werde morgen für den Wert entlohnt, den ich heute leiste.*

Aktionselemente

Ermitteln Sie Ihren Empfehlungs- und Abwanderungsprozentsatz, um eine Grundlinie festzulegen. Implementieren Sie die sechs Schritte des „Wertschöpfens", um Wohlwollen aufzubauen. Nutzen Sie dann dieses Wohlwollen, indem Sie eine oder mehrere der sieben Möglichkeiten nutzen, um Empfehlungen anzufordern.

Als Nächstes…

Jetzt müssen wir also herausfinden, wie wir ein Team skalieren können. Es sieht so aus, als müssten wir potenzielle Teamkollegen anrufen, ihnen zeigen, wie wertvoll es ist, dem Team beizutreten, und sie dann bitten, sich anzuschließen. Moment... das kommt mir bekannt vor. Aber im Ernst: Wenn Sie wirklich eine 100-Millionen-Dollar-Lead-Maschine wollen, sollten Sie sich anschnallen. Als nächstes kommt das wertvollste Kapitel des Buches – *Mitarbeiter*. Im Ernst, das ist kein langweiliges Kapitel, und Sie werden sie brauchen, wenn Sie das *große Geld* verdienen wollen.

KOSTENLOSES GESCHENK: BONUS – Kundenempfehlungsrausch

Wenn Sie mehr darüber erfahren möchten, wie Sie die größte Hebelwirkung und die profitabelste Art und Weise nutzen, um Kunden zu gewinnen, habe ich eine Schulung speziell für Sie erstellt. Sie können es hier kostenlos erhalten: **Acquisition.com/training/leads**. Und wie immer können Sie auch den QR-Code unten scannen, wenn Sie ungern tippen.

Nr. 2 Mitarbeiter

„Wenn du schnell gehen willst, geh alleine. Wenn du weit kommen willst, geh gemeinsam"
— Afrikanisches Sprichwort

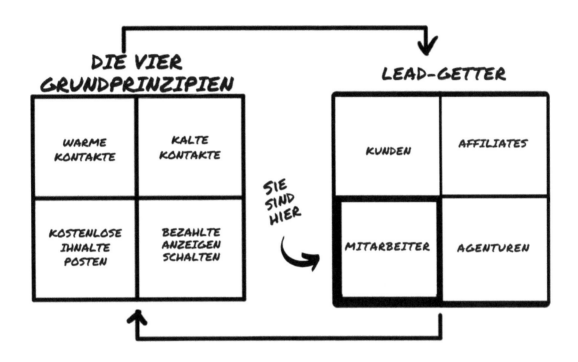

Juni 2021.

Der neue Vertriebsleiter meldete sich zu Wort: „Ich weiß, dass wir unser Ziel erneut nicht erreicht haben, aber ich glaube nicht, dass wir etwas ändern müssen, wir werden es in diesem Quartal erreichen."

Die Augen huschten durch den Raum und blickten in alle Richtungen außer in meine. Das Schweigen dauerte so lange, dass der Assistent der Geschäftsleitung das behandelte Thema markieren und weitermachen konnte. Kein Wunder, dass wir unser Kaltakquise-Ziel das zweite Quartal in Folge verfehlt haben … niemand hat das Scheitern bestritten. *Denken wir jetzt also, das dritte Mal wäre ein Anreiz?*

„Warten Sie." Sagte ich. Jetzt schauten *alle* in meine Richtung. „Ich würde gerne wissen, warum wir es diese zwei Quartale hintereinander nicht geschafft haben. Ich weiß, dass wir verkaufen können – wenn wir also mit Kaltakquise mehr Verkäufe erzielen wollen, dann *machen* wir mehr Kaltakquise. Was ist das Problem?"

„Wir verlieren alle vier Wochen einen Repräsentanten." sagte der Verkaufsleiter. *Aha.*

„Ok...Warum ist unsere Abwanderung so hoch?"

„Ich habe mich das Gleiche gefragt, aber die Personalabteilung sagt, dass wir bei dieser Position tatsächlich unter dem Branchendurchschnitt liegen." Er fuhr fort: „Aber, in der Zeit, in der wir einen einstellen und einarbeiten, springt ein anderer ab."

Ich sah, wie der Personalleiter zustimmend nickte. *Es wurde wärmer.*

„Okay, es geht also um die Einstellung von Mitarbeitern", sagte ich. „Also, wie sieht die Einstellungssituation aus?"

„Wir stellen jeden vierten Kandidaten ein, den die Personalabteilung an uns weiterleitet."

„Wenn sie also so schnell abwandern, wie wir sie einstellen, und Sie nur einen von vier einstellen, bedeutet das, dass Sie nur etwa einen Kandidaten pro Woche bekommen?"

„Ja, so ungefähr." *Fast geschafft.*

„Verstanden" Jetzt schaute ich den Personalleiter an: „Wie sieht die Screening-Situation aus?"

„Wir bekommen einen qualifizierten Kandidaten pro zehn Auswahlgespräche, mehr oder weniger", sagte er.

„Es braucht also vierzig Vorstellungsgespräche, um einen einzigen, gering qualifizierten Mitarbeiter an vorderster Front zu bekommen?"

„Ich denke schon." *Bingo.*

„Okay, wir müssen etwas ändern", sagte ich. „Wir haben beim Einzelscreening einen Engpass. Beginnen Sie mit Vorstellungsgesprächen in Gruppen und suchen Sie dort nach Exzentrikern. Schieben Sie alle anderen mit einer guten Arbeitsmoral und grundlegenden sozialen Fähigkeiten in den Vertrieb. Den Rest können wir anlernen. Abgemacht?" Das Team nickte.

Innerhalb von sechs Wochen übertraf die Zahl der Neueinstellungen die Abwanderung. Unsere Kaltakquiseverkäufe stiegen im Gleichschritt. Bis zum Ende des Quartals hatten sich die Kaltakquiseverkäufe verdoppelt und machten mehr als die Hälfte unseres Gesamtumsatzes aus.

Das Problem lag überhaupt nicht an unserer Kaltakquise-Methode, unseren Fähigkeiten oder unserem Angebot. Wir hatten einfach nicht genug Leute, die Kaltakquise *machten.*

***

Wenn Sie die Methoden in diesem Buch anwenden, werden Sie feststellen, dass mehr engagierte Leads in Ihr Unternehmen fließen. Mehr engagierte Leads bedeuten mehr Kunden. Aber wenn Sie wachsen, wächst auch Ihre Arbeitsbelastung. Mit der Zeit wird es mehr Arbeit erfordern, als eine einzelne Person bewältigen kann. Und Sie können das Problem, dass eine Person zu viel Arbeit hat, dadurch lösen, *dass mehr Leute arbeiten.* Kurz gesagt: Um mehr Werbung zu machen, brauchen Sie mehr Arbeitskräfte. Und dieses Kapitel zeigt Ihnen, wie Mitarbeiter arbeiten, warum sie Sie reich machen, wie ich sie bekomme und mit welcher Methode ich sie zu Lead-Gettern mache.

Wie Mitarbeiter Arbeiten

Lead-Gewinnungsmitarbeiter sind Personen, die in Ihrem Unternehmen arbeiten und die Sie schulen, um Leads zu gewinnen. Sie verschaffen Ihnen Leads auf genau die gleiche Weise, wie Sie am Anfang Ihre eigenen Leads erhalten haben. Sie schalten Anzeigen, erstellen und veröffentlichen Inhalte und betreiben Öffentlichkeitsarbeit. Sie machen jede Werbung, *für die Sie sie ausbilden*. Mehr Mitarbeiter, die Leads gewinnen, bedeuten also mehr engagierte Leads für Ihr Unternehmen. Es bedeutet auch, dass *Sie* weniger Arbeit aufwenden müssen, um Leads zu gewinnen. Mehr Leads und weniger Arbeit? Melden Sie mich an! Aber warten Sie... Nicht so schnell...

Verstehen Sie mich nicht falsch – *Mitarbeiter übernehmen Arbeit.* Sie nehmen einfach weniger Zeit und Arbeit in Anspruch, als alles alleine zu erledigen. Meiner Erfahrung nach arbeitet man 36 Stunden weniger, wenn man vierzig Stunden Arbeit gegen vier Stunden Verwaltung eintauscht. Brillant. Und das Beste daran ist, dass Sie diesen Handel immer wieder durchführen können. Sie können 200 Stunden Arbeit pro Woche gegen zwanzig Stunden Management eintauschen. Dann tauschen Sie die zwanzig Verwaltungsstunden gegen einen Manager ein, dessen Führung Sie vier Stunden pro Woche kostet. Was bleibt, sind vier Stunden Arbeit für 200 Stunden Lead-Gewinnung. Boom.

Fazit: Mitarbeiter bilden ein voll funktionsfähiges Unternehmen, das *ohne Sie* wächst.

Warum Mitarbeiter Sie Reich Machen

Damit Ihr Unternehmen ohne Sie laufen kann, müssen andere Leute es führen.

Szenario Nr. 1: Stellen Sie sich vor, Sie haben ein Unternehmen, das einen Umsatz von 5.000.000 US-Dollar pro Jahr und einen Gewinn von 2.000.000 US-Dollar erzielt. Und um diesen Gewinn zu erzielen, muss man rund um die Uhr arbeiten. In dieser Situation haben Sie grundsätzlich einen gut bezahlten Job.

Aber nehmen wir an, Sie sind damit einverstanden, rund um die Uhr zu arbeiten und wissen, dass Ihr Unternehmen abbrennen würde, wenn Sie Urlaub machen würden.

Urlaube sind sowieso etwas für Verlierer (im Scherz *hust* irgendwie…). Wir müssen noch auf eine weitere wichtige Sache achten …

Sicher, Sie verdienen ein bisschen Geld, aber Ihr Unternehmen *ist nicht viel wert*. Wenn das Unternehmen nur mit Ihnen Geld verdient, ist es für alle anderen eine schlechte Investition. Das hört sich im Moment vielleicht nicht nach einer großen Sache an, aber denken wir über eine Alternative nach.

Szenario Nr. 2: Ihr Unternehmen erzielt einen Umsatz von 5.000.000 US-Dollar und einen Gewinn von 2.000.000 US-Dollar. Aber es gibt einen großen Unterschied: Das Geschäft läuft *ohne Sie*. Das macht zwei sehr coole Dinge. Erstens verwandelt es einen früher riskanten Job in ein wertvolles Gut. Und zweitens macht es Sie *viel* reicher. Sehen Sie wie:

Erstens erhalten Sie Ihre Zeit zurück, sodass Sie diese Zeit nutzen können, um in Ihr Unternehmen zu investieren, andere Unternehmen zu kaufen oder Ihren faulen Urlaub zu verbringen. Zweitens werden Sie viel reicher, weil Ihr Unternehmen jetzt *für jemand anderen etwas wert ist*. Sie haben eine Verbindlichkeit, die auf Sie angewiesen war, in einen Vermögenswert verwandelt, auf den Sie sich *verlassen* können.

Wenn Sie einen Vermögenswert haben, der *ohne Sie* Millionen von Dollar erwirtschaftet, bedeutet das, dass jemand anderes damit *ohne ihn* Millionen von Dollar verdienen könnte. Mit anderen Worten: Ihr Unternehmen ist jetzt eine *gute Investition*. Dann würden Investoren, die nach Vermögenswerten suchen, wie zum Beispiel Acquisition.com, einige oder alle davon von Ihnen kaufen. Und Ihr Gewinn von 2.000.000 US-Dollar pro Jahr, insbesondere wenn er steigt, könnte *jetzt* leicht über 10.000.000 US-Dollar wert sein. Ihr Unternehmen hatte also einen Wert von nahezu *Null* und erreichte nun einen Wert von 10.000.000 US-Dollar. Wenn Sie also lernen, wie Sie andere Leute dazu bringen können, die Arbeit für Sie zu tun, erhöht sich Ihr Nettovermögen um 10.000.000 US-Dollar. Ich würde sagen, es lohnt sich zu lernen, wie man es macht.

Zur Erinnerung: *Man wird reich mit dem, was man macht. Man wird vermögend mit dem, was man besitzt.* Und es hat Jahre gedauert, bis mir das klar wurde, denn es ist noch gar nicht so lange her …

Alles, Was Ich Über Mitarbeiter Zu Wissen Glaubte, War Falsch

Haben Sie jemals gehört…

> *Wenn du willst, dass etwas richtig gemacht wird, musst du es selbst tun.*

> *Niemand kann es so machen wie ich.*

> *Niemand kann mich ersetzen.*

Ich habe es. Ich habe das alles gesagt. Ich habe all das gelebt. Jahrelang habe ich jedes Mal, wenn ich jemanden eingestellt habe, seine Fähigkeiten mit denen verglichen, die ich leisten konnte. In meinem

Kopf hatte ich das Gefühl, dass ich gegen ihn war. Um irgendwie zu beweisen, dass ich der „Fähigere" war. Mit meinem eigenen Team! Und dieser Glaube, diese Art, Menschen zu „führen", hat mir nie mehr Geld eingebracht.

Was das Geschäftliche betrifft: „Niemand außer mir kann es schaffen" und „Wenn du willst, dass etwas richtig gemacht wird, musst du es selbst machen" sind keine Fakten … sie sind falsch. Jemand hat Ähnliches getan, bevor Sie da waren. Und jemand wird in irgendeiner Form weitermachen, wenn Sie nicht mehr da sind. Auf die eine oder andere Weise ist jeder ersetzbar. Es kann durch mehrere Personen, durch Technologie oder später erfolgen, aber *jeder* kann ersetzt werden. Mein Vorschlag: Ersetzen Sie sich so schnell wie möglich. Dann können Sie sich woanders nützlich machen. Viele andere Leute haben das herausgefunden. Und das können Sie auch.

In der Anfangszeit, als ich ein Unternehmen gründete, konnte ich Dinge besser machen als die Leute, die ich eingestellt habe. Meine gesamte Belegschaft wirkte am Ende immer wie eine zusammengewürfelte Gruppe von Außenseitern, die *sozusagen eines* der vielen Dinge tun konnten, die ich tun konnte. Das brachte mich zunächst zum Laufen, aber ich tappte in die Falle und glaubte, ich sei besser als alle anderen. Ich schwankte zwischen Freude, weil ich besser war als sie, und Beschwerden, weil sie nicht so gut waren wie ich, hin und her. Und aus welchem Grund auch immer, es kam mir nie in den Sinn, dass *ich derjenige war*, der sie eingestellt und geschult hat. Wen habe ich veräppelt? Die Realität sah zweifach aus: Erstens verfügte ich nicht über die Fähigkeiten, ein Team richtig zu trainieren oder zu führen. Zweitens war ich zu arm und dann (als ich etwas Geld hatte) zu billig, um jemanden Besseren einzustellen. Mit anderen Worten, es war meine Schuld, dass sie schlecht waren. Hoppla.

Je mehr ich versuchte, meine Mitarbeiter zu übertrumpfen, desto abgelenkter wurde ich und desto schlechter wurde mein Geschäft. Klar, damals konnte ich *vielleicht irgendetwas* besser machen als *jeder* meiner Mitarbeiter. Aber… ich könnte nicht *alles* besser machen als *alle* meine Mitarbeiter. Und als ich das endlich erkannte, begann ich, bessere Überzeugungen über Talent als solches zu entwickeln:

„Wenn du willst, dass es richtig gemacht wird, bitte jemanden, seine ganze Zeit damit zu verbringen."

„Wenn ich es kann, kann es jemand anderes besser."

„Jeder ist ersetzbar, besonders ich."

Diese neuen Überzeugungen über Talente führten nicht nur zu einer viel gesünderen Unternehmenskultur, sondern brachten auch sehr gewinnbringende Nebeneffekte mit sich. Das Vertrauen, dass meine Mitarbeiter erfolgreich sein werden, machte *meine* Zeit und Aufmerksamkeit *weitaus* wertvoller. Wenn es jemand anderes kann, warum sollte ich es dann tun? Wenn jemand anderes sie ausbilden könnte, warum sollte ich es tun? Wenn ich andere Dinge lernen könnte, um das Geschäft auszubauen, während mein Team die Stellung unter Kontrolle hält, wäre es *viel* sinnvoller, genau das zu tun. Also machen wir es so.

Wie Sie Mitarbeiter-Leads erhalten: Die Internen Vier Grundprinzipien

Erinnern Sie sich an die vier Grundprinzipien? Nun, sie funktionieren auch, um Mitarbeiter zu gewinnen. Stellen Sie sich das vor. Indem Sie den Rahmen von „Informieren Sie potenzielle Kunden über Ihre Produkte" zu „Informieren Sie potenzielle Mitarbeiter über Ihre Produkte" ändern, wird daraus *sofort* etwas, von dem Sie bereits wissen, wie man es macht. Aber manche Menschen haben auch das gegenteilige Problem – sie wissen bereits, wie es ihnen ganz gut gelingt, Mitarbeiter zu gewinnen, aber es fällt ihnen immer noch schwer, Kunden zu gewinnen. *Mitarbeiter sind nur andere Personen, die Sie über Ihre Angelegenheiten informieren.* Also machen Sie das Gleiche!

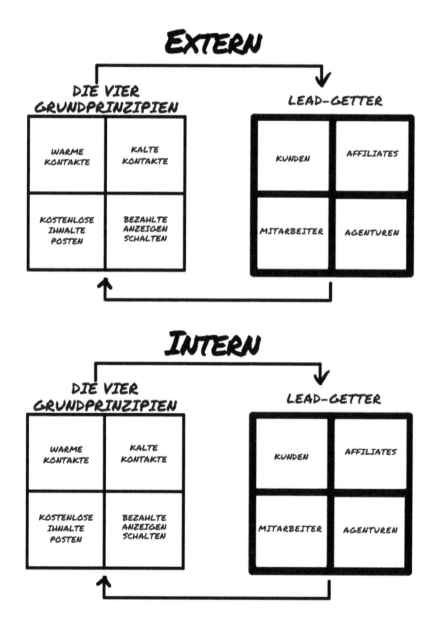

Ordnen Sie die Aktionen zur Gewinnung von Mitarbeitern den Aktionen zur Gewinnung von Kunden zu. Es ist das Gleiche!

Kunden → Mitarbeiter

Warme Kontakte → Fragen Sie Ihr Netzwerk

Kundenempfehlungen → Mitarbeiterempfehlungen

Kaltakquise → Werben

Affiliates → Verbände, Gilden, Listenserver, etc.

Inhalte Posten → Ausschreibung von bezahlten Stellenangeboten

Agenturen → Personalvermittlungsfirmen, etc.

Werbeanzeigen → Stellenangebote bewerben

Mitarbeiter → Mitarbeiter (unverändert)

Die Art und Weise, wie Sie Mitarbeiter-Leads und deren Lead-Getter erhalten, entspricht der Art und Weise, wie Sie Kunden-Leads und *deren* Lead-Getter erhalten. Wenn Sie also neue Talente brauchen, machen Sie einfach Werbung, um sie zu bekommen. Und wenn Sie mehr brauchen, tun Sie mehr. Und so wie Sie einen zuverlässigen Prozess zur Kundengewinnung schaffen, können Sie auch einen zuverlässigen Prozess zur Mitarbeitergewinnung schaffen. Und für die Skalierung benötigen Sie *beides*.

Wie Sie Mitarbeiter Dazu Bringen, Ihnen Leads Zu Generieren

Jetzt stellen Sie jemanden ein, der Sie jeden Monat Geld kostet. Großartig. Sorgen wir dafür, dass Sie es zurückbekommen, *und zwar* so schnell wie möglich.

Hinweis - Einige Arbeitssuchende wissen bereits, wie sie Leads gewinnen. Diese Leute sind großartig. Sie können auch damit rechnen, dass sie mehr kosten. Und wenn Sie gerade erst anfangen, können Sie es sich vielleicht nicht leisten. Ihre nächstbeste Option besteht also darin, sie einzuarbeiten. Zum Glück haben Sie ein ganzes Buch über Lead-Gewinnung zur Hand. Der nächste Schritt besteht also darin, Ihre Mitarbeiter darin zu schulen, wie Sie diese Aktivitäten zur Lead-Gewinnung durchführen. Ich denke über dieses mentale 3D-Modell nach und gehe das Training tatsächlich an: *dokumentieren, demonstrieren, duplizieren*. So funktioniert das.

Schritt eins – Dokumentieren. *Erstellen sie eine Checkliste*. Sie wissen bereits, wie man das macht. Jetzt müssen Sie nur noch die Schritte genau so aufschreiben, wie Sie sie vollziehen. Sie können sich auch von anderen vertrauenswürdigen Beobachtern zuschauen und dokumentieren lassen, was Sie tun. Bonuspunkte für Sie, wenn Sie selbst dokumentieren, dass Sie die Aufgabe auf verschiedene Arten und in mehreren Schichten erledigen. Auf diese Weise können Sie sich selbst *als Zuschauer* beobachten, anstatt Ihren Arbeitsfluss durch Pausen zu unterbrechen, um sich zwischendurch Notizen zu machen. Wenn Sie alles in die Checkliste eingetragen haben, erledigen Sie es bei Ihrem nächsten Arbeitsblock genauso und befolgen Sie *nur* diese Schritte. Können Sie einen A+-Job erledigen, wenn Sie *nur genau Ihren* Anweisungen folgen? Wenn das so ist, haben Sie den ersten Entwurf Ihrer Checkliste für den Job.

Schritt zwei – Demonsrieren: *Machen Sie es ihnen vor*. So wie Ihre Eltern Ihnen beigebracht haben, wie man seine Schuhe bindet. Sie setzen sich hin und gehen die Checkliste Schritt für Schritt durch. Dies kann eine Weile dauern, je nachdem, wie viele Schritte erforderlich sind, um die Sache abzuschließen. Wenn die anderen Sie aufhalten oder verlangsamen, um etwas zu verstehen, passen Sie Ihre Checkliste entsprechend an. Jetzt haben Sie den <u>zweiten Entwurf</u> für sie zum Ausprobieren parat.

Schritt drei – Duplizieren: *Sie machen es Ihnen nach*. Jetzt sind die anderen an der Reihe. Sie befolgen dieselbe Checkliste, die Sie befolgt haben. Nur dieses Mal sind sie diejenigen, die sie umsetzen, und Sie sind derjenige, der beobachtet. Wir wollen nur, dass das *nachgeahmt* wird, was wir getan haben. Wenn also die Checkliste stimmt, wird das Ergebnis dasselbe sein. Und wenn darin etwas fehlt – werden Sie es schnell herausfinden! Korrigieren Sie Ihre Checkliste, bis sie richtig ist. Dann lassen Sie sie diese befolgen, bis es richtig funktioniert. Und wenn sie es geschafft haben, haben Sie nun einen echten Lead-Getter auf Ihrer Gehaltsliste. Glückwunsch!

Profi-Tipp: Gewähren Sie Den Leuten Ein Knappes Zeitfenster, Um Sich Zu Beweisen.

Die meisten Einstiegsjobs im Bereich Werbung sind nicht komplex. Es erfordert mehr Mut als Geschick. Wenn Sie jemanden richtig geschult haben und er nach drei Wochen immer noch unter den Erwartungen liegt, trennen sie sich von ihm.

Nachdem Sie Ihre ersten Mitarbeiter auf diese Weise geschult haben, haben Sie die Hürden für diesen Job geklärt und von da an läuft es ziemlich reibungslos. Zumindest der Trainingsteil. Stellen Sie sich das so vor: Wenn Sie morgen verschwinden würden, könnte ein Fremder dann die Ergebnisse erhalten, die Sie erhalten, wenn er nur Ihrer Checkliste folgt? Das ist der Grad an Klarheit, den man anstreben sollte.

<u>Einige hilfreiche Hinweise zur Schulung:</u>

- Eine hilfreiche Möglichkeit, diesen Schulungsstil zu betrachten, ist: *Wenn die Leute etwas falsch machen oder verwirrt sind, dann haben wir etwas falsch oder verwirrend gemacht*. Wenn wir erklären müssen, was ein Schritt bedeutet, dann ist der Schritt zu kompliziert. Oder, was wahrscheinlicher ist, wir haben versucht, mehrere Schritte in einem zusammenzufassen.

- Wenn es erst nach einer längeren Erklärung oder mehreren Demonstrationen „verständlich" zu sein scheint, dann haben wir noch einmal einiges zu tun. Unternehmer, die dies ignorieren, geraten in chronische Schulungsprobleme. Und ich muss Ihnen sagen, dass Sie eine minderwertige Checkliste wahrscheinlich zum Funktionieren bringen können, aber das wird zum *Albtraum*, wenn jemand anderes Ihre Schulung für Sie übernimmt.

- Es gibt einen Unterschied zwischen Kompetenz und Leistung. Mit anderen Worten: Sie wissen möglicherweise genau, was zu tun ist, *sind aber noch nicht so gut darin*. Wenn das der Fall ist, sind Ihre Anweisungen in Ordnung und *müssen nur noch geübt werden*. Um eine Analogie aus der Fitnesswelt zu verwenden: Stellen Sie sich - „Langsam, dann sanft, dann schnell" vor. Sie müssen nichts ändern, sie brauchen nur mehr Wiederholungen.

- *Konzentrieren Sie sich mehr auf die Fähigkeit Ihrer Mitarbeiter, Anweisungen zu befolgen, als darauf, ob sie das richtige Ergebnis erzielen.* Das ist sehr wichtig, denn wenn Sie Ihre Mitarbeiter darin schulen, Anweisungen zu befolgen, dann… werden sie auch den Anweisungen folgen. Und wenn sie den Anweisungen folgen und das falsche Ergebnis erhalten, dann wissen Sie… *dass es an den Anweisungen liegt.* Das ist gut. Sie haben viel mehr Kontrolle darüber.

- Jedes Mal, wenn sie einen Schritt erfolgreich ausführen - lassen Sie sie wissen, *dass sie es richtig gemacht haben.* Und wenn sie auf Lob reagieren, loben Sie sie! Und wenn sie etwas vermasseln, ist das auch in Ordnung. Dafür ist Training da. Übernehmen Sie nicht die Verantwortung für sie, wenn sie Fehler machen – machen Sie einfach eine Pause, treten Sie einen Schritt zurück und lassen Sie sie es noch einmal versuchen. Schnelle Feedback-Zyklen sind sinnvoll, damit die Menschen *schneller* lernen.

- Wenn sie Ihren Anweisungen *genau* folgen und das falsche Ergebnis erhalten - loben Sie sie trotzdem dafür, dass sie die Anweisungen befolgt haben. Loben Sie sie und nehmen Sie dann sofort die Korrekturen an Ihrer Checkliste vor.

- Vermeiden Sie Bestrafungen oder Strafen jeglicher Art für falsches Handeln während des Trainings. Als Faustregel gilt: Belohnen Sie die guten Dinge, von denen Sie möchten, dass sie mehr tun, und sie werden mehr davon tun. Das Erlernen einer neuen Fähigkeit ist schon Strafe genug, wir müssen sie nicht noch erweitern.

- Es ist schwierig, mehrere Dinge zu reparieren, *wenn man noch nie zuvor dergleichen getan hat.* Geben Sie Schritt für Schritt Feedback. Geben Sie jeweils nur ein Feedback. Lasse Sie sie üben, bis sie es richtig machen. Fahren Sie dann mit dem nächsten Schritt fort.

- Wenn die normale Leistung erheblich abweicht, schulen Sie das Team neu. Sie haben vielleicht einen wichtigen Schritt im Prozess abgebrochen (oft weil sie nicht wussten, dass er wichtig war). Doch sobald Sie den Schritt herausgefunden haben, belohnen Sie die Leute dafür, dass sie ihn in Zukunft befolgen.

Wie Sie Die Rendite Von Mitarbeitern Berechnen, Die Leads Gewinnen

Abgesehen von den Kosten für die Schaltung bezahlter Anzeigen hängen die Kosten für die Werbung (Reichweite, Inhalte usw.) bei Mitarbeitern fast ausschließlich von dem Geldbetrag ab, den Sie ihnen dafür zahlen. Wir vereinfachen dies, indem wir einfach vergleichen, wie viel Geld wir für die Gehaltsabrechnung ausgeben, mit dem Geld, das die engagierten Leads, die sie erhalten, einbringen:

- Gesamtlohnabrechnung / Gesamtzahl der engagierten Leads = Kosten pro engagiertem Lead.

  o Bsp.:: 100,000 $ / 1000 Leads = 100 $ pro engagiertem Lead

- Wenn einer von zehn engagierten Leads zum Kunden wird, betragen unsere CAC 1000 $

  o (100 $ pro engagiertem Lead) x (10 engagierte Leads pro Kunde) = 1000 $ CAC

- Wenn jeder Kunde einen LTGP von 4000 $ hat, dann haben Sie einen LTGP : CAC von 4:1

  o (4000 $ LTGP) / (1000 $ CAC) = 4:1

Zum Beispiel: Zum Zeitpunkt des Schreibens dieses Artikels erhalte ich bei Acquistion.com etwa 30.000 engagierte Leads pro Monat. Ich schalte keine bezahlten Anzeigen und betreibe keine Öffentlichkeitsarbeit. Aber das Team, das für die Erstellung der Inhalte verantwortlich ist, die dieses Interesse wecken, kostet etwa 100.000 US-Dollar pro Monat. Das bedeutet, dass es mich etwa 3,33 US-Dollar pro engagiertem Lead (100.000 US-Dollar / 30.000 Leads) an Gehalt kostet, diese zu generieren. Wir verdienen weit mehr als 3,33 US-Dollar pro Lead, sind also profitabel. Sie können die gleiche Berechnung auf jede Werbemethode anwenden, die Sie verwenden.

So erkennen Sie, auf welche Mitarbeiter Sie sich konzentrieren sollten, um die Rendite zu maximieren

Wie wir in Teil II „Bezahlte Anzeigen schalten" gelernt haben: Wenn Ihre Kosten für die Gewinnung eines Kunden im Dreifachen des Branchendurchschnitts liegen, sind Sie gut genug. Von da an konzentrieren Sie sich darauf, Ihren LTGP zu steigern.

Wenn Ihre CAC mehr als das Dreifache des Branchendurchschnitts betragen, liegt ein Verkaufs- oder Werbeproblem vor. Wir diagnostizieren dies mit einer einzigen Frage:

Haben meine engagierten Leads ein Problem, das ich lösen kann und das nötige Geld dafür?

- Wenn nein, dann sind sie nicht qualifiziert – das ist ein Werbeproblem.
- Wenn ja, dann sind sie qualifiziert und:

  o Sie kaufen aber Sie haben nicht genung von ihnen–Werbeproblem.

  o Sie sind qualifiziert aber kaufen nicht–Verkaufsproblem.

Entlassen Sie Ihre Verkäufer nicht, wenn Sie Probleme mit der Werbung haben. Und entlassen Sie Ihre Werbemitarbeiter nicht, wenn Sie ein Verkaufsproblem haben. Diese kleine Frage kann Ihnen dabei helfen, herauszufinden, auf welche Mitarbeiter Sie sich konzentrieren sollten.

Aber im Grunde müssen Sie nur alle *Ihre* Kosten ermitteln, die für die Gewinnung eines Kunden anfallen. Und solange sie mindestens ein Drittel des Gewinns ausmachen, den Sie im Laufe Ihres Lebens erzielen, sind Sie in guter Verfassung.

Schlussfolgerung

Das Ziel dieses Kapitels war es, *Ihre Perspektive zu ändern*. Es ist Ihre Aufgabe, die Vision Ihres Unternehmens bekannt zu machen und zu verkaufen. Sie bewerben es *sowohl* öffentlich *als auch* privat gegenüber Mitarbeitern und Kunden. Das ist der Job. Und wenn man einmal gut darin ist, ist man nicht mehr aufzuhalten.

Ich sage das, weil ich glaube, dass man jedem beibringen kann, „bodennahe" Arbeiten für jedes Unternehmen zu erledigen – sei es in der Werbung oder in anderen Bereichen. Es ist also nicht so wichtig, wen Sie auswählen, sondern wie Sie diejenigen ausbilden.

Wie ich schon das ganze Buch hindurch gesagt habe und ich es hier noch einmal sagen werde: Man muss kein Genie sein, um Werbung zu machen. Ich würde sogar sagen, das wäre beleidigend. Wir haben sowieso viel mehr eisernen Willen als kluge Köpfe. Denken Sie daran, es geht hier nicht um den Verstand, sondern um den Mut. Und obwohl manche Menschen geborene Genies sein mögen, wird *niemand* mit einem eisernen Willen geboren (schließlich kommen wir alle als kleiner Schreihals zur Welt). Das heißt nichts Anderes als: Mut zu haben ist eine Fähigkeit. Und das bedeutet, dass *jeder* den Mut haben kann, *wenn er lernt, wie*. Wenn Sie also einen eisernen Willen haben, was als Unternehmer wahrscheinlich der Fall ist, wird es nicht lange dauern, bis Sie durch Ihre Lebenserfahrungen feststellen, dass Sie ihn haben. Sie können diese Erfahrungen als Lektionen an jeden weitergeben, der sich genug interessiert, um zuzuhören. Dieser kann sich dann ins gemachte Nest setzen und hat bessere Chancen, im Leben erfolgreich zu sein.

Und – man kann sowieso nichts wirklich wissen, bis man die Leute gut schult und ihnen eine Chance gibt, im Feld erfolgreich zu sein. Außerdem wird es bei Jobs auf niedrigem Niveau nie zu einem Mangel an Arbeitskräften kommen. Seien Sie wählerisch, wenn Sie massiv in hyperspezifische Mitarbeiter mit mehreren sechsstelligen Führungspositionen investieren müssen. Auch bekannt als „schicke Mitarbeiter".

Ich finde, dass es zum jetzigen Zeitpunkt tatsächlich eine bessere Zeitnutzung ist, jeden einzustellen und auszubilden, der dazu *bereit* ist. Wenn Sie dann Gewinner finden, und mit dieser Methode werden Sie das: Behandeln Sie sie gut, lassen Sie sie nicht ausbrennen und geben Sie ihnen, was sie verdienen.

Im Land der überfließenden Leads brauchen Sie Verbündete. Mitarbeiter gehören zu den mächtigsten dieser Verbündeten. Wir haben darüber gesprochen: Wie sie einen reich machen, wie sie arbeiten, wie man ihnen Arbeit verschafft, wie man sie generiert, wie man sie dazu bringt, für Sie Leads zu gewinnen, wie man sie dazu anhält für Sie Leads zu gewinnen und wie Sie wissen, dass Sie einen guten Job machen. Und sobald

Sie ein System aufgebaut haben, um Leute zu gewinnen, die Ihnen Leads verschaffen (und die vier Grundprinzipien in Ihrem Namen erledigen), müssen Sie nur noch mehr tun.

Anmerkung des Autors: Ein Wort Zu Schicken Mitarbeitern

Ich habe die Rekrutierung von Mitarbeitern auf Direktoren- und höherer Ebene ausdrücklich ausgelassen, da Sie sich auch ohne sie leicht für Acquisition.com qualifizieren können. Und sobald Sie ein Portfoliounternehmen werden, erledigen wir das für Sie.

Der Nächste Lead Getter…

Die nächste Station unserer Werbereise führt uns zu Agenturen. Ja, Sie können Leute dafür bezahlen, Ihren Weg abzukürzen. Ich habe Millionen von Dollar an Agenturen gezahlt und ich glaube, dass ich endlich den Code *geknackt* habe, wie man einen Gewinn für alle Parteien schafft. Für uns, dass wir nicht ewig von ihnen abhängig sind. Für sie, damit sie mehr Gewinn erzielen und ihren Kunden mehr Mehrwert bieten können. Die Agenturen waren der Schlüssel zu vielen Durchbrüchen, die ich hatte, also sollten Sie diese nächste Station nicht überspringen …

KOSTENLOSES GESCHENK: BONUS-TUTORIAL – Aufbauen Oder Kaufen – Die Talent-Roadmap

Je länger ich Geschäfte mache, desto mehr frage ich „wer" anstatt was und wie. Diese Schulung ist möglicherweise eine der taktischsten und wichtigsten, denn egal, was Sie aufbauen möchten, Sie werden Hilfe brauchen. Da es so wichtig ist, habe ich eine Schulung erstellt, in der dieser Inhalt ausführlicher dargelegt wird und die einige Downloads usw. enthält. Sie können sie kostenlos unter Acquisition.com/training/leads ansehen. Wie immer können Sie auch den folgenden QR-Code scannen, wenn Sie ungern tippen.

Nr. 3 Agenturen

„Alles steht zum Verkauf"

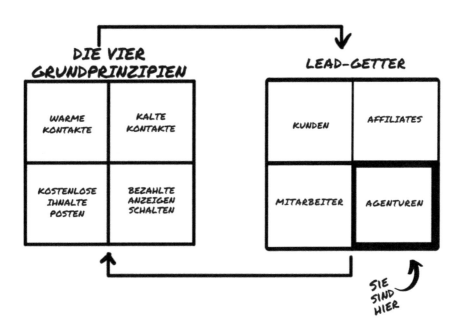

Sommer 2016.

Ich war kein Technik-Typ. Ich war ein Fitness-Typ, der beim Aufbau meiner Fitnessstudios ein paar Marketing- und Verkaufstricks gelernt hatte. Aber jetzt hatte ich fünf und war gerade dabei, mein sechstes auf den Markt zu bringen. Es war Zeit, ein höheres Level zu erreichen. Facebook hatte gerade einige neue Funktionen veröffentlicht: Retargeting, Interessengruppen, Pixel usw. Und ich habe nichts davon verstanden. Ich kaufte ein paar Kurse, war aber am Ende noch verwirrter als zu Beginn.

Ich habe ein paar Freunde gefragt, ob sie jemanden kennen, der helfen könnte. Ich habe zwei Empfehlungen erhalten. Beide waren Agenturen. Ich war ängstlich. Ich hatte noch nie eine in Anspruch genommen. Ich hatte bisher nur Horrorgeschichten über Werbeagenturen gehört. Meistens, dass sie eine Menge kosten und nie funktionieren. Aber dann wurde mir klar, dass ich sie, selbst wenn sie funktionieren würden, für immer *brauchen* würde. Sie würden mein Geschäft im Griff haben! Es stellte sich heraus, dass meine Erwartungen nicht weit entfernt waren. Sie boten mir an, meine Anzeigen für eine horrende Summe zu schalten. Geld, dessen Ausgabe ich mit meinen geringen Margen nicht rechtfertigen konnte. Aber dann wieder, haben mich meine Werbekosten umgebracht. Und bei diesem Tempo würde ich in ein paar Monaten nicht mehr in der Lage sein, meine Türen offen zu halten. Stressig.

Die erste Agentur lehnte ich ab, weil ich sie mir damals nicht leisten konnte. Das zweite Gespräch verlief ähnlich. Ich begann in Panik zu geraten. *Wie kann ich das lösen?* In einem gefühlten letzten Versuch, im Geschäft zu bleiben, fragte ich den zweiten Agenturinhaber nach dem, was ich *wirklich* wollte ...

„Können Sie mir einfach nur in ein paar Stunden zeigen, wie Sie Anzeigen auf meinem Konto schalten würden?"

„Nein", schoss er zurück. „Meine Zeit steht nicht zum Verkauf."

Besorgt, aber immer noch hoffnungsvoll ... „Was für eine Vereinbarung könnten wir treffen?"

Er dachte einen Moment nach. Dann zog sich seine Augenbraue hoch und ein Grinsen erschien. „Gut. 750 Dollar pro Stunde." *Schluck.* Seine Einschüchterungstaktik funktionierte. Aber zumindest wusste ich, dass seine Zeit zum Verkauf stand ... also wollte ich mehr herausfinden.

„Und für 750 Dollar pro Stunde setzen Sie sich mit *mir* zusammen und zeigen *mir*, wie *Sie meine* Werbung schalten würden?"

„Ja."

„Und ich wäre derjenige, der alles macht? Sie erklären mir zum Beispiel, was ich tun soll, schauen mir dabei über die Schulter und erklären dann, warum sie es so machen?"

„Ja"

„Und Sie sind zuversichtlich, dass Sie meine Anzeigen profitabler machen können? …und Sie zeigen mir auch die fortgeschritteneren Sachen, oder?"

„Ja. Denke schon. Wenn Sie mir 750 Dollar pro Stunde zahlen wollen, können wir tun, was Sie wollen. Es ist Ihr Geld", sagte er halb lachend. Es klang eher wie *Es ist Ihre Beerdigung.*

Ich machte eine Pause. „In Ordnung. Ich mache es. Wir treffen uns eine Stunde pro Woche. Sie geben mir Hausaufgaben und ich lerne zwischen den Geprächen. Fair genug?"

„Passt für mich. Aber die ersten vier Stunden müssen Sie im Voraus bezahlen."

Das habe ich also getan. Ich habe dreitausend Dollar auf die Aussage dieses Typen gewettet, dass er wusste, was er tat. *Meine Güte.* Aber jede Woche tauchte ich dann auf. Und wie ein guter Schüler hatte ich Notizen und Fragen parat. Außerdem habe ich jedes Gespräch aufgezeichnet und noch einmal angeschaut, weil ich nichts verpassen wollte.

Bei den ersten beiden Gesprächen übernahm er das Steuer und ich schaute zu. Bei den Gesprächen drei und vier, setzte er mich auf den Fahrersitz. Bei den Gesprächen fünf und sechs machte es Klick. Ich habe erfahren, wie er Entscheidungen getroffen hat und welche Daten er verfolgt hat. Mit sieben und acht wurde mir klar, dass ich seine Hilfe nicht mehr brauchte. Ich hatte gelernt, wie ein Profi bezahlte Anzeigen zu schalten, zumindest auf Facebook. Und, wie ich vermute, dann deshalb, weil ich es gelernt habe … von einem Profi.

In diesem Kapitel untersuchen wir eine nicht ganz so offensichtliche, aber viel bessere Möglichkeit, mit Agenturen mehr Leads zu gewinnen. Lassen Sie uns loslegen.

Wie Agenturen Ihnen Vermitteln Möchten, Dass Sie Funktionieren

Werbeagenturen sind Lead-Gewinnungsdienstleister. Sie bezahlen sie dafür, bezahlte Anzeigen zu schalten, Öffentlichkeitsarbeit zu leisten oder Inhalte zu verpacken und zu verteilen.

Angenommen, Sie möchten kostenlose Videoinhalte veröffentlichen. Sie wissen jedoch nichts über die Erstellung von Videoinhalten oder deren Verbreitung. Sie müssen lernen, wie Sie Videothemen auswählen, Videos aufnehmen, Videos bearbeiten, Miniaturbilder erstellen und Schlagzeilen schreiben. Oder Sie müssten die Leute einstellen, die das tun. Nehmen Sie eine Agentur in Anspruch. Man sagt Ihnen, dass man bereits Leute eingestellt und geschult habe, die diese Aufgaben erledigen. Man verspricht also schnellere, bessere und kostengünstigere Ergebnisse, als Sie sie alleine erzielen könnten. Und sobald ich genug Geld hatte, fühlte es sich verlockend genug an.

Nach meinen ersten Erfahrungen mit einer Agentur, die ich zuvor erwähnt habe und die ganz gut verliefen, habe ich mich entschieden, mehr zu nutzen. Aber meine Erfahrung mit den nächsten zehn und mehr Agenturen war *anders*, weil ich sie „richtig" genutzt habe. Jede davon verlief in etwa so:

Schritt 1: Sie begeisterten mich für all die neuen Leads, die sie mitbringen würden.

Schritt 2: Ich habe einen Onboarding-Prozess durchlaufen, der sich wertvoll anfühlte (und manchmal auch wertvoll war).

Schritt 3: Sie haben meinem Konto ihren „besten" leitenden Vertreter zugewiesen.

Schritt 4: Ich habe einige Ergebnisse gesehen.

Schritt 5: Sie haben meinen leitenden Vertreter zum neuesten Kunden versetzt ...

Schritt 6: Ein Junior-Vertreter beginnt mit der Verwaltung meines Kontos. Meine Ergebnisse litten darunter.

Schritt 7: Ich habe mich beschwert.

Schritt 8: Der leitende Vertreter kam hin und wieder zurück, um mir ein besseres Gefühl zu geben.

Schritt 9: Die Ergebnisse waren immer noch schlecht. Und irgendwann würde ich vielleicht kündigen.

Schritt 10: Ich würde nach einer anderen Agentur suchen und den Kreislauf des Wahnsinns wiederholen.

Schritt 11: Zum zigsten Mal – Ich frage mich, warum ich nicht die gleichen Ergebnisse erzielt habe wie beim ersten Mal.

Um es klar zu sagen: Wie die Einleitung zu diesem Kapitel zeigt, *können* Agenturen eine wertvolle Rolle beim Unternehmenswachstum spielen. Aber nicht so, wie *sie* es wollen. Ich möchte nicht, dass noch jemand in die gleiche Falle tappt. Tatsächlich hoffe ich, dass das ganze Geld, das ich verschwendet habe, auch zur Tilgung Ihrer Ignoranzsteuer verwendet wird. Lesen Sie also weiter.

Es ist ehrlich gesagt lächerlich, dass ich so viele Jahre gebraucht habe, um herauszufinden, dass ich eine Agentur tatsächlich *richtig* genutzt habe … beim *ersten* Mal! Aber jetzt, nachdem ich ihr Spiel so oft gespielt habe, habe ich das Gefühl, den Code „Wie man eine Agentur nutzt" geknackt zu haben. Und es kommt *überhaupt* nicht davon, dass man ihr Spiel spielt. Es kommt daher, dass man ein Anderes spielt. Und dieses Kapitel gliedert alles in drei Schritte:

1. Eine Agentur beauftragen vs. es selbst zu tun

2. Wie ich jetzt Agenturen nutze. Und wie Sie es auch können.

3. Wie Sie die richtige Agentur auswählen

Eine Agentur Beauftragen vs. Es Selbst Zu Tun

Lassen Sie uns das zunächst einmal aus dem Weg räumen. Gute Agenturen kosten Geld. Wenn Sie also kein Geld haben, kommen Agenturen nicht in Frage. Man muss durch Versuch und Irrtum lernen. Und das ist keine große Sache. *So fangen wir alle an.* Aber wenn Sie etwas Geld haben, empfehle ich Ihnen, Agenturen für zwei Dinge zu nutzen: das Erlernen neuer Methoden und das Erlernen neuer Plattformen.

Wenn ich neue Möglichkeiten für die Erstellung von Inhalten, Kaltakquise-Anzeigen oder bezahlten Anzeigen erlernen möchte, beauftrage ich Agenturen, die neue Möglichkeiten dafür anbieten. Die großen Fehler hat man bereits gemacht. Anstatt Zeit damit zu verschwenden, es selbst herauszufinden, gehe ich direkt zum Teil „Geld verdienen" über. Mir gefällt der Teil „Geld verdienen".

Ich nutze Agenturen auch, wenn ich mit der Werbung auf einer Plattform beginnen möchte, die ich nicht verstehe. Ich verdiene schneller Geld, weil die Agenturen die frühe Einrichtung und Wartung für mich erledigen und weil ich sie dazu bringe, mir zu zeigen, wie man das macht.

Bei der Beauftragung einer Agentur geht es vor allem darum, in wichtige Fähigkeiten zu investieren, die man sonst nirgends erlernen kann. Das heißt, es sei denn, Sie machen alle Versuche und Irrtümer durch, um es selbst zu lernen. Und wenn Sie das täten, verlören Sie die Zeit und Aufmerksamkeit, die Sie hätten verwenden können, um die anderen wichtigen Dinge zu lernen, die Ihr Unternehmen skalieren. Und die Skalierung Ihres Unternehmens ist der springende Punkt.

Aktionsschritt: Sobald Sie genug Geld für eine gute Agentur haben, beginnen Sie mit der Suche. Wenn Sie die restlichen Schritte in diesem Kapitel befolgen, erhalten Sie alles zurück … und noch mehr.

Wie Ich Jetzt Agenturen Nutze. Und Wie Sie Es Auch Können.

Ich bin etwas anspruchsvoller geworden als in der Geschichte, die ich am Anfang erzählt habe. So nutze ich jetzt Agenturen. Anstatt der Lüge zu glauben, dass „ich das Zeug nie lernen muss, weil sie es können", beginne ich jede Agenturbeziehung mit einem Ziel und einer Frist, um es zu erfüllen. Ich eröffne mit den Worten:

„Ich möchte das tun, was Sie in meinem Geschäft tun, aber ich weiß nicht wie. Ich möchte 6 Monate lang mit Ihnen zusammenarbeiten, damit ich lernen kann, wie Sie es machen. Außerdem bezahle ich einen Aufpreis dafür, dass Sie aufschlüsseln, warum Sie die Entscheidungen treffen, die Sie treffen, und welche Schritte Sie unternehmen, um sie zu treffen. Wenn ich dann eine gute Vorstellung davon habe, wie das Ganze funktioniert, fange ich an, mein Team darin zu schulen. Und sobald sie es gut genug können, würde ich gerne zu einer kostengünstigeren Beratungsvereinbarung wechseln. So können Sie uns auch bei Problemen weiterhelfen. Sind Sie dagegen?"

Meiner Erfahrung nach sind die meisten Agenturen nicht dagegen. Und wenn es bei ihnen nicht funktioniert, ist das vollkommen in Ordnung. Gehen Sie einfach zur nächsten Agentur weiter. Aber bevor Sie anfangen, alle an den Straßenrand zu werfen, seien Sie bereit zu verhandeln. Zu einem gewissen Preis lohnt es sich für Sie beide. Viva Kapitalismus!

So nutze ich jetzt Agenturen. Als ich zum Beispiel YouTube lernen wollte, habe ich tatsächlich *zwei* Agenturen engagiert. Als erstes habe ich einen Mitarbeiter eingestellt, damit ich weiterhin Videos produzieren kann, während er ein wenig an der Plattform selbst arbeitet. Den zweiten habe ich engagiert (zum 4-fachen Preis), um uns wirklich die detaillierten Ideen beizubringen, die hinter der Erstellung der bestmöglichen Inhalte stehen. Und als unsere Videos ihre Videos übertrafen, gingen wir zur reinen Beratung über.

Ich habe diese Methode immer wieder verwendet. Ich beauftrage eine Agentur, die „gut genug" ist, um sich mit einer neuen Plattform vertraut zu machen. Dann beauftrage ich eine Elite-Agentur, um zu lernen, wie ich das Beste daraus machen kann – *und ich kann diese Strategie nicht genug empfehlen.*

Wenn Sie Ihre Absichten offen darlegen und die Agentur zustimmt, erhalten Sie das Beste aus beiden Welten. Sie erzielen kurzfristig bessere Ergebnisse, weil sie (wahrscheinlich) mehr wissen als Sie. Und Sie erzielen langfristig bessere Ergebnisse, weil Sie lernen, es selbst zu tun, oder Ihr Team lernt, es für Sie zu tun. *Außerdem verbringen Sie die meistmögliche Zeit mit deren besten Vertretern.*

Denken Sie daran, dass Sie nur einen *Bruchteil* der Aufmerksamkeit der Agentur erhalten, sodass die Ergebnisse schlechter werden, wenn diese neue Kunden gewinnt. In der Zwischenzeit wird Ihr Team immer besser, weil es sich voll und ganz auf Sie konzentriert. Vergleichen Sie also die Ergebnisse Ihres Teams mit denen der Agentur, bis Sie sie schlagen. Beenden Sie dann die Beziehung und stecken Sie das Geld in die Skalierung von allem, was Sie gerade gelernt haben.

Aktionsschritt: Wenn Sie eine Agentur gefunden haben, mit der Sie zusammenarbeiten möchten (nächster Schritt), legen Sie mit ihr Bedingungen und Fristen fest. Verwenden Sie die obige Vorlage als Leitfaden. Und es ist in Ordnung, ein wenig zu verhandeln, damit es klappt.

Anmerkung des Autors: Ja, Es Gibt Einen Platz Für Agenturen

Um es klarzustellen: Ich besitze immer noch Anteile an einer Agentursoftware, ALAN. Ich bin also nicht gegen Agenturen. Ich erzähle nur, wie erfolgreich ich mit ihnen war. Gibt es große Unternehmen, die riesige Werbeagenturen nutzen? Sicher. Aber es sind nicht die, für die ich schreibe. Für die meisten Menschen sind die Ausgaben für eine Agentur in Höhe von 10.000, 50.000 oder 100.000 US-Dollar ein erheblicher Kostenfaktor. Auf diese Weise habe ich die beste Rendite aus der Zusammenarbeit mit ihnen erzielt. Außerdem – manche Leute wollen nie etwas lernen – und für diese Leute sind Agenturen großartig. Ich persönlich möchte immer lernen, deshalb nutze ich Agenturen auf diese Weise.

Wie Man Die Richtige Agentur Findet

Nachdem ich mit einer Menge schlechter und einer Handvoll guter Agenturen zusammengearbeitet hatte, erstellte ich eine Liste der Gemeinsamkeiten aller guten. Nun ist es nicht das letzte Wort darüber, was eine gute Agentur ausmacht, aber es sind nützliche Dinge, die für mich funktioniert haben.

Folgendes suche ich:

1) Jemand, den ich kenne, hat bei der Zusammenarbeit mit ihnen gute Ergebnisse erzielt. Wenn Sie eine Agentur nur durch bezahlte Anzeigen oder Kaltakquise kennen… sind sie wahrscheinlich nicht so gut wie diejenigen, die sich ausschließlich auf Mundpropaganda verlassen (und die besten tun das).

2) Namhafte Unternehmen haben bei der Zusammenarbeit mit ihnen gute Ergebnisse erzielt. Ich kenne die Unternehmen vielleicht nicht persönlich aber wenn ich sie wiedererkenne, ist das ein gutes Zeichen.

3) Eine Warteliste. Wenn die Nachfrage nach einer Dienstleistung das Angebot übersteigt, sind sie wahrscheinlich ziemlich gut.

4) Ein klarer Verkaufsprozess, der Wert darauf legt, <u>realistische</u> Erwartungen zu setzen. Kein zweifelhaftes Geschäft.

5) Keine kurzfristigen Hacks. Sie reden weiter über die langfristige Strategie. Sie geben außerdem klare Zeitpläne für die Einrichtung, Skalierung und Ergebnisse vor.

6) Sie sagen mir genau, was sie von mir brauchen, wann sie es brauchen und wie sie es verwenden.

7) *Sie* schlagen einen regelmäßigen Terminplan für Treffen vor und bieten verschiedene Möglichkeiten, mich über deren Fortschritte auf dem Laufenden zu halten.

8) Sie stellen Aktualisierungen in einfachen Worten bereit und verfügen über klare Möglichkeiten zur Nachverfolgung, sodass ich weiß, wie sich die Kosten im Vergleich zu den Ergebnissen verhalten.

9) Sie machen ein gutes Angebot:

   a. <u>Traumergebnis</u>: Ist das, was sie versprechen, das, was ich will?

   b. <u>Wahrgenommene Erfolgswahrscheinlichkeit</u>: Wie viele andere Menschen wie ich haben sie schon dahin gebracht?

   c. <u>Zeitverzögerung</u>: Wie lange wird es dauern?

   d. <u>Anstrengung und Aufopferung</u>: Was verlangen sie von mir, wenn ich mit ihnen arbeite? Auf was muss ich verzichten? Kann ich lange mit ihnen kooperieren?

10) Sie sind teuer. Alle guten Agenturen sind teuer … aber nicht alle teuren Agenturen sind gut. Sprechen Sie also mit so vielen wie nötig. Und verwenden Sie diese Liste als Leitfaden, um die guten zu finden.

   …wenn eine Agentur diese Kästchen ankreuzt, sind sie eine Überlegung wert.

Profi-Tipp: Sprechen Sie Mit Mehr Agenturen, Um Ein Besserer Kunde Zu Sein

Ein informierter Kunde zu sein *hilft allen*. Informieren Sie sich also vor dem Kauf. Sprechen Sie mit fünf oder zehn Agenturen, um zu erfahren, wie sie arbeiten. Zunächst lernen Sie eine Menge neuer Dinge. Aber mit der Zeit wird der Unterschied zwischen den besseren und den schlechteren deutlich. *Jetzt* können Sie eine fundierte Entscheidung treffen.

Wenn die Agentur meine Bedürfnisse nicht erfüllt, ich die Leute aber mag, bitte ich sie, mich an eine andere Agentur zu verweisen. Eine gute Agentur, die eine bestimmte Besonderheit anbietet, wird Sie zu anderen guten Agenturen verweisen, die die von Ihnen gewünschte Besonderheit anbieten. Das sind einige meiner Lieblingsempfehlungen.

Aktionsschritt: Selbst wenn eine Agentur Ihren Bedingungen zustimmt, sprechen Sie mit einigen anderen, bevor Sie eine Entscheidung treffen. Vergleichen Sie sie anhand der obigen Checkliste und wählen Sie dann die beste Lösung für Sie aus.

Schlussfolgerung

Auch wenn dies nicht das „traditionelle" Agenturmodell ist, profitieren *beide* Unternehmen. Sie gewinnen einen Kunden, den sie sonst nicht hätten. Und wir bekommen die Fähigkeit, lebenslang Geld zu verdienen. In der Geschichte am Anfang des Kapitels – es hat mich acht Stunden und 6.000 Dollar gekostet, eine Fähigkeit zu erlernen, die *mir Millionen eingebracht hat*. Scheint es Ihnen das wert zu sein? Das sollte es besser.

Und damit diese Agenturmethode im großen Maßstab funktioniert, müssen Sie mit einer angemessenen Zeitspanne rechnen, in der Sie die Agentur und Ihr Team dafür bezahlen, *die gleichen Aufgaben zu erledigen*. Sie müssen sich etwas Zeit zum Atmen geben, um Ergebnisse von der Agentur zu erhalten, zu lernen, was sie tut, und Ihr Team darin zu schulen ... alles auf einmal. Ja, es kostet viel Geld. Und ja, es lohnt sich auf jeden Fall, wenn man es richtig macht.

Und Sie können es richtig machen. Nachdem die Agenturen zum millionsten Mal einen Mitarbeiter untersten Niveaus auf mein Konto gesetzt hatten, hat es endlich Klick gemacht. Das kann nicht *so* schwer sein. Anfangs dauerte es etwa ein Jahr, bis mein Team besser war als eine Agentur. Als ich besser wurde, verkürzte sich die Dauer auf zehn Monate, dann auf acht. Und jetzt habe ich es geschafft. Ich kann mein Team in weniger als sechs Monaten genauso gut oder sogar besser als die Agentur machen. Und jedes Mal, wenn ich eine neue Methode oder Plattform erlernen möchte, wiederhole ich den Vorgang.

Je besser Sie werden, desto billiger wird es und desto mehr Geld verdienen Sie. Komisch, das klingt sehr nach Werbung.

Nächste Schritte:

1) Entscheiden Sie, ob die Nutzung einer Agentur für Sie jetzt sinnvoll ist.

2) Sprechen Sie mit vielen Agenturen, um ein Gefühl für den Markt zu bekommen. Fühlen Sie sich nicht minderwertig.

3) Nutzen Sie den von mir beschriebenen Vereinbarungsrahmen.

4) Legen Sie eine klare Frist fest, um Sie (und Ihr Team) zum Erlernen der Fähigkeiten zu bewegen.

5) Benutzen Sie beide Teams, bis Ihr Team deren Team regelmäßig schlägt.

6) Wechseln Sie zu vergünstigter Beratung, bis Sie das Gefühl haben, dass Sie ihnen etwas beibringen, anstatt dass sie es Ihnen beibringen ... und trennen Sie sich dann von ihnen.

Nachdem wir nun wissen, wie wir von der risikoreichen Welt der Agenturen profitieren können, erkunden wir den Lead-Getter, der mir das meiste Geld eingebracht hat. Wir rekrutieren eine Armee von Unternehmen, die uns noch mehr Leads verschaffen können – *Affiliates*.

KOSTENLOSES GESCHENK: Worauf Sie Bei Einer Agentur-Checkliste Achten Sollten

Wenn Sie wissen möchten, wie Sie Agenturen am besten nutzen, anstatt von ihnen ausgenutzt zu werden, habe ich eine kostenlose Schulung für Sie erstellt. Sie können sie kostenlos ansehen unter: **Acquisition.com/training/leads**. Sie verfügt über Swipe-Dateien und einige andere Extras. Wie immer können Sie auch den folgenden QR-Code scannen, wenn Sie ungern tippen.

Nr. 4 Affiliates und Partner

„Nichts macht Freunde besser als Geld"

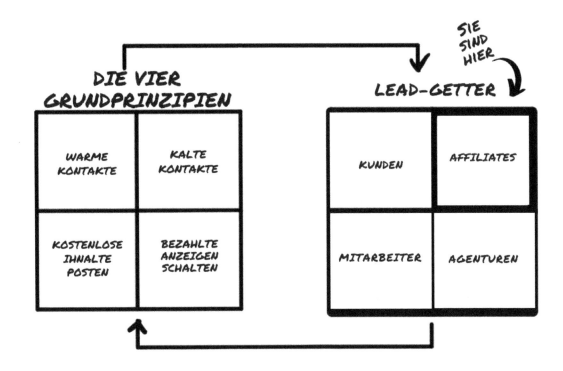

1. Dezember, 2018

Ich hatte keine Ahnung, wie der Start von Prestige Labs verlaufen würde. Ich hatte keine Ahnung, ob es unseren Kunden gefallen würde. Ich hatte keine Ahnung, ob die von uns entwickelte Technologie funktionieren würde. Ich hatte keine Ahnung, ob die Auszahlungen pünktlich erfolgen würden. Ich hatte keine Ahnung, ob unser Lager Bestellungen durcheinanderbringen würde.

Aber ich wusste, dass in diesen Start über ein Jahr Vorbereitung investiert wurde. Wir haben alles darangesetzt, ein erstklassiges Produkt zu schaffen. Wir haben über 1.000.000 US-Dollar für die individuelle Entwicklung von Affiliate-Software und Schulungen ausgegeben. Und - wir haben Lagerbestände im Wert von 3.000.000 US-Dollar für Verkäufe erworben, die möglicherweise nie stattfinden. Es erforderte mein *gesamtes* unternehmerisches Können, um Prestige Labs Wirklichkeit werden zu lassen. Und in nur wenigen Stunden würden wir es unseren Fitnessstudio-Besitzern zur Verfügung stellen. Ich fühlte mich wie ein Kind an Heiligabend. Und wenn es nicht klappt, *liegt das nicht an mangelnder Anstrengung.*

Anmerkung des Autors: Die Game-Podcast Folge 98 „Ich Erinnere Mich"
(„I Remember")

Wenn Sie in die Vergangenheit reisen möchten, können Sie „mein junges Ich" in der Nacht vor dem Start über meine Gedanken/Sorgen sprechen hören. Sie können bei mir sein. Es ist Folge 98 meines Podcasts ‚The Game mit Alex Hormozi' mit dem Titel „I Remember". Dies geschah, bevor ich wusste, welchen Erfolg es haben würde. Um es zu finden, gehen Sie einfach dorthin, wo Sie Podcasts hören, und suchen Sie nach „Alex Hormozi", dann wird es angezeigt.

The Game w/ Alex Hormozi
Alex Hormozi

Starttag…

Schweißgebadet beendete ich die zweistündige Präsentation. *Es ist fertig.*

Ich habe die Möglichkeit „verkauft", meine Nahrungsergänzungsmittellinie in ihren Fitnessstudios zum Erwerb anzubieten. Ich würde die neuen Partner darin *schulen*, in ihren Fitnessstudios für Prestige Labs zu werben. Damit dies funktioniert, müssten sie das Training absolvieren *und* es anwenden. Aber wenn sie es machten, würden alle davon profitieren. Ich hatte keine Ahnung, ob es funktionieren würde.

Drei Wochen später…

Wir haben einen Gesamtumsatz von 150.000 US-Dollar erzielt. In der Zwischenzeit lagen Produkte im Wert von 3.000.000 US-Dollar in einem klimatisierten Lagerhaus … *Es hat nicht funktioniert.*

Bei dieser Rate, einschließlich Betriebskosten und Partnerausschüttungen, würde es fünf Jahre dauern, bis die *Gewinnschwelle erreicht* wäre. Selbst wenn wir durchhalten könnten, würde unser Premiumprodukt schon lange vorher ablaufen. Wir waren am Ende. Ich fühlte mich elend. Es war schrecklich. *Wer bin ich, zu glauben, wir würden das ganze Zeug verkaufen? Ich habe gerade MILLIONEN verschwendet. Wie konnte ich so dumm sein?*

Aber … in der vierten Woche … passierte etwas Wildes …

BOOM! 100.000 Dollar am Montag.

BOOM! 110.000 US-Dollar am Dienstag

BOOM! 92.000 US-Dollar am Mittwoch.

Allein in der vierten Woche haben wir einen Umsatz von über 450.000 US-Dollar erzielt. Der Trend setzte sich fort. 429.000 $... 383.000 $... 411.000 $... 452.000 $. Wir haben durchschnittlich mehr als 300 Bestellungen pro Tag bei über 400 aktiven Partnern getätigt. Es gingen immer wieder Bestellungen ein. Schauen Sie sich unten den Schnappschuss unseres internen Berichts an. Es zeigt von links nach rechts den Umsatz pro *Woche*. Ich konnte die Ergebnisse nicht glauben. Manchmal kann ich es immer noch nicht.

Bruttoeinnahmen	$ 429.112	$ 383.717	$ 411.848	$ 404.838	$ 452.204
Nettoeinnahmen	$ 407.164	$ 358.073	$ 391.197	$ 384.119	$ 429.982
Rückerstattungen	$ 21.948	$ 25.644	$ 20.651	$ 20.719	$ 22.222
Anzahl der Bestellungen	2266	2052	2084	2124	2367
Durchschnittliche Bestellgröße	$ 189	$ 187	$ 198	$ 191	$ 191
Aktive Affiliates	428	409	416	437	444

Das Beste daran ist, *dass ich für keines der Produkte überhaupt Werbung gemacht oder eines verkauft habe.* Keine bezahlten Anzeigen. Kein Verkaufsteam. Nichts. Die Affiliate-Partner haben alles getan – und die Affiliate-Maschine, die ich aufgebaut habe, druckt bis heute Geld. Wenn das also nach etwas klingt, das Sie interessiert, bleiben Sie dran, denn ich zeige Ihnen genau, wie ich es aufgebaut habe.

Wie Affiliates Funktionieren

Ein **Affiliate** ist ein Lead-Getter. Er sind ein unabhängiges Unternehmen, das seinem Publikum sagt, es solle *Ihre* Sachen kaufen. Affiliate-Partner wirken nach außen wie Empfehlungen, doch hinter den Kulissen sind sie ganz anders. Erstens haben sie ihr eigenes Unternehmen und machen ihre eigene Werbung. Zweitens erklären sie sich damit einverstanden, *Ihre* Inhalte *ihren* engagierten Leads gegen Geld, kostenlose Inhalte oder beides anzubieten.

Jetzt gewinnen Sie Affiliates, indem Sie Werbung machen und ihnen dann Angebote machen, *genau wie Sie es mit Kunden tun würden.* Aber Affiliates verlangen ein einzigartiges Angebot. Anstatt Ihr Produkt anzubieten, bieten Sie eine schnelle, einfache und unkomplizierte Möglichkeit, Provisionen für die Werbung dafür zu verdienen. Und das kann buchstäblich Millionen engagierter Leads für Ihr Unternehmen bedeuten. Das macht Affiliates zu einem der Lead-Getter mit der höchsten Hebelwirkung überhaupt.

Warum Sie Eine Affiliate-Armee Wollen

Jeder Affiliate, den Sie gewinnen, fügt einen weiteren *Strom* an Leads und Kunden hinzu. Das Rekrutieren, Aktivieren und anschließende Integrieren in eine Armee von Partnern führt also zu einer wahnsinnigen Skalierung, und zwar schnell. Das ist gut. Das wollen wir.

Vergleichen Sie diese beiden Szenarien:

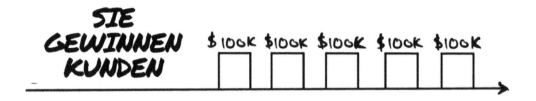

Szenario Nr. 1: Sie werben zehn *Kunden* pro Monat im Wert von jeweils 10.000 US-Dollar an. Die Obergrenze Ihres Geschäfts liegt bei 100.000 US-Dollar pro Monat. In zwölf Monaten haben Sie 1,2 Millionen verdient. Vorausgesetzt, es gibt keine andere Werbung, *stagniert* Ihr Geschäft. Geringe Hebelwirkung.

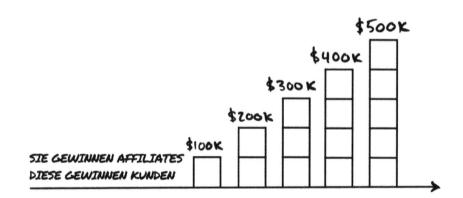

Szenario Nr. 2: Für den gleichen Aufwand werben Sie zehn *Affiliates* pro Monat an. Jeden Monat bringen Ihnen diese Partner einen dieser 10.000-Dollar-Kunden. Jetzt fügen Sie jeden Monat einen zusätzlichen Umsatz von 100.000 US-Dollar hinzu. In zwölf Monaten haben Sie *7,8 Millionen* verdient. Und es wächst *danach jeden Monat*. Gleiche Arbeit, mehr Geld. Hohe Hebelwirkung.

Lassen Sie uns anhand von ALAN, meinem Softwareunternehmen, das ich mit Partnern aufgebaut habe, zeigen, wie das in der realen Welt funktioniert:

ALAN wuchs mit drei Ebenen von Tochtergesellschaften:

1) Agentur-Super-Affiliates, die Agentur-Leads mitgebracht haben

2) Agenturen, die lokale Geschäftskontakte vermittelt haben

3) Lokale Unternehmen, die Leads für Endverbraucher brachten

Ein Super-Affiliate fügte *monatlich* zehn Agenturen hinzu. Die zehn Agenturen brachten zusammen etwa fünfzig lokale Unternehmen pro Monat mit. Diese lokalen Unternehmen brachten zusammen 2500 Leads pro Monat ein. ALAN bearbeitete diese Leads für etwa 5 US-Dollar pro Person. Ziemlich coole *12.500 $ pro Monat*.

Aber dabei blieb es nicht. Jeder Super-Affiliate brachte *mehr* Agenturen mit, die wiederum *mehr* lokale Unternehmen einbrachten, die danach jeden Monat *mehr* Leads brachten. Jeder Super-Affiliate, den wir verpflichtet haben, brachte also im ersten Monat 12.500 US-Dollar ein, im zweiten 25.000 US-Dollar, im dritten 37.500 US-Dollar und so weiter. Mit nur wenigen Agentur-Super-Affiliates konnten wir innerhalb von sechs Monaten nach der Produkteinführung auf 1.700.000 US-Dollar pro Monat skalieren. *Deshalb* wollen Sie eine Affiliate-Armee. Also lassen Sie uns eine aufbauen.

Wie Man Eine Affiliate-Armee in Sechs Schritten Aufbaut

Affiliate-Partner gehören zu den fortschrittlichsten Möglichkeiten, engagierte Leads zu gewinnen. Zuerst müssen Sie sie davon überzeugen, Werbung für die Produkte anderer zu machen. Zweitens müssen Sie sie davon überzeugen, Werbung für *Ihre* Produkte zu machen. Drittens müssen Sie Ihre *Werbung aufrechterhalten*, um sie zu einer langfristigen Lead-Quelle zu machen. Es scheint viel zu sein. Und das ist es. Aber ich habe gute Nachrichten …

Ich habe zwei Unternehmen mit Tochtergesellschaften aufgebaut: ALAN und Prestige Labs. Zusammen haben sie mit über 5.000 Partnern einen Umsatz von mehr als 75.000.000 US-Dollar erzielt. Und die Affiliate-Strategien, die ich teile, haben für mich funktioniert. Damit sie für Sie arbeiten können. Ich werde jeden Schritt aufschlüsseln.

<u>Schritt 1</u>: Finden Sie Ihre idealen Partner.

<u>Schritt 2</u>: Machen Sie ihnen ein Angebot.

<u>Schritt 3</u>: Qualifizieren Sie sie.

<u>Schritt 4</u>: Bezahlen Sie sie angemessen.

<u>Schritt 5</u>: Bringen Sie sie dazu, zu werben.

<u>Schritt 6</u>: Behalten Sie die Werbung bei.

Das ist alles. Lassen Sie uns eintauchen.

Schritt 1: Finden Sie Ihren Idealen Affiliate

Der ideale Affiliate hat ein Unternehmen mit einem warmen Publikum voller Menschen wie Ihren Kunden. Beginnen Sie mit der Erstellung einer Liste dieser Unternehmen. Wenn Ihnen keines einfällt, beantworten Sie diese Fragen <u>zu Ihren besten Kunden</u>:

Was kaufen sie? → *Wer stellt die Sachen zur Verfügung?*

Wohin gehen sie? → *Welche Unternehmen gibt es in der Umgebung?*

Was machen Sie gerne? → *Wer bietet diese Dienste an?*

Wenn Sie sich direkt an den Verbraucher wenden, könnten die Arbeitgeber Ihrer Verbraucher großartige Partner sein:

Für welche Arten von Unternehmen arbeiten sie? Was für Jobs haben sie?

Kurz gesagt: *Wer hat meine Leads!?*

Als ich beispielsweise ALAN gründete, waren Agenturinhaber meine idealen Partner. Deshalb habe ich eine Liste mit 200 Produkten und Dienstleistungen *für Agenturen* und die Unternehmen erstellt, die sie geliefert haben. Nach ein wenig Arbeit wurde mir klar, dass sie ziemlich gut in Kategorien passen: **Software, Produkte, Ausrüstung, Dienstleistungen, Gruppen, denen sie angehören, und Veranstaltungen, an denen sie teilgenommen haben.** Jedes Mal, wenn ich eine neue Affiliate-„Hitliste" erstelle, beginne ich mit diesen Kategorien. Hinweis: Wenn Sie ein Unternehmen finden, das in mehrere Kategorien fällt, besteht eine hohe Chance, dass es viele gute Leads für Sie hat und ein großartiger Affiliate wäre.

Da ich nun die Unternehmen kannte, die meine Leads hatten, wusste ich genau, wo ich meine Werbebemühungen einsetzen sollte. Es war nichts Besonderes, also denken Sie nicht zu viel darüber nach.

Aktionsschritt: Erstellen Sie ein Blatt mit jeder dieser Fragen und Kategorien. Suchen Sie online, um das Formular auszufüllen. Wenn Sie Schwierigkeiten haben, rufen Sie Ihre Kunden an und fragen Sie sie! <u>Endergebnis</u>: Erstellen Sie eine Lead-Liste Ihrer potenziellen Partner.

Schritt 2: Machen Sie Ihnen Ein Angebot

Wir machen das Affiliate-Angebot und bewerben es auf die gleiche Weise, wie wir es mit jedem anderen Angebot tun würden. Wir sprechen unser Publikum an, zeigen unsere Werteelemente und fordern es dann zum Handeln auf. Aber Partner werden sich nur dann bei uns anmelden, wenn wir ihnen einen triftigen Grund nennen. Zum Glück ist es ziemlich einfach. Da es sich bei Partnern um Unternehmen handelt oder sie durch eine Anmeldung ein Unternehmen gründen, *bieten Sie ihnen eine neue Möglichkeit, Geld zu verdienen*. Wir beginnen mit der Ansprache.

Ansprache:

Die Ansprache für potentielle Affiliates beinhaltet oft:

- Die Partnerunternehmen selbst – *ACHTUNG SPA-BESITZER*

- Die Kunden des Partnerunternehmens – *Arbeiten Sie mit vielbeschäftigten Fachleuten zusammen, die den ganzen Tag in Besprechungen verbringen?*

- Ergebnisse, die die Partnerunternehmen versprechen – *Für die Helden, die den Stress anderer heilen …*

- Produkte und Dienstleistungen, die die Partner anbieten – *Wenn Sie Lotionen oder Duftöle verkaufen, ist dies das Richtige für Sie …*

- An unsere eigenen Kunden – *Kennen Sie jemanden, der ein Spa besitzt?*

Nachdem wir nun die Aufmerksamkeit eines potenziellen Partners erregen können, sorgen wir dafür, dass es sich für ihn lohnt …

Werte-Elemente

Es gibt eine unbegrenzte Anzahl von Möglichkeiten, Wert darzustellen, aber alle Angebote zum Geldverdienen folgen einer ähnlichen Struktur. Das sind gute Nachrichten, wir müssen das Rad nicht neu erfinden. Die meisten Affiliate-Angebote zum Geldverdienen zeigen den Wert wie folgt an:

Verdienen Sie mehr Geld mit Ihren aktuellen Kunden und erhalten Sie mehr Leads als Ihr aktuelles Angebot (Traumergebnis) … mit einer hohen Chance auf Arbeit, da Ihre Kunden das Produkt bereits wollen (wahrgenommene Erfolgswahrscheinlichkeit) … ohne dass es aufgebaut, geliefert oder … werden muss Bieten Sie selbst Kundensupport für das Produkt an (Aufwand und Aufopferung) … damit Sie morgen mit dem Verkauf beginnen können (Zeitverzögerung).

Aktionsschritt: Erkunden Sie die verschiedenen Wertelemente und füllen Sie die Lücken aus. Ich werde nicht näher darauf eingehen, da wir es bereits behandelt haben. Sie müssen lediglich *Affiliates* zu den Kunden machen, für die Sie werben möchten.

Nachdem wir nun das Interesse des potenziellen Partners an unserem Angebot geweckt haben, wollen wir ihn qualifizieren.

Schritt 3: Qualifzieren Sie Sie

Potenzielle Partner werden zu echten Partnern, wenn sie Ihre Bedingungen verstehen und ihnen zustimmen. Und - genau wie bei Kunden - möchten wir ihnen so schnell wie möglich den ersten Gewinn bescheren. Deshalb haben wir unsere Bedingungen so gestaltet, dass sie so schnell wie möglich gewinnen.

Das erreiche ich, indem ich sie dazu bringe, zu investieren. Ich bevorzuge, dass sie ihre Zeit, ihr Geld *und* in das Produkt selbst investieren. Jedes kann funktionieren. Aber in neun von zehn Fällen *werden sie aufmerksam sein, wenn sie zahlen.*

Hier sind die beiden Möglichkeiten, mit denen ich meine Affiliates dazu bringe, zu investieren und zu gewinnen: Machen Sie sie zu Kunden und machen Sie sie zu Experten. Lassen Sie uns in jedes einzelne eintauchen.

Weg Nr. 1: Machen Sie Sie Zu Einem Kunden: Bringen Sie sie dazu, das Produkt zu kaufen und vorzugsweise zu nutzen, um den Affiliate-Status zu behalten. Dies ist die Investition mit der niedrigsten Hürde, die für mich funktioniert hat. Ich habe herausgefunden, dass ein Affiliate umso mehr Geld verdient, je mehr Geld er in Ihr Produkt investiert. Das sollte Sinn machen. Wenn sie nicht genug an Ihre Sachen glauben, um sie zu kaufen, sollten sie sie wahrscheinlich nicht verkaufen. Sie können ihnen erzählen, dass ich es so gesagt habe.

Profi-Tipp: Großeinkäufe

Wenn Sie mehr Geld pro Affiliate verdienen möchten, können Sie von ihnen verlangen, dass sie in großen Mengen einkaufen. Das war enorm für den Erfolg der Partner von Prestige Labs. Nachdem sie im Voraus ein großes Paket gekauft hatten, begannen sie, es durchzuziehen und zu gewinnen. Die größere Investition brachte ihnen (und uns) letztendlich mehr Geld ein. Wenn Sie physische Produkte haben, versuchen Sie es mit Großeinkäufen. Wenn Ihr Unternehmen über eine Produktlinie wie Prestige Labs verfügt, dann experimentieren Sie mit großen Paketen.

So formulieren Sie das Angebot: „*Sie möchten also etwas mehr oder entscheiden sich einfach für die Mindestbestellmenge?*" Wenn sie einen Mindesteinkauf bieten, werden sie zumindest diesen kaufen. Und häufiger als Sie denken – kaufen sie *mehr als* das Minimum. Badaboom.

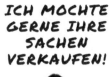 

Weg Nr. 2: Machen Sie Sie Zu Experten: Ich lasse sie für die Einarbeitung und Schulung bezahlen, die sie als Produktexperten zertifizieren. Wenn Sie sie dazu veranlassen, ein Produkt zu kaufen, um Partner zu werden, können Sie ihnen dies als Gutschrift für eine Zertifizierung geben. Die Zertifizierung *liegt* den gekauften Produkten *bei*. Abgesehen davon, dass sie den Partner tatsächlich nützlich macht, bewirkt die Zertifizierung zwei Dinge. Erstens deckt es einen Teil der Werbekosten. Zweitens bedeutet es, dass ich mir für jeden eine angemessene Einarbeitung und Schulung für jeden. einzelnen. Partner. leisten kann.

Wie viel berechne ich? Ich empfehle 10–20 % dessen, was ein durchschnittlicher aktiver Affiliate in den ersten zwölf Monaten verdient. Wenn Ihr durchschnittlicher Partner also 40.000 US-Dollar pro Jahr mit dem Verkauf Ihrer Produkte verdient, dann berechnen Sie 4.000 bis 8.000 US-Dollar für die Einarbeitung und Schulung. Zu niedrig, und man investiert nicht in Sie. Zu hoch und Sie werden nicht genügend Affiliates bekommen. Ich habe festgestellt, dass 10–20 % die Anzahl der Menschen maximieren, die *aktive* Partner werden. Wenn Sie gerade erst anfangen und über physische Produkte verfügen, nutzen Sie die Großeinkaufsstrategie aus dem Profi-Tipp. Andernfalls können Sie die Strategie aus dem Kapitel „Warme Kontakte" verwenden und die Mindestinvestition alle 5 Anmeldungen erhöhen, bis Sie den optimalen Punkt erreicht haben.

Aktionsschritt: Machen Sie Ihre Partner zu Kunden, Experten oder beidem (mein Lieblingsweg). Wenn Sie nicht genügend Leute zum Starten finden, verringern Sie das Engagement. Wenn Sie nicht genügend Leute finden, die Ihnen weiterhelfen, erhöhen Sie den Wert.

Schritt 4: Bezahlen Sie Sie Angemessen

Das erste größte Problem, das es bei Affiliates zu lösen gilt, besteht darin, sie dazu zu bringen, sich einzukaufen. Das zweitgrößte Problem besteht jedoch darin, *sie eingekauft zu halten*. Und ganz gleich, wie

Sie es aufteilen: Das Halten Ihrer Affiliates hängt davon ab, wie Sie sie für die Werbung für Ihre Produkte belohnen. Ich bevorzuge es, Leute, deren Handlungen mir gefallen, mit Geld und kostenlosen Dingen zu belohnen, besonders, wenn sie mir zuerst Geld einbringen. Also lassen Sie uns darüber reden.

Wenn ich Wege finde, Partner zu bezahlen, achte ich auf zwei grundlegende Dinge:

a. Wofür sie bezahlt werden

b. Wie viel sie verdienen

1) *Wofür* Sie Bezahlt Werden

Bevor ich Affiliate-Auszahlungsgelder berechne, stelle ich mir eine einfache Frage. Was *genau* soll der Partner tun? Sobald ich *das* ausgerechnet habe, bezahle ich ihn dafür. Wie viel und wie oft er bezahlt wird, entscheidet sich dann in den meisten Fällen von selbst. Ich bezahle Affiliates für zwei grundlegende Dinge: Neukunden und Stammkunden. Wenn Sie Ihre Kennzahlen im Laufe der Zeit besser verfolgen, können Sie sie für Schritte bezahlen, *bevor* jemand Kunde wird. Zum Beispiel für heruntergeladene Lead-Magnete, vereinbarte Termine oder alles andere, von dem Sie wissen, dass es sich zuverlässig in Verkäufe für Sie verwandelt.

2) *Wie Viel Sie* Verdienen

Ich schlage vor, Affiliates auf der Grundlage Ihrer maximal zulässigen Kosten für die Kundenakquise (CAC) zu bezahlen.

Beispiel: Auswahl Ihrer maximal zulässigen CAC. Nehmen wir an, wir verkaufen ein Einwegprodukt für 200 US-Dollar und die Lieferung kostet 40 US-Dollar. Dadurch erhalten wir 160 US-Dollar, um den Partner zu bezahlen und das Geschäft zu führen. Wenn wir ein LTGP:CAC-Verhältnis von 3:1 wollen, gehen drei Teile an das Unternehmen – 120 US-Dollar. Und ein Teil, 40 $, geht an den Partner. Das heißt, wir zahlen bis zu 40 $ an einen Affiliate, damit er für uns einen neuen Kunden gewinnt.

Aber hier wird es interessant. Früher habe ich die ganzen CAC verschenkt. Ich schätze, das tue ich immer noch, aber ich bin wählerischer geworden, wem ich es gebe. Nicht alle Partner sind gleich. Daher schlage ich eine dreistufige Auszahlungsstruktur vor. Anhand des obigen Beispiels und den maximal zulässigen CAC von 40 $ könnte eine dreistufige Auszahlungsstruktur etwa so aussehen:

- Stufe 1: 25% CAC = $10 Auszahlung – Jeder, der meinen ursprünglichen Bedingungen zustimmt,- qualifiziert sich.

    o Beispiel: Sie melden sich an und kaufen Produkte oder eine Zertifizierung

- Stufe 2: 50% CAC = $20 Auszahlung – Sobald sie aktiviert sind.

    o Beispiel: *Die erworbene Zertifizierung tatsächlich abschließen*, eine bestimmte Anzahl von Beiträgen und Öffentlichkeitsarbeit verfassen, eine Markteinführung durchführen usw.

    o Dies gibt ihnen eine schöne Belohnung (doppelte Bezahlung) für die Aktivierung.

- Stufe 3: 100% CAC = $40 Auszahlung – Sobald sie ein bestimmtes Leistungsniveau <u>aufrecht erhalten</u>.

  o Beispiel: Sie behalten monatlich fünf Kunden im Abonnement.

Diese abgestufte Methode hat auch einen versteckten und sehr profitablen Nebeneffekt. Die <u>durchschnittliche</u> Auszahlung liegt *weit unter* Ihren maximal zulässigen CAC. Das heißt, wenn wir die maximalen Auszahlungen den Top-Partnern überlassen, können wir den „übrigen" Gewinn behalten. Wir können das übrig gebliebene Geld verwenden, um riesige Wettbewerbe zu veranstalten, Werbung zu machen, um mehr Partner zu gewinnen, Anreize für aufstrebende Stars zu schaffen usw. Oder, so nehme ich an, wir können es einfach einstecken.

Wenn beispielsweise 20 % des Umsatzes von Stufe 1, 20 % von Stufe 2 und 60 % von Stufe 3 stammen, beträgt Ihre Gesamtauszahlung 30 $ anstelle Ihrer maximal zulässigen CAC von 40 $. Das bedeutet, dass sich Ihr LTGP:CAC-Verhältnis gerade von 3:1 auf 4:1 verbessert hat. Und oft kann eine Reduzierung der Marketingkosten um 33 % am Ende des Jahres zu einem um 10 bis 20 % höheren Nettogewinn führen. Ein gewaltiger Sprung.

Profi-Tipp: Bezahlen Sie Nach Möglickeit Mit Dem Produkt "Verkaufen Sie Drei, 3, Bekommen Sie Es Umsonst"

Jeder mag kostenlose Sachen. Oftmals mehr, als die Anschaffung kosten würde. Leistung mit Produkten zu belohnen, ist eine kostengünstige *und* effektive Möglichkeit, weiterhin erfolgreich zu sein. Sie schätzen es im Einzelhandel, aber es kostet nur Sie – Ihre Kosten. Eine schöne Wertarbitrage.

Legen Sie Verkaufsstufen fest und belohnen Sie Ihre Partner mit Produkten oder Gutschriften zu den Einzelhandelskosten. Auf niedrigeren Ebenen können Sie den Ausgleich sogar *ausschließlich* mit kostenlosen Sachen kompensieren. Beispiel: Wenn Ihre Partner Ihnen jede Menge Massagekunden schicken, ist es völlig akzeptabel, Ihre Partner mit kostenlosen Massagen zu belohnen. Bei geringem Volumen ist eine Massage für sie oft mehr wert, als ihnen einen Scheck über 30 $ (Ihre Kosten) zu schicken. Aber wenn Affiliates Ihnen mehr Kunden schicken, entscheiden sie sich in der Regel für mehr Geld. Schließlich wird es unrealistisch, 100 Massagen einzulösen.

Bei Prestige Labs habe ich jedem, der mehr als drei Pakete pro Monat verkauft hat, ein kostenloses 200-Dollar-Paket seiner Wahl angeboten. Dies machte auch jeden Partner zu einem gesponserten Athleten. Sie erhielten lebenslang kostenlose Produkte, solange drei Kunden pro Monat anwarben. Ich nannte es „Verkaufen Sie drei, um es umsonst zu bekommen."

Aktionsschritt: Entscheiden Sie, wofür Sie Ihre Partner bezahlen möchten, damit Sie planen können, wie viel, womit und wie oft Sie sie bezahlen möchten.

Schritt 5: Besorgen Sie ihnen Werbung - Produkteinführung

Ebenso wie bei Empfehlungsgebern bestimmt der Wert, den Affiliates von Ihnen erhalten, wie viel sie für Ihre Produkte werben. *Behandeln Sie sie also wie Kunden.* Geben Sie ihnen schnell etwas Gutes. Und nichts bringt Affiliates mehr Vorteile als große Markteinführungen und jede Menge Geld.

So funktionieren Produkteinführungen:

Affiliates bewerben Ihren Lead-Magneten oder Ihr Kernangebot bei ihrem Publikum, *bevor dieses es kaufen* kann. Sie posten. Sie machen warme Öffentlichkeitsarbeit. Sie schalten bezahlte Anzeigen. Möglicherweise führen sie sogar Kaltakquise durch. Sie machen bis zum Tag der Markteinführung so viel Werbung wie möglich. Wenn das Produkt verfügbar ist, verkaufen sie es an alle engagierten Leads, die sie zusammengestellt haben. Manche verkaufen einzeln, manche verkaufen an die ganze Gruppe. Und andere stellen das Produkt einfach zur Verfügung.

Wenn Sie also Produkteinführungen durchführen, um Ihre Affiliates zu aktivieren, was Sie auch tun sollten, können Sie das für sie auch richtigmachen. Ich verwende die Flüstern-Anreizen-Rufen-Methode (Whisper-Tease-Shout-Methode). Ich kann mich nicht erinnern, wo ich das zum ersten Mal gehört habe, aber der Name ist mir im Gedächtnis geblieben. Lassen Sie uns starten.

Denken Sie vor dem Start daran: *Bei guten Produkteinführungen ist die Arbeit im Voraus erledigt.* Erledigen Sie also die ganze Arbeit für sie. Dann sind sie Plug-and-Play-fähig („anschließen und loslegen"). Lassen Sie uns jede Startphase aufschlüsseln. Und ich werde ein Beispiel meiner Buchvorstellung geben, um jeden Punkt deutlich zu machen. Hinweis: Auf diese Weise starten Sie *alles*, nicht nur Affiliates. Ich habe es in den Bereich „Affiliates" eingefügt, weil ich keinen besseren Weg gefunden habe, Affiliates zu aktivieren als die Produkteinführung.

Flüstern: *Denken Sie an „Ansprachen".* Wie bei einer Werbung ist *Neugier* der Schlüssel zur Flüsterphase. Halten Sie das Produkt selbst geheimnisvoll und weisen Sie darauf hin, wie wichtig es ist. Halten Sie das Flüstern knapp. Und Bonuspunkte für Sie, wenn Sie einen Blick hinter die Kulissen der Herstellung Ihres Produkts werfen lassen.

Wenn Sie etwas in Arbeit haben, können Sie ein paar Jahre im Voraus mit der Flüsterphase beginnen. Je länger vorher Sie mit dem Flüstern beginnen, desto wichtiger wird es für Ihr Publikum. Wir beginnen so früh, denn je länger etwas zu dauern scheint, desto mehr wird es vom Publikum geschätzt. Wenn beispielsweise alle anderen Faktoren gleichbleiben, wird ein Publikum ein Produkt, dessen Herstellung zehn Jahre gedauert hat, mehr schätzen als eines, dessen Herstellung zehn Tage gedauert hat. Also – *zeigen Sie Ihre Arbeit.*

Denken Sie daran: Neugier entsteht aus dem Wunsch, wissen zu wollen, was als *nächstes* passiert. Verankern Sie also Fragen zum Produkt in ihren Gedanken. Wir müssen ihnen etwas erzählen, worüber sie mehr wissen möchten, und dann sagen... *noch nicht.*

Zum Beispiel während der Flüsterphase meiner Buchvorstellung: Ich habe Inhalte gepostet, Kontakt zu Freunden aufgenommen, meine Liste per E-Mail verschickt und potenziellen Partnern von wichtigen Aktualisierungen des Buchs erzählt. Ich habe gezeigt, an welchem Entwurf ich beteiligt war. Ich habe hinter den Kulissen Fotos gemacht, auf denen ich Entwürfe ausdruckte. Ich habe die vielen Versionen der von mir gezeichneten Frameworks gezeigt. Ich habe Videos von mir geteilt, in denen ich das Buch frühmorgens und spätabends usw. bearbeite. Das alles hat *Leute, die Leads suchen*, neugierig und *aufmerksam* gemacht.

Aktionsschritt: Beginnen Sie alle vier bis sechs Wochen mit dem Flüstern, bis Sie sechzig Tage Zeit haben. Flüstern Sie dann alle zwei bis drei Wochen, bis Sie 30 Tage übrighaben. Dann geben Sie Anreize ...

Anreizen: *Denken Sie an „Wertelemente".* Es ist an der Zeit, all die Neugier zu befriedigen, die Sie während der Flüsterphase geweckt haben. Stellen Sie Ihr Produkt vor, geben Sie das Datum der Markteinführung bekannt und *zeigen* Sie die wertvollen Elemente *auf.* Verwenden Sie das Was-Wer-Wann-Raster aus dem Kapitel über bezahlte Anzeigen.

Zum Beispiel während der Anreiz-Phase meiner Buchvorstellung: Ich wurde konkreter und gab mehr „harte" Informationen über das Buch preis. Ich fing an, Werbung dafür zu machen, dass das Buch den Traum von grenzenlosen Leads erfüllte. Weniger Arbeit zu leisten und diese schneller zu erledigen, als sie es sich vorstellen konnten. Ich habe auch Dutzende Beispiele gezeigt, die das Potenzial des Buches voll ausschöpfen.

Aktionsschritt: Beginnen Sie einmal pro Woche bis zum Ablauf von vierzehn Tagen mit dem Anreizen. Dann geben Sie zweimal pro Woche Anreize heraus, bis drei Tage vergangen sind. Nach drei Tagen ist es Zeit, von den Dächern zu rufen.

Rufen: *Denken Sie an „Aufruf zum Handeln".* Geben Sie der Zielgruppe bestimmte Maßnahmen vor, die sie bei der Markteinführung des Produkts ergreifen soll. Jetzt fangen Sie an, das Publikum mit Boni, Knappheit, Dringlichkeit und Garantien zu überhäufen, wenn es darum geht, „die Ersten" zu sein. Sie rufen laut, um so viele Menschen wie möglich auf Ihr Angebot aufmerksam zu machen.

Zum Beispiel während der Rufen-Phase meiner Buchvorstellung: Ich habe konkrete Handlungsaufforderungen gegeben. Kurze, reine und klare Erinnerungen an die Anmeldung zur Buchvorstellung. Ich habe alle an die exklusiven Boni erinnert, die nur für Leute gelten, die während der Produkteinführung gekauft haben.

Aktionsschritt: Mindestens zweimal am Tag rufen, beginnend mit drei Tagen. Fangen Sie an, am Tag alle paar Stunden zu rufen, bis es noch zwei Stunden bis zum Start sind. Rufen Sie dann alle dreißig Minuten, bis Sie das Produkt auf den Markt bringen.

Profi-Tipp: Filmveröffentlichungen

Das beste reale Beispiel für Flüstern-Anreizen-Rufen sind Filmveröffentlichungen. Sie machen ein Jahr davor fünf Sekunden Trailer. Dann, neunzig Tage davor, sind es dreißig Sekunden. Dann längere Trailer, je näher das Datum rückt. Sie wecken die Neugier, dann das Interesse und dann die Aktion.

Aktionsschritt: Holen Sie Ihre Partner zur Produkteinführung. Rüsten Sie sie mit allem aus, was sie brauchen, um das Flüstern-Anreizen-Rufen richtig auszuführen. Sie machen die Werbung. Sie erhalten engagierte Leads. *Jeder* wird bezahlt.

Schritt 6: Sorgen Sie Dafür, Dass Sie Weiterwerben

Die Strategie, die wir verwenden, dass sie mit der Werbung *starten*, unterscheidet sich von der Strategie, mit der wir sie weiterhin bei der Werbung *halten*. In einer idealen Welt werben Sie einen Affiliate einmal an und er sendet lebenslang engagierte Leads. Integration bringt uns dorthin.

Ich habe drei Möglichkeiten, wie Sie Ihr Produkt in ihr Angebot integrieren können. Ich ordne diese vom einfachsten zum schwierigsten. Erstens können Sie sie dazu bringen, *Ihren Lead-Magneten* bei jedem Kauf ihrer Produkte *zu verschenken*. Zweitens können Sie sie dazu bringen, *Ihren Lead-Magneten separat* an ihre Zielgruppe *zu verkaufen*. Drittens können Sie sie dazu bringen, *Ihr Kernangebot* direkt *zu verkaufen*.

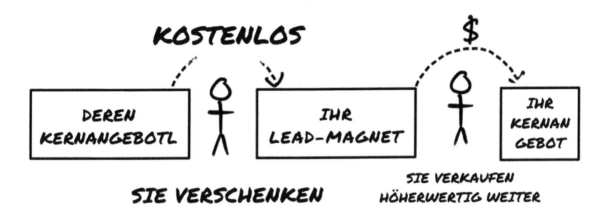

Sie verschenken Ihren Lead-Magneten kostenlos, was ihr Kernangebot ohne zusätzliche Kosten wertvoller macht. Anschließend verkaufen Sie Ihr Kernangebot und jedes weitere Angebot weiter.

1) Partner Verschenken Ihren Lead-Magneten, Wenn Jemand Ihre Sachen Kauft. Die Idee dabei ist, dass Ihr Lead-Magnet das Angebot des Affiliate wertvoller macht. Dies ermöglicht es ihnen, mehr dafür zu verlangen *und* mehr Leads zu gewinnen, als sie es ohne diese Möglichkeit hätten. Sie erinnern sich: Die besten Lead-Magnete verschenken eine kostenlose Testversion oder Probe Ihres Produkts, zeigen ein Problem auf oder bieten einen einzelnen Schritt einer mehrstufigen Lösung an. Hier sind jeweils Beispiele:

Proben Und Testversionen: Angenommen, ich verkaufe Massagen und rekrutiere das Personal-Training-Studio nebenan als Affiliate. Jetzt bekommt jeder, der bei ihnen ein Personal Training kauft, eine kostenlose Massage von mir. Das Personal-Training-Studio hat jetzt ein stärkeres Angebot, für das mehr verlangt werden kann, *und* wir bekommen mehr Massagekontakte. Jeder gewinnt.

Zeigen Sie Ein Problem Auf: Anstatt eine kostenlose Massage zu geben, bieten wir zu jedem verkauften Trainingspaket eine kostenlose oder vergünstigte Haltungsbeurteilung an. Bewertungen und Rabatte steigern den Wert des Affiliate-Angebots weniger, aber manche Leute werden dies trotzdem nutzen. Und um es klar zu sagen: Nachdem Sie den Kunden begutachtet haben, unterbreiten Sie ihm ein Angebot zur Lösung der von Ihnen festgestellten Probleme.

Ein Schritt In Einem Mehrstufigen Prozess: Angenommen, Sie haben einen dreiteiligen Behandlungsplan. Massage, Dehnung und Anpassungen. Menschen, die aus einem Schritt genügend Nutzen ziehen, werden befürchten, die restlichen Schritte zu verpassen. Je mehr sie also glauben, dass die anderen Schritte zur Lösung ihres größeren Problems beitragen werden, desto wahrscheinlicher ist es, dass sie sie kaufen. Ihr Partner würde den ersten Schritt Ihres mehrstufigen Prozesses kostenlos verschenken. Von dort aus würden Sie die Leads weiter anwerben.

<u>Was ich getan habe.</u> Wir veranlassten Fitnessstudio-Mitglieder, jedem neuen Mitglied eine kostenlose Ernährungsberatung zu schenken. Dann verkauften wir unsere Produkte bei der Beratung höherwertig. Die Partner warben damit, dass eine Ernährungsberatung inklusiv ist, um mehr Leads zu gewinnen, und sie können für den Mehrwert mehr verlangen. Und wir bekommen die Möglichkeit, diese Leads anzuwerben. Jeder gewinnt.

Profi-Tipp: White-Label-Leadmagnete

Eine meiner Lieblingsstrategien besteht darin, sie die Lead-Magnete, die ich bereits für mein Publikum erstellt habe, *für ihr* Publikum verwenden zu lassen. Stellen Sie einfach sicher, dass Ihre Partner mit Ihrer Wertschöpfung einverstanden sind *und* Ihren Aufruf zum Handeln verstehen. Höchstens ein paar Änderungen im Text sorgen dafür, dass Ihr Lead-Magnet für sie funktioniert. Für Fitnessstudios habe ich beispielsweise Speisepläne, Einkaufslisten und Anweisungen zur Essenszubereitung mit weißen Etiketten (ohne Logo) erstellt. Ich habe sie den Fitnessstudios gegeben, damit sie diese als Lead-Magneten *für ihre Kunden* verwenden können. Sie mussten lediglich ihr Logo darauf anbringen – und *schon* konnte ihr Publikum von all meiner Arbeit profitieren. Und wir bekamen *beide* mehr Leads.

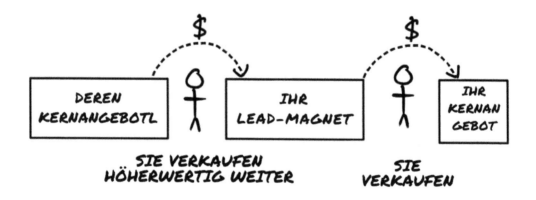

Die Partner verkaufen ihr Kernangebot. Dann verkaufen sie Ihren Lead-Magneten höherwertig. Dann verkaufen Sie Ihr Kernangebot höherwertig und jedes weitere Angebot danach.

2) Partner Verkaufen Ihren Lead-Magneten. Grundsätzlich kann der Affiliate alles von Ihnen verkaufen, was seine Kunden zu Ihren Kunden macht. Dabei kann es sich um ein Buch, eine Veranstaltung, eine Dienstleistung, eine Software, ein Musterprodukt usw. handeln. Wenn Sie Ihren Partnern außerdem den gesamten Erlös aus dem Verkauf eines von *Ihnen bereitgestellten* Lead-Magneten geben, wird das für sie zu reinem Gewinn und ohne Arbeit – ein attraktives Angebot für jedes Unternehmen. Ihr Geld kommt dadurch zustande, dass Sie Ihr Hauptprodukt für mehr verkaufen, als die Lieferung Ihres Lead-Magneten gekostet hat. Und wenn Sie es auf diese Weise handhaben, müssen Sie bei Ihrem Kernangebot kein Geld mit ihnen teilen. Eine weitere Win-Win-Situation.

Beispiel: Die Partner verkaufen alle Dinge, die wir im obigen Schritt kostenlos verschenkt haben. Sie verkaufen Ihre Massage zu einem reduzierten Preis. Sie verkaufen Ihre Begutachtung (die Sie einzeln oder in einem Gruppenformat wie einem Workshop durchführen können). Sie verkaufen den ersten Teil Ihrer mehrstufigen Lösung.

Was ich getan habe. Die Fitnessstudios verkauften eine Ernährungsberatung mit uns und behielten das Geld. Sie verlangten vielleicht 99 oder 199 US-Dollar, um eine Stunde unserer Zeit zu verkaufen. Wenn wir klug sind, überlassen wir ihnen das ganze Geld. Wenn wir das tun, schicken sie uns noch mehr Leads. Dann verkaufen wir unsere Produkte während der Beratung höherwertig.

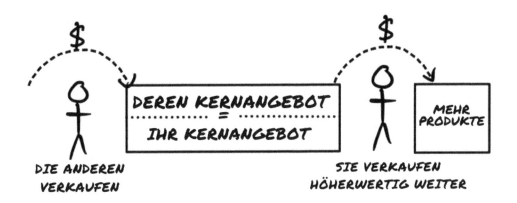

…dann teilen Sie das Geld auf. Entweder teilen Sie den Vorabbetrag, den gesamten Betrag für einen bestimmten Zeitraum oder den gesamten Betrag für immer auf. Ich zahle lieber ewig, damit meine Partner motiviert bleiben, meine Kunden für immer zu behalten. Und ich begrenze niemals Auszahlungen.

3) Partner Verkaufen Ihr Kernangebot. Ein Affiliate verkauft Ihr Kernangebot direkt an seine Kunden und fügt ohne zusätzlichen Aufwand eine weitere Einnahmequelle hinzu. Für einige Partner ist dies ihre gesamte Einnahmequelle! Viele Unternehmen bieten diese Struktur entweder als neue Geschäftsmöglichkeit oder eine Ergänzung zum bestehenden Geschäft des Partners. So oder so: Alles, was Sie verkaufen, können auch Ihre Partner verkaufen. Wenn Sie es auf diese Weise handhaben, erhält der Affiliate einen höheren Prozentsatz Ihres lebenslangen Bruttogewinns – aber Sie müssen nichts Anderes tun, als zu liefern.

Beispiel: Der Affiliate verkauft Ihr gesamtes Massagepaket. Er verkauft Ihr gesamtes Programm oder Ihre gesamten Dienstleistungen. Er bündelt ihre Dienste mit Ihren kostenpflichtigen Diensten und verlangt einen noch höheren Preis.

Was ich gemacht habe. Wir haben Fitnessstudios beigebracht, Ernährungsberatungen mit White-Label-Produkten durchzuführen. Dann unterwiesen wir sie darin, unsere Nahrungsergänzungsmittel direkt an ihre Mitglieder zu verkaufen, und teilten das Geld auf.

Alle drei Strategien funktionieren. Sie sind einfach unterschiedlich. Nach dem Testen führen wir fortlaufend Strategie 1 (zweimal pro Jahr als Großveranstaltung) und Strategie 3 durch. Allerdings nutzen viele ähnliche Unternehmen in unserem Portfolio Strategie 2. Ich teile nur mit, was für uns funktioniert hat.

Fazit: Integration ist die langfristige Strategie für den Einsatz von Partnern, um einen dauerhaften Lead-Flow zu erzielen. Behandeln Sie Partner wie Kunden. Sorgen Sie dafür, dass Ihr Angebot für ihr Unternehmen sinnvoll ist. Machen Sie es so gut, dass sie dumm wären, wenn sie Nein sagen würden.

Aktionsschritt: Integrieren Sie Ihre Partner, indem Sie entscheiden, ob sie Ihren Lead-Magneten verschenken, Ihren Lead-Magneten verkaufen oder Ihr Kernangebot direkt verkaufen sollen.

Das sind die sechs Schritte zur Rekrutierung einer Affiliate-Armee. Nachdem wir das nun besprochen haben, möchte ich Ihnen drei Fallstudien aus der Praxis vorstellen, um dies deutlich zu machen.

Drei Fallstudien, Die Sie Modellieren Können

Unternehmensnahe Dienstleistungen - Fallstudie Nr. 1: Nationale Steuervorbereitungsdienste

Das 50-Millionen-Dollar-Unternehmen meines Freundes erstellt LLCs, Bankkonten und Satzungen. Er konzentriert sich auf Menschen, die zum ersten Mal ein Unternehmen gründen. Aber er versucht nicht, mit Legalzoom zu konkurrieren. Stattdessen baute er es in Zusammenarbeit mit Leuten auf, die neue Unternehmer ausbilden. Seine Strategie ist einfach: Helfen Sie diesen Leuten, mehr von ihren Sachen zu verkaufen, indem Sie auch seine Sachen verkaufen. Deshalb bietet er jedem Affiliate-Kunden ein kostenloses LLC-Setup an. Erinnern Sie sich, dass Sie in Abschnitt II etwas über den „kostenintensiven Lead-Magneten" erfahren haben? Dies ist einer davon.

Produkteinführung: Zum Auftakt veranstaltet er ein großes Seminar für die Zuhörer seiner Partner. Die Leute nehmen sein kostenloses LLC-Angebot gerne an. Das ist sein Lead-Magnet.

Integrieren: Sobald die Affiliates den Erfolg der Einführung sehen, integrieren sie seinen Lead-Magneten in ihr Kernangebot. Dann telefoniert das Team meines Freundes *mit den Kunden, die ihm seine Partner kostenlos bringen*. So verdient er sein Geld. Er verkauft ihnen, was sie als nächstes brauchen werden. Die Dienstleistungen, die sie für die Gründung ihres Unternehmens benötigen: Buchhaltung, Steuervorbereitung usw.

Er hat keinen Dollar für bezahlte Werbung ausgegeben. Seine wahren Werbekosten sind zwei Dinge. Erstens liefert er seinen kostenlosen Lead-Magneten (das LLC-Setup). Und zweitens zahlt er einen Prozentsatz jedes Erstverkaufs an die Partner, die sie gesendet haben. Das ist es. Und jeder gewinnt.

Physikalische Produkte - Fallstudie Nr. 2: Prestige Labs, mein Unternehmen für Nahrungsergänzungsmittel

Wir werben Fitnessstudio-Besitzer für Gym Launch an und schulen sie darin, ihre Fitnessstudio-Mitgliedschaften zu bewerben und zu verkaufen. Prestige Labs bietet eine Reihe von Nahrungsergänzungsmitteln für aktive Erwachsene an. Dies macht Gym Launch zu einem perfekten Partner für Prestige Labs. Es gibt eine Gemeinschaft von Fitnessstudiobesitzern, die auch aktive erwachsene Kunden haben. Wenn

Gym Launch also einen neuen Fitnessstudio-Besitzer anwirbt, stellen sie den neuen Fitnessstudio-Besitzern Prestige Labs vor. Dann folgt das Prestige Labs-Team der oben genannten Strategie „Einführen und dann integrieren". (Wir machen das wirklich).

Produkteinführung: Wir stellen den Fitnessstudiobesitzern Werbematerialien zur Verfügung, damit sie ihre aktuellen und ehemaligen Kunden erneut ansprechen können. Wir konzentrieren uns auf eine warme Kontaktaufnahme und die Veröffentlichung kostenloser Inhalte für eine kostenlose 28-Tage-Challenge. Wenn sie an der kostenlosen 28-Tage-Challenge teilnehmen, verkaufen ihnen die Fitnessstudiobesitzer Nahrungsergänzungsmittel, die sie im Rahmen des Programms verwenden können. Die Fitnessstudiobesitzer gewinnen mehr Kunden. Sie verdienen Geld. Wir verdienen Geld. Jeder gewinnt.

Integrieren: Nach der Profdukteinführung unterweisen wir sie darin, jedem <u>neuen</u> Fitnessstudio-Mitglied Nahrungsergänzungsmittel zu verkaufen. Wenn neue Kunden also ein Mitgliedschaftspaket kaufen, bereitet der Fitnessstudiobesitzer eine Ernährungsberatung vor. Bei der Ernährungsberatung verkauft ihnen der Fitnessstudiobesitzer Nahrungsergänzungsmittel im Wert von 50 bis 1.000 US-Dollar. Wenn also ein Fitnessstudio monatlich zwanzig Kunden gewinnt und siebzig Prozent davon davon überzeugt, Nahrungsergänzungsmittel zu kaufen, bekommen wir pro Monat und Fitnessstudio vierzehn neue Kunden. Das hört sich nicht nach viel an, aber wenn man 4000 Fitnessstudios x 14 neue Verkäufe pro Monat x 200 $ durchschnittliche Bestellung multipliziert, ergibt das eine Menge Geld jeden Monat.

Lokale Geschäfte - Fallstudie Nr. 3: Chiropraktiker

Chiropraktiker wollen neue Patienten. Und ein Portfoliounternehmen von uns bringt ihnen bei, eine Affiliate-Strategie zu nutzen, um diese zu gewinnen. Sein Modell ist einfach: Es geht zu Unternehmen mit hohem Volumen, die über Mitarbeiter verfügen, die Anpassungen benötigen. Ein Fitnessstudio ist genau das Richtige. Hier erfahren Sie, was sie tun.

Einführung: Sie bitten den Fitnessstudiobesitzer, einen dreistündigen Workshop zu fördern, in dem sie die richtigen Übungen und Körperhaltungen zeigen, um mehr aus ihrem Training herauszuholen. Der Fitnessstudiobesitzer bewirbt den Workshop kostenlos *oder* verkauft ihn für 29 bis 99 US-Dollar pro Person. Der Chiropraktiker teilt das Geld mit dem Besitzer des Fitnessstudios. Tipp: Wenn Sie dem Partner (in diesem

Fall dem Besitzer des Fitnessstudios) 100 % des Geldes geben, wird dieser mehr tun wollen. Wenn also ein Fitnessstudio für 99 US-Dollar dreißig Leute dazu bringt, zu erscheinen, machen sie 2970 US-Dollar Gewinn für null Arbeit außer ein paar E-Mails und Posts. Beim Workshop bietet der Chiropraktiker seine Dienste überzeugend an und bekommt eine Menge neuer Patienten. Das ist doch Kinderleicht.

Integrieren: Langfristig überzeugt der Chiropraktiker den Fitnessstudiobesitzer davon, bei jeder neuen Mitgliedschaft, die das Fitnessstudio anmeldet, ein bis zwei Anpassungen vorzunehmen. Dies erhöht den Wert der Mitgliedschaft im Fitnessstudio im Vergleich zu wem auch immer. Und es zeigt, dass das Fitnessstudio der Gesundheit und Sicherheit seiner Mitglieder Priorität einräumt (ein großes Anliegen für Anfänger). Win-win. Jetzt wird jedes neue Fitnessstudio-Mitglied zu einem Lead, den der Chiropraktiker weiterverfolgen kann. Er wiederholt diesen Vorgang mit dreißig Fitnessstudios und bekommt mehr Patienten, als er bewältigen kann.

Profi-Tipp: Auch Mitarbeiter Sind Leads

Unternehmen, die viele Leute einstellen, sind großartige Partner. Das ist RIESIG für Direktkundengeschäfte und wird *kaum* genutzt.

<u>Beispiel</u>: Jeder neue Mitarbeiter eines Unternehmens erhält eine kostenlose Massage in seinem neuen Mitarbeiterpaket. Oder Sie geben Ihren Mitarbeitern zum Mittagessen kostenlose Massagen. Es ist kostenlos. Es ist einfach. Und viele Unternehmen möchten ihren Teams einen höheren Mehrwert bieten. Diese erhalten einen kostenlosen Gegenwert, Sie erhalten kostenlose Leads. Und da sie wahrscheinlich nicht in der gleichen Branche wie Sie tätig sind, besteht kein Risiko, dass Sie mit ihnen „konkurrieren". Daher können Arbeitgeber zu den am einfachsten zu integrierenden Partnern gehören.

Kosten und Rendite

„Partner können nicht für mein Unternehmen arbeiten", sagte der Verlierer.
„Ich muss dafür sorgen, dass Affiliates für mein Unternehmen arbeiten", sagte der Gewinner.
Seien Sie ein Gewinner.

Bei der Berechnung der Rendite mit anderen Methoden haben wir den lebenslangen Bruttogewinn (LTGP) mit den Kosten für die Kundenakquise (CAC) verglichen. Wir geben also Geld aus, um Kunden zu gewinnen, und die Kunden geben uns in einem profitablen Geschäft *mehr* Geld zurück. Affiliate-Partner funktionieren anders.

Natürlich geben wir Geld aus, um Partner zu gewinnen. Aber *durch* die Partner selbst verdienen wir nicht wirklich viel. Stattdessen kommt das Geld, das wir ausgeben, um einen Partner zu gewinnen, *von den Kunden* zurück, *die er uns vermittelt*. Um die Rendite zu berechnen, vergleichen wir also, wie viel es uns kostet, einen Affiliate zu gewinnen, mit dem Bruttogewinn *aller* Kunden, die er an unser Unternehmen vermittelt.

<u>Beispiel</u>:

Nehmen wir an, wir besitzen ein Widget-Unternehmen, das mit Partnern wächst.

- Es kostet uns 4.000 US-Dollar an Werbung, einen Affiliate zu gewinnen. CAC = 4000 $
- Unser durchschnittlicher Affiliate verkauft Widgets im Wert von 10.000 US-Dollar pro Monat und bleibt 12 Monate dabei.

- o (10,000 $ pro Monat) x (12 Monate) = 120,000 $ Gesamtumsatz

- Die Widgets haben eine Bruttomarge von 75%. Mit anderen Worten: Die Herstellungskosten betragen 25% des Einzelhandelspreises.

  - o (120,000 $ Gesamtumsatz) x (25% Warenkosten) = 30,000 $ Gesamtkosten der Waren.

  - o (120,000 $ Gesamtumsatz) - (30,000 $ Gesamtkosten der Waren) = 90,000 $ Bruttogewinn aus allen Kunden, die der Affiliate vermittelt:

- Wir zahlen Partnern 40% des Bruttogewinns:

  - o (90,000 $ Bruttogewinn) x (40% Auszahlung) = 36,000 $ als Zahlung an das Partnerunternehmen:

- Hier ist der Bruttogewinn, der uns nach Warenkosten und Auszahlungen bleibt:

  - o (120,000 $ insgesamt) - (30,000 $ Kosten) - (36,000 $ Auszahlungen) = 54,000 $ übrig

- Lassen Sei uns unser Affiliate-LTGP-zu-CAC-Verhältnis ermitteln:

  - o (54,000 $ Bruttogewinn übrig) / (4000 $ um einen Affiliate zu gewinnen) = 12.5 : 1

    …Nicht allzu schäbig.

Wenn Sie sich an früher erinnern, müssen wir *mindestens* ein Verhältnis von 3:1 haben, um ein gutes Geschäft zu haben. Wie im Beispiel möchten wir, dass das Verhältnis sogar noch höher ist (5:1, 10:1+). Wenn wir diese Zahlen hätten, würden wir einfach *mehr* tun. Wenn Ihr tatsächlicher LTGP:CAC jedoch weniger als 3 beträgt, gibt es drei Möglichkeiten, ihn zu verbessern:

1) CAC senken: Wir bekommen Affiliates *für weniger* Geld (durch die Verbesserung unserer Anzeigen, unseres Angebots und unseres Verkaufsprozesses).

2) LTGP erhöhen und CAC verringern: Sie bekommen *mehr* zum Aktivieren (durch Erstellen eines Einführungsprozesses).

3) LTGP erhöhen: Wir machen sie *wertvoller* (durch die Verbesserung unseres Integrationsprozesses)

Mit Affiliates haben Sie jetzt mindestens zwei Kundenschichten. Ihre Kunden und die Menschen, die Ihnen Kunden verschaffen. Und wenn Sie Super-Affiliates haben, fügen Sie noch eine Dritte hinzu, die Leute, die Ihnen Kunden verschaffen! Das erhöht die Komplexität, aber wenn Sie damit umgehen können, lohnt es sich.

Nachdem Sie nun verstanden haben, wie Sie Affiliates für die Werbung nutzen und sie profitabler machen können - lassen Sie uns die Sache auf den Punkt bringen..

Schlussfolgerung

Ebenso wie Empfehlungen sind Affiliate-Partner keine Werbemethode, die Sie „durchführen" können. Es handelt sich um Personen, die Werbung für Ihre Produkte machen, um Ihnen beiden zu helfen. Sie setzen die vier Grundprinzipien ein, um sie zu gewinnen, und wenn Sie möchten, dass sie Sie lieben, *behandeln Sie sie wie Kunden.* Denn in vielerlei Hinsicht *sind sie es.* Und wenn Sie ihnen einen höheren Mehrwert bieten, als es sie kostet, ihn zu erhalten (insbesondere versteckte Kosten), werden sie Ihnen mehr Leads verschaffen, als Sie bewältigen können.

Und wie wir bereits erfahren haben, gibt es zwei Möglichkeiten, ein Compounding-Unternehmen zu gründen. Sie können mehr Leute finden, die nie aufhören, Ihre Sachen zu kaufen, *oder* Sie können mehr Leute finden, die nie aufhören, sie für Sie zu verkaufen. Empfehlungen sind Erstere. Partner sind Letztere.

Theoretisch müssen Sie, sobald Sie eine Partnerarmee aufgebaut haben, nie wieder Werbung machen. Sie verschafft Ihnen Monat für Monat Leads. Der Hauptgrund – es macht für sie Sinn. Die Art und Weise, wie Sie Geschäfte machen, Ihre Führung und der Wert Ihres Produkts spielen eine Rolle. Sie selbst sind nur so gut wie das Wohlwollen, das Sie mit Ihren Affiliate-Partnern haben. Wenn Sie es richtig arrangieren, wird es Ihnen beiden in dieser Beziehung bessergehen. Sie sollten in der Lage sein, mehr auszugeben, um Kunden durch ein überzeugenderes Angebot, höhere Gewinne oder beides zu gewinnen. Und im Gegenzug erhalten Sie engagiertere Leads. Warum macht das nicht jeder? Nicht jeder weiß, dass es möglich ist. Nicht jeder weiß wie. Oder sie wollen es nicht. So einfach ist das. Hoffentlich haben wir alle drei dieser Probleme auf einmal gelöst.

Denken Sie daran: *Werbung funktioniert immer,* es ist nur eine Frage der Effizienz. Wenn Sie also einmal angefangen haben, machen Sie weiter, bis es funktioniert.

Aktionsschritte

Bewerben Sie Ihr Affiliate-Angebot, bis Sie zehn bis zwanzig Affiliates haben. Erzielen Sie Ergebnisse mit diesen Partnern und nutzen Sie deren Feedback, um die Probleme Ihres Angebots, Ihrer Bedingungen, Einführungen und Ihrer Integrationsstrategie zu beheben. Skalieren Sie dann wie verrückt, indem Sie die Ergebnisse in Ihre ersten Affiliate-Lead-Magnete umwandeln.

KOSTENLOSES GESCHENK: Bauen Sie Ihren Affiliate-Armee-BONUS Auf

Wie Sie sehen, bin ich ein großer Fan davon, Partnerprogramme zu erstellen, wenn sie richtig gemacht werden. Um Ihnen zu helfen, es gleich beim ersten Versuch richtig zu machen, habe ich ein ausführliches Videotraining für Sie erstellt. Sie können es kostenlos erhalten unter: Acquisition.com/training/leads. Und wie immer können Sie auch den QR-Code unten scannen, wenn Sie ungern tippen.

Abschnitt IV Schlussfolgerung: Holen Sie Sich Lead-Getter

*„Die letzte Fähigkeit, die Sie jemals lernen müssen, ist, andere
Menschen dazu zu bringen, alles für Sie zu tun."*

Wir setzen die vier Grundprinzipien ein, um engagierte Leads zu gewinnen: Warme Kontakte, Inhalte posten, Kaltakquise und bezahlte Anzeigen. Und wir nutzen sie, um zwei Arten von engagierten Leads zu gewinnen: diejenigen, die zu Kunden werden, und diejenigen, die wir zu Lead-Gettern machen. Lead-Getter gibt es in vier Varianten: Empfehlungsgeber, Mitarbeiter, Agenturen und Partner. Jeder hat wesentliche Stärken:

- Kundenempfehlungen haben das größte Potenzial für kostengünstiges exponentielles Wachstum.

- Die Mitarbeiter haben Ihren *direkten* Einfluss und führen Ihr Unternehmen in Ihrem Namen.

- Agenturen vermitteln Fähigkeiten, die Sie für immer behalten und auf Ihr Team übertragen können.

- Partner können, sobald Sie sie geschult haben, völlig selbstständig agieren.

Entweder machen Sie die Werbung oder andere Leute tun es. Und es gibt mehr „andere Menschen" als Sie. *Sie erhalten mehr Leads für Ihre Arbeit, wenn Sie Hilfe haben.* Wenn Sie also eine Menge Leads gewinnen möchten, ist dies der richtige Weg.

Vielleicht schwirrt Ihnen so richtig der Kopf. Nachdem Sie diese Werbemethoden nun verstanden haben, sehen Sie Leads, wohin Sie auch schauen. *Wir haben so viele Möglichkeiten zu wachsen!* Und Sie haben Recht. Aber... Sie wissen nicht, worauf Sie sich konzentrieren sollen.

Einige oder alle dieser Lead-Methoden können die Grundlage einer erfolgreichen Strategie zur Lead-Gewinnung sein, und ich ordne sie in die Reihenfolge dessen, was auf natürliche Weise passiert. Wenn Sie alleine anfangen, erhalten Sie in der Regel die ersten Empfehlungen, bevor Sie mit dem Aufbau eines großen Teams beginnen. Und wenn Sie mit dem Aufbau eines großen Teams (Mitarbeiter) beginnen, werden Sie wahrscheinlich auch nach professioneller Hilfe suchen (Agenturen). Und nur wenn ein Geschäftsinhaber die Verwaltung von Personen innerhalb seines Unternehmens im Griff hat, neigt er dazu, den Mut aufzubringen, auch Personen außerhalb seines Unternehmens (Tochtergesellschaften) zu verwalten. Auf jeden Fall muss man den Gedanken vergessen, dass beim ersten Mal alles klappen wird.

Wenn Sie glauben, dass Sie im ersten Jahr, in dem Sie sich selbstständig machen, Millionär werden, liegen Sie wahrscheinlich falsch. Es ist sehr unwahrscheinlich. Und die Besessenheit, „schnell reich zu werden", wird wahrscheinlich dafür sorgen, dass das nie passiert. Menschen probieren ein Jahrzehnt lang Abkürzungen aus, bis ihnen klar wird, dass sie sich für eine Strategie hätten entscheiden und ein Jahrzehnt lang dabeibleiben sollen. Wenn Sie das tun, ist der Erfolg vorprogrammiert. Sobald Sie etwas gefunden haben, das für Sie funktioniert - *bleiben Sie bei Ihrer Wahl.* Das sind die besten ermutigenden Worte, die ich aussprechen kann. Je länger Sie das Spiel spielen, desto besser werden Sie und desto mehr Erfolg werden Sie haben. *Geben Sie nicht einfach auf oder wechseln Sie nicht die Methode, nachdem Sie ein paar Verluste gesehen haben*. Am Anfang ist es normal, zu verlieren. Tatsächlich *erwarte* ich, in drei bis sechs Monaten eine neue Lead-Quelle zu knacken (und das ist nicht mein erstes Rodeo). Wenn Sie die Dinge also *schneller* erwarten, halten Sie Ihre Erwartungen für angemessen?

Wir haben hier viel abgedeckt. In diesem Abschnitt geht es darum, wie Sie skalieren: Sie lassen sich von anderen Menschen helfen. Sie sind das fehlende Glied. Jeder hat seine eigene Strategie und beste Praktiken. Nutzen Sie, was jetzt auf Sie zutrifft.

Dies führt uns zu Abschnitt V: Erste Schritte. Ich möchte für Sie alles in einer schönen Schleife zusammenstellen, damit Sie *genau* wissen, *was als nächstes zu tun ist*. Gemeinsam werden wir Leads als Engpass in Ihrem Unternehmen für immer beseitigen. Vorwärts!

Abschnitt V: Starten

„Es ist nicht das Ende. Es ist nicht einmal der Anfang vom Ende.
Aber es ist vielleicht das Ende vom Anfang."
— *Winston Churchill*

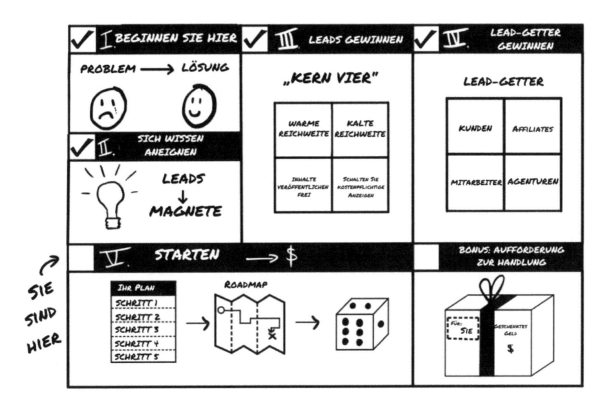

Juni 2017. Drei Monate, nachdem wir erneut alles verloren und Gym Launch auf Lizensierung umgestellt haben

„Hey Leila, was hältst du davon?" fragte ich.

„Was ist los?"

Ich gab ihr mein Handy.

> *Herr und Frau Hormozi, wir laden Sie herzlich zu einer privaten Veranstaltung für Unternehmer ab einem achtstelligen Betrag ein. Lassen Sie mich wissen, ob Sie interessiert sind.*

„Scheint cool", sagte sie. „…aber wir machen keine achtstelligen Zahlen?"

Ich tat so, als würde ich sie nicht hören. „Willst du hingehen?"

„Sicher. Ist es in unserem Mentoring-Beitrag enthalten?"

„Eine Sekunde, ich frage"

Einen Moment später kam eine E-Mail-Antwort:

> *Nein, das ist eine zusätzliche Gebühr. Es handelt sich um eine zweitägige Veranstaltung, die auf zehn Personen in einem privaten Resort beschränkt ist.*

„Nein", sagte ich.

„Huh. Können wir es uns leisten zu gehen?" *Autsch.*

„Wen interessiert das? Wir können es uns nicht leisten, nicht zu gehen."

10 Tage, ein langer Flug und eine kurze Fahrt später …

Wir haben es geschafft. Die „coolen Kids" treffen sich. Ich hatte ein Ziel: allen anderen im Raum so viel Wert wie möglich zu bieten. Aber in dem Moment, als ich hereinkam, wusste ich, dass ich nicht in meiner Liga war. Ich habe dort fast jeden wiedererkannt. Sie waren in der Werbewelt berühmt. Sie alle sprachen bei großen Veranstaltungen. Autogramme signiert. Millionen gemacht. Dann war ich da. Ich war kein achtstelliger Unternehmer. Ich war ein Kind aus Baltimore, das nur dafür bezahlte, die Luft aller anderen zu atmen.

Nachdem sich alle eingerichtet hatten, besprachen wir kurz die Haushaltsführung und machten uns dann an die Arbeit. Diese Art und Weise, Dinge zu tun, war ein scharfer Kontrast zu den großen Bühnen, dröhnenden Soundsystemen, blinkenden Lichtern und anderen theatralischen Elementen, die „echte" Veranstaltungen bieten.

Der erste Redner war startklar. Er hatte einen „Männerdutt" und lockere Yoga-Kleidung. Er sah aus wie ein Hippie. Aber dann begann er damit, dass er *nur* 3.000.000 US-Dollar pro Monat verdiente … *ist das echt?* Ich fühlte mich wie ein Betrüger. Die Zahlen, die er mit einer so lockeren Einstellung teilte, haben mich umgehauen. *Wie ist das möglich?*

Er setzte seinen Vortrag fort und benutzte dabei alle möglichen Geschäfts-, Werbe- und Technikjargons. Er zeigte auf schwindelerregende Diagramme und Grafiken. Ich kam hierher, um mehr über Werbung zu lernen, kam mir aber von Sekunde zu Sekunde dämlicher vor. Ich erkannte die Wörter ausreichend gut wieder, um zu realisieren, dass ich nichts Brauchbares über sie wusste. Sein Vortrag ging *weit* über meinen Kopf hinaus. Ich fing an zu schwitzen. Leila ergriff meine Hand. Wir fühlten uns beide gestresst und überfordert.

Er war fertig und eröffnete schließlich die Frage-und-Antwort-Runde. *Exzellent.* Aber die Fragen waren immer noch auf dem gleichen Niveau wie sein Vortrag. *Nein, ich bin immer noch dem Untergang geweiht.* Dann ertönte eine unbeholfene Stimme: „Also, äh... Welche Kurse belegen Sie, um all das Zeug zu lernen?" *Jetzt reden wir.* Ich beugte mich vor. Stift in der Hand. Seine Antwort veränderte mein Leben:

„Zu diesem Zeitpunkt erwarte ich nicht, dass ich in Kursen etwas Neues lernen werde. Ich muss durch Handeln lernen. Und das tue ich, indem ich einen Prozentsatz meines Umsatzes dafür ausgebe, neue Kampagnen, neue Kanäle, neue Seiten oder einfach nur verrückte Ideen zu testen. Und ich lerne bei jedem Test etwas dazu, das Geld ist also gut angelegt. Wenn einer dieser Tests ein Gewinner ist, und *einige* davon sind es, dann ist das ein großer Erfolg.

Ich lerne etwas Erstaunliches und verdiene weit mehr Geld, als ich ausgegeben habe. Es legt die Messlatte für mein Unternehmen und, was noch wichtiger ist, für mich selbst höher. Egal ob 1 %, 5 % oder 10 %, *reservieren Sie einen gewissen Prozentsatz Ihres Werbebudgets,* um neue Dinge auszuprobieren, ohne eine Rendite zu erwarten. Betrachten Sie es als eine Investition in Ihre Ausbildung."

Ich spürte, wie mich ein Schauer durchfuhr, als ob ein Urteilsdämon meinen Körper verlassen hätte. Er gab mir die Erlaubnis zu scheitern.

Nichts davon ist Magie. Wenn er das kann, kann ich das auch.

***

In der nächsten Woche *verdreifachte* ich mein Werbebudget. Ja, es war ein bisschen aggressiv. Aber meine Einstellung hatte sich völlig geändert. Entweder würde ich mehr machen oder besser werden:

Unser Geschäft stieg von 400.000 US-Dollar im Juni auf 780.000 US-Dollar im Juli. Von da an sind meine Kosten für die Kundengewinnung zu hoch angestiegen. Also habe ich neue Zielgruppen ausprobiert. Die meisten scheiterten. Dann ein Treffer. Boom, wir haben die Grenze von 1 Mio. USD über 1,2 Mio. USD bis hin zu 1,5 Mio. USD pro Monat überschritten.

Dann wurde mir klar, dass wir unseren engagierten Leads überhaupt nicht nachgegangen sind. Wir haben E-Mails getestet. Hat nicht funktioniert. Wir haben Telefonanrufe getestet. Nichts'. Dann habe ich es mit Text-Blasts (automatisierte Textversendung) versucht. Wham, wir haben den Betrag im nächsten Monat auf 1,8 Millionen US-Dollar erhöht.

Von da an haben wir bezahlte Anzeigen wie verrückt getestet. Wir haben viel mehr davon erstellt *und* mehr Wert auf ihren Produktionswert gelegt. Boom. Wir haben die Grenze von 2,5 Millionen US-Dollar pro Monat überschritten.

Dann starteten wir unser Partnerprogramm und sammelten weitere 1,5 Millionen US-Dollar pro Monat *obendrauf.* Das hat uns mehr als 4 Millionen US-Dollar pro Monat eingebracht. Jahre später leistet unser Portfolio nun mehr als 16.000.000 $ pro Monat.

Testen Sie also, bis Sie etwas finden, das funktioniert. Ergreifen Sie massive Maßnahmen. Bleiben Sie konzentriert. Verdoppeln Sie es, bis es überschritten ist. Testen Sie dann, bis Sie das nächste finden, was funktioniert, und verdoppeln Sie *dies.* Diese Schritte sind die einzige Möglichkeit, das gewünschte Geschäft und das damit verbundene Leben zu erschließen. Und vielleicht töten Sie auch Ihren Urteilsdämon.

Also ab jetzt...

Entweder Sie gewinnen oder Sie lernen.

Das Ende Des Anfangs

Wie schnell Sie das große Geld verdienen, hängt davon ab, wie schnell Sie die Fähigkeiten erlernen, mit denen Sie viel Geld verdienen können. Mehr engagierte Leads mit Werbe-Fähigkeiten zu gewinnen, ist ein guter Anfang, um mehr Geld zu verdienen. Wenn Sie tatsächlich Geld verdienen, werden Sie durch engagiertere Leads sogar noch erfolgreicher. Und leider *braucht es Zeit, diese Fähigkeiten zu erlernen.* Deshalb teile ich meine Erfahrungen, um Ihre Zeit um *Jahre* zu verkürzen. Um die Kluft zwischen keinem Geld und mehr Geld zu verkürzen. Es ist Zeit, es möglich zu machen.

Überblick Über Den "Fangen Sie An" Abschnitt

Dieser letzte Abschnitt besteht aus drei Kapiteln. Sie sind kurz und bündig, genau wie unsere gemeinsame Zeit.

Im ersten Kapitel, „Werbung im wirklichen Leben" - werde ich meine einzige große Werberegel darlegen. Dann gebe ich Ihnen noch *heute* meinen persönlichen One-Page-Werbeplan („Werbung auf einer Seite"), mit dem Sie mehr engagierte Leads gewinnen können.

Im nächsten Kapitel „Alles zusammenfügen" - werde ich die Roadmap („Straßenkarte") entwerfen, die Sie von Ihren ersten Leads bis hin zu Ihrer *100-Millionen-Dollar-Leads*-Maschine skalieren können.

Schließlich werde ich in „Ein Jahrzehnt Auf Einer Seite" - alles, was wir gelernt haben, in Stichpunkten zusammenfassen, um zu zeigen, wie weit wir in unserer gemeinsamen Zeit gekommen sind. Um Sie auf den Weg zu bringen, erzähle ich Ihnen ein Gleichnis, das mir selbst durch meine schwersten Zeiten geholfen hat.

Werbung im Wirklichen Leben: Offen Für Das Ziel

Wenn etwas gut ist, ist mehr besser.

Juni 2014.

Als ich mein erstes Fitnessstudio eröffnete, nutzte ich dieselben bezahlten Anzeigen wie damals in Sams Fitnessstudio. Und sie haben eine Zeit lang funktioniert. Mit der Zeit begannen die Kosten zu steigen. Ich habe für das gleiche Geld weniger Leads bekommen. Aber ich brauchte noch mehr Kunden. Ich war mir nicht sicher, was ich tun sollte.

Ich habe einen Mentor, der eine Kette von Sonnenstudios leitet, um Rat gefragt. Er sagte: „Bevor all dieses schicke Internet-Zeug aufkam, schlugen Flyer richtig gut ein, Sie sollten diese ausprobieren." Wir haben sie also ausprobiert. Wir haben 300 Stück gedruckt. Am nächsten Tag haben wir sie in Bereichen in der Nähe des Fitnessstudios auf Autos angebracht. Ein Tag verging. Nichts. Am nächsten Tag klingelte das Telefon. *Endlich*!

„Hey, du hast einen Flyer an mein Auto gehängt –" Mein Herz raste. *Es funktionierte!*

„–Ja, ja, das habe ich! Wie kann ich-?" Aber bevor ich fertig werden konnte, unterbrach er mich gleich wieder.

„–ja, du hast meinen Mercedes zerkratzt…" *Mist.* „…du musst dafür bezahlen –" Ich geriet in Panik und legte auf. Er rief zurück. Ich ließ es klingeln. Er hat nie wieder angerufen. Das war der einzige Anruf, den ich von den Flyern bekam. Keine Leads. Nichts.

Universum: 1. Alex: 0.

Ein paar Wochen später

Ich saß in der Lobby meines Fitnessstudios und *wartete darauf, dass mir Kunden in den Schoß fielen*. Da ich mich gelangweilt und ein wenig frustriert fühlte, rief ich den Mentor an, mit der „zündenden Idee", Flyer zu verteilen.

„Hey Alex, wie geht es Ihnen?"

„Äh, nicht so gut."

„Warum was ist los?"

„Wir haben die Flyer verteilt, wie Sie gesagt haben."

„Oh ja, wie viele Leads bekommen Sie von ihnen?"

„Keinen."

„Hmm… das ist seltsam." Er pausierte. „Wie groß war Ihr Test?"

„Wie meinen sie das?"

„Ich meine, wie viele haben Sie ausgelegt?"

„Ich habe 300 ausgelegt", sagte ich in einem verärgerten Ton.

„Herrjeh, Sie haben nur 300 ausgelegt? Es ist schwer herauszufinden, ob mit einer so kleinen Zahl etwas funktioniert … Ich teste mit 5.000. Wenn wir dann einen Gewinner gefunden haben, geben wir einen Monat lang jeden Tag 5.000 raus …"

Fünftausend? Er *testet* mit fast siebzehnmal mehr als meine gesamte „Kampagne". Und das macht er an einem <u>einzigen Tag</u>. Ich fühlte mich wie die Person, die sagt, dass Bewegung nicht funktioniert, nachdem sie nur ein einziges Mal ins Fitnessstudio gegangen ist. Und ich *hasse* diese Person.

„…ich meine, was für eine Reaktion haben Sie gedacht, dass Sie bekommen würden?" gluckste er. „Wenn wir ein halbes Prozent bekommen, ist das in Ordnung. Wenn wir ein Prozent bekommen, ist das ein Gewinner. Bei 300 Flyern wäre ein halbes Prozent wie eineinhalb Menschen. Das macht es ziemlich schwer zu wissen, ob es einen Gewinner gibt oder nicht."

Ich hatte nichts zu sagen. Er hatte recht. *Ich kam mir wie ein Idiot vor.*

Ich bezweifle, dass er sich an den Anruf erinnert. Aber es blieb mir im Gedächtnis. Ich habe mir selbst geschworen, dass ich *niemals* zulassen würde, dass Bemühung der Grund dafür wäre, dass bei mir *irgendetwas* nicht funktioniert. Es könnte etwas Anderes sein. Das Angebot. Die Kopie. Das Bild. Die Zielgerichtetheit. Die Medien. Die Platform. Die Position des Mondes. Aber *nicht. meine. Bemühung.*

Diese 300 dürftigen Flyer haben mir eine gewaltige Lektion erteilt. Ich habe das Richtige getan, aber ich habe es nicht oft genug getan. Mir fehlte das, was sich mit einem einzigen Wort beschreiben lässt: Volumen.

Neil Strauss sagte einmal: „Erfolg hängt davon ab, dass man ungewöhnlich lange das Offensichtliche tut, ohne sich selbst davon zu überzeugen, dass man schlauer ist, als man ist." Die richtige Aktion in der falschen Menge schlägt immer noch fehl. Die meisten Menschen, mich eingeschlossen, *hören zu früh auf*. Wir tun nicht *genug*.

Die meisten Menschen unterschätzen dramatisch den Umfang, der erforderlich ist, damit Werbung funktioniert. Sie leisten nicht die Hälfte oder ein Drittel so viel wie erforderlich. Tatsächlich machen sie deutlich weniger. Ich habe nur 1/1500 des Aufwands betrieben, der nötig wäre, um eine Flyer-Kampagne zum Erfolg zu führen – *ich wusste es einfach nicht*.

Das höre ich ständig. „Alex, ich habe in den letzten sechs Wochen 100 Leute kontaktiert, ich habe nur einen Kunden gewonnen, es funktioniert nicht." Antwort: „Sie haben 1/42 der erforderlichen Arbeit erledigt. Das wären 100 pro Tag, nicht 100 im Laufe der Zeit."

Die meisten Menschen begreifen nicht, dass Werbung ein Aufwand-Ertrag-Spiel (Input-Output) ist. Für sie scheinen die Ergebnisse außerhalb ihrer Kontrolle zu liegen. Ihr geringer Aufwand führt zu einem geringen und unzuverlässigen Ertrag an engagierten Leads. Damit machen wir jetzt Schluss. Sie geben Werbeaufwand ein. Ihr Ertrag sind engagierte Leads. Zeitläufig. Jetzt sind wir uns darüber im Klaren, was Sie tun (die vier Grundprinzipien). Und wie wir bei der Maximierung der vier Grundprinzipien gelernt haben: Man muss einfach *mehr* investieren und es *besser* machen als zuvor. Wir haben mit der 100er-Regel begonnen – aber, wenn Sie diese zur Norm machen, sind Sie bereit, die nächste Stufe zu erreichen mit …

100er-Regel bei Steroiden–Offen Für Das Ziel

Eine sehr erfolgreiche Fitnessstudio-Kette erlaubte ihren Vertriebsleitern, ihre eigenen Zeitpläne zu erstellen. Aber es gab einen Haken: Sie mussten *auf jeden Fall* fünf neue Mitglieder pro Tag gewinnen. Wenn sie es also bis zum Mittagessen schafften, konnten sie früher nach Hause gehen. Aber wenn es 18 Stunden gedauert hat, dann war es so. Sie nannten diese Art von Arbeitsplan „offen für das Ziel".

Ich habe herausgefunden, dass Elite-Unternehmer und Verkäufer in allen Branchen eine gewisse Variation von „offen für das Ziel" an den Tag legen. Das liegt daran, dass es wie die 100er-Regel ist … aber für die großen Kinder. Sie verpflichten sich nicht einfach, etwas eine bestimmte Anzahl von Malen zu tun, sondern Sie verpflichten sich zur Arbeit, bis Sie eine bestimmte Anzahl von Ergebnissen erzielen – egal, was passiert. Es bedeutet also, dass Sie ein völlig neues Maß an Anstrengung erschließen, von dem Sie nie gedacht hätten, dass Sie es haben. Es könnte bedeuten, dass Sie etwas nur fünfzig Mal tun müssen, um das gewünschte Ergebnis zu erzielen. Oder, wie die Flyer, fünftausend Mal, jeden Tag, über *Jahre* hinweg.

Wenn Sie Ihre Werbung auf die nächste Stufe heben möchten, arbeiten Sie, bis die Arbeit erledigt ist. Geben Sie den Gedanken auf, „Ihr Bestes zu geben". Tun Sie stattdessen, was erforderlich ist. Und manchmal bedeutet das, dass Ihr Bestes einfach noch besser werden muss.

Wie Ich Mich Für Die Zielarbeit Für Mich Selbst Öffne

Wenn ich die drei Gewohnheiten auswählen müsste, die mir in meinem Leben am meisten nützen, wären das:

1) <u>Früh</u> aufstehen (4–5 Uhr morgens) – Profi-Tipp, das bedeutet eigentlich, *früh ins Bett zu gehen …*

2) <u>Direkt an die Arbeit gehen</u> – Keine Rituale. Keine Routinen. Ich trinke Kaffee und mache mich an die Arbeit.

3) <u>Keine Besprechungen bis Mittag</u> – keine Unterbrechungen. Nichts. Voll konzentrierte Arbeitszeit.

Um es klarzustellen: Ich glaube nicht, dass frühes Aufstehen irgendeine Magie hat. Aber ich glaube schon, dass eine lange Zeit ununterbrochener Arbeit unmittelbar nach einer langen Zeit ununterbrochenen Schlafs etwas Magisches an sich hat. Schließlich sind es die produktivsten Stunden hintereinander der produktivsten Arbeit, die ich leisten kann … und nichts steht mir im Weg … Jeden. Einzelnen. Tag. Wie kann man da verlieren?

Und da ich eine gute Vorstellung davon habe, was ich an einem Tag schaffen kann, setze ich mein Tagesziel entsprechend. Dann, erst nach meinem engagierten Arbeitsblock, wende ich mich anderem zu, spreche mit Menschen und kümmere mich um die anderen alltäglichen Dinge.

Frühes Aufstehen, sofort zur Arbeit zu gehen und 8 Stunden am Stück zu arbeiten, war mein „Gewohnheitsstapel" mit dem höchsten ROI. Mit nötigem Abstand. Wenn Sie sich entscheiden, es auszuprobieren, hoffe ich, dass es Ihnen genauso gute Dienste leistet wie mir (oder besser). Und für diejenigen unter Ihnen, die denken: „Warte! Das sind mehr als zwölf Stunden Arbeit am Tag!" Sie haben Recht. Ich spiele, um zu gewinnen. Aber wenn es Sie zunächst überwältigt, verstehe ich es. Drosseln Sie es einfach ein paar Stunden zurück und arbeiten Sie sich dann hoch. An manchen Tagen ist es hart, aber ich erinnere mich immer gerne daran:

„Tu mehr als sie, und du wirst mehr haben als sie."

Alex Hormozi ✔
@AlexHormozi

Immer wenn ich einen Tiefpunkt erreiche, denke ich: „Warum mache ich mir die Mühe?!"

Ich versuche dann, mich daran zu erinnern: „Hier hören die meisten Menschen auf, und deshalb gewinnen sie nicht."

Da es in den meisten meiner Unternehmen meine Aufgabe ist, „mehr Kunden zu gewinnen", liegt mein Fokus auf Werbung. Dieses Buch wurde zum Beispiel ausschließlich in diesem „Offen für Ziele"-Zeitblock geschrieben. Warum? Weil es ein Vorteil ist, der mir mehr Unternehmen bringen kann.

Wenn Sie also meinen Gewohnheiten mit hohem ROI folgen wollen, benötigen Sie für diese Zeit einen klaren Aktionsplan. Dies ist der einfachste Werbeplan, den ich Ihnen geben kann.

Checkliste Für Werbung Auf Einer Seite (One-Page)

Schritt Nr. 1: Wählen Sie Die Art Der Engagierten Leads Aus, Die Sie Gewinnen Möchten: Kunden, Partner, Mitarbeiter Oder Agenturen

Schritt Nr. 2: Wählen Sie „Die 100er-Regel" Oder „Offen Für Das Ziel". Verpflichten Sie Sich Zu Ihren Täglichen Werbeaktionen

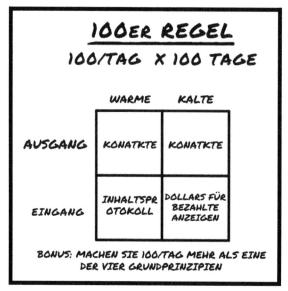

Schritt Nr. 3: Füllen Sie Die Werbecheckliste Für Diese Tägliche Aktion Aus

Tägliche Werbecheckliste	
Wer:	Sie
Was:	Ihr Angebot oder Lead-Magnet
Wo:	Plattformen
An Wen:	Publikum / Listen
Wann:	Die ersten 8 Stunden
Warum:	X engagierte Leads oder Lead-Getter gewinnen
Wie:	Warme/ kalte Kontakte, Inhalte, Anzeigen
Wie oft:	100 oder bis Sie am Ziel sind
Wieviele:	Anzahl von Folgemaßnahmen/manches Mal neu ausgerichtet
Wie lange:	100 Tage oder bis Sie Ihr Ziel erreicht haben

Schritt Nr. 4: Führen Sie diese tägliche Aktion aus, bis Sie genug Geld haben, um es sich leisten zu können, jemand anderen dafür zu bezahlen.

Schritt Nr. 5: Wenn Sie dies getan haben, kehren Sie zu Schritt 1 zurück. Machen Sie Mitarbeiter zu Ihrem neuen Ziel-Lead-Typ. Und wiederholen Sie die Schritte 1–4, bis Sie die Hilfe haben, die Sie benötigen. Dann skalieren Sie erneut.

Schlussfolgerung

Viele Seiten. So viele Ideen. Wir sind fast am Ende. Aber Sie haben keine weiteren Leads. Was tun? Antwort: Lesen weckt nicht das Interesse der Leute für die Dinge, die Sie verkaufen – *Werbung schon*. Wenn Sie niemandem von den Sachen erzählen, die Sie verkaufen, dann erreichen Sie auch niemanden, der sich für die Sachen interessiert, die Sie verkaufen. Zeitläufig.

In diesem Kapitel wurde der Plan dargelegt, auf die einfachste Art und Weise Werbung zu machen:

- Arbeiten Sie ‚zieloffen‘.

- Strukturieren Sie Ihren Tag so, um eine Zieloffenheit zu ermöglichen.

- Erstellen Sie dieses Ziel *und* setzen Sie es mit der Checkliste für One-Page-Werbung um.

Viele überspringen die Planung oder, schlimmer noch, sie schreiben einen hundertseitigen Plan, der nie verwendet wird. Überspringen Sie also die schreckliche Zeitverschwendung, seitenweise Blödsinn zu schreiben. Nutzen Sie die Möglichkeiten, Ihre Aktionsschritte auf *einer einzigen* Seite darzustellen. Es lässt wenig Raum für Ausreden, Ablenkungen und Wahnvorstellungen. Entweder Sie haben es getan, oder Sie haben es nicht getan. Sie können Ihre Checkliste für einseitige Werbung in etwa fünf Minuten ausfüllen. Und sobald Ihnen die nackte Wahrheit ins Auge springt, müssen Sie es nur noch *umsezten*.

KOSTENLOSES GESCHENK: Heruntererladbare Werbecheckliste

Unter **Acquisition.com/training/leads** können Sie sich eine zusätzliche Schulung ansehen und diese Checkliste herunterladen, um sie selbst auszufüllen. Wie immer können Sie auch den folgenden QR-Code scannen, wenn Sie ungern tippen.

Die Roadmap – Alles Zusammenfügen

Null bis 100,000,000 $

„Ein Anführer muss hohe Ziele verfolgen, große Ziele sehen, umfassend urteilen und sich so von den gewöhnlichen Menschen, die auf engstem Raum debattieren, abheben.“
— *Charles de Gaulle*
französischer Präsident während des Zweiten Weltkriegs

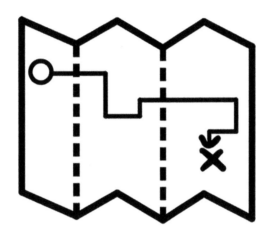

Um dorthin zu gelangen, wo Sie hinwollen, lohnt es sich zu wissen, was vor Ihnen liegt. In diesem Kapitel beschreibe ich die Phasen, die Sie bei der Skalierung Ihrer Werbung durchlaufen werden. Acquisition. com nutzt diese Roadmap, um unsere Portfoliounternehmen von ein paar Millionen pro Jahr bis hin zu 100.000.000 $+ zu skalieren. Mithilfe dieser Level können Sie erkennen, wo auf dem Werbetotempfahl Sie sich befinden, damit Sie wissen, was Sie tun müssen, um zum nächsten Level zu gelangen.

Stufe 1: *Ihre Freunde wissen, was Sie verkaufen.* Um engagierte Leads zu gewinnen, machen Sie einem Avatar auf einer Plattform ein Angebot. Sobald Sie engagierte Leads erhalten, können Sie anfangen, Geld zu verdienen. Für mich begann das damit, dass ich mich an *jeden* wandte, den ich kannte.

Primäre Aktion: Warme Öffentlichkeitsarbeit.

Stufe 2: *Sie informieren jeden, den Sie kennen, regelmäßig über die Dinge, die Sie verkaufen.* Sie kennen den genauen Aufwand, um mit der von Ihnen gewählten Werbemethode einen engagierten Lead zu gewinnen. Und durch die Skalierung dieses Aufwands gewinnen Sie *konsistente* Kunden. Aber die beständigen Kunden entstehen durch die Maximierung Ihrer persönlichen Arbeitskapazität. Zusätzlich zu den warmen Kontakten maximierte ich meine persönliche Arbeitskapazität mit bezahlten Hilfsmitteln und nutzte eine Fallstudie als meinen Lead-Magneten. Aber rückblickend wünschte ich, ich hätte mit der Veröffentlichung kostenloser Inhalte begonnen. Also schlage ich das vor.

Primäre Maßnahme: Machen Sie so viel warme Öffentlichkeitsarbeit und veröffentlichen Sie *konsequent* so viele Inhalte wie möglich.

Stufe 3: *Holen Sie sich Mitarbeiter, die Ihnen dabei helfen, mehr Werbung zu machen.* Sie haben Ihre persönlichen Werbeeinträge ausgeschöpft, aber nicht die Plattform. Und wenn Sie engagiertere Leads wünschen, kann das nur eines bedeuten. Mehr tun. Ich habe einen Videofilmer und einen Medieneinkäufer engagiert, um mir den Großteil der bezahlten Anzeigenarbeit abzunehmen.

Primäre Maßnahme: Stellen Sie Leute ein, die in Ihrem Namen gewinnbringend werben.

Stufe 4: *Ihr Produkt ist gut genug, um regelmäßige Empfehlungen zu erhalten.* Sie bauen weiterhin Wohlwollen auf und streben danach, 25 % oder mehr Ihrer Kunden durch Empfehlungen zu gewinnen. Jetzt haben Sie sich darangemacht, Ihre Werbung wieder zu steigern. Aber damit das klappt, müssen Sie sich ernsthafter mit der Einstellung eines Teams befassen, das dies ermöglicht.

Zu diesem Zeitpunkt wurde mir klar, dass meine Anzeigen deaktiviert waren, ich aber weiterhin jede Woche Empfehlungen erhielt. Also habe ich die Empfehlungen verdoppelt. Ich baute Wohlwollen auf, indem ich das Kundenfeedback nutzte, um mein Produkt alle zwei Wochen zu aktualisieren. Gleichzeitig habe ich ein starkes Empfehlungsprogramm mit großen Anreizen gestartet.

Primäre Maßnahme: *Konzentrieren Sie sich auf Ihr Produkt, bis Sie konsistente Empfehlungen erhalten, und skalieren Sie dann Ihre Werbung wieder mit einem größeren Team.* Hier vermasseln es die meisten Menschen. Sie lassen ihr Produkt entgleiten und erholen sich nie wieder.

Stufe 5: *Werben Sie an mehr Orten, auf mehr Arten und mit mehr Menschen.* Zunächst erschließen Sie auf Ihrer besten Plattform neue Zielgruppen. Anschließend erstellen Sie Anzeigen mit allen von der Plattform unterstützten Platzierungen und Medientypen. Und nachdem Ihr Team konsistente Ergebnisse erzielt hat, erweitern Sie Ihr Team erneut, um Folgendes hinzuzufügen: *eine weitere Plattform, einen Lead-Getter oder eine der vier Kernaktivitäten.*

Für mich schlage ich zwei Fliegen mit einer Klappe. Ich habe meine bezahlten Anzeigen um potenzielle Partner erweitert. Und das ebnete den Weg für meine Partnerprogramme.

Primäre Maßnahme: Gewinnbringende Werbung mit mindestens zwei Methoden auf mehreren Plattformen.

Level 6: *Sie heuern Killer an.* Ihre Führungskräfte bauen ohne Sie Abteilungen auf, die speziell auf eine Werbemethode oder -plattform ausgerichtet sind. Und Sie suchen nicht nach Potenzial. Sie suchen erfahrene Führungskräfte, die genau auf das spezialisiert sind, was Sie wollen. Wir haben hier die Obergrenze erreicht.

Ich brauchte drei Jahre, um zwei Dinge herauszufinden. Erstens, dass ich altgediente Führungskräfte mit Erfahrung brauchte, die für meine Problematiken geeignet waren. Und zweitens, dass sie stärkere Anreize brauchten. Aber als mir das klar wurde, verkaufte ich diese Unternehmen. Als ich Acquisition.com gründete, erkannte ich, wie viel Potenzial es hat, den Kuchen zu vergrößern, um mehr der richtigen Leute für den Erfolg zu gewinnen. Auf diese Weise haben wir einen Portfolioumsatz von über 100 Millionen US-Dollar und dann über 200 Millionen US-Dollar und darüber hinaus erzielt.

<u>Primäre Maßnahme</u>: Gewinnen Sie kampferprobte Führungskräfte und Abteilungsleiter für die Übernahme neuer Werbeaktivitäten und -kanäle.

Profi-Tipp: Heuern Sie Erfahrung An, Nicht Potenzial.

Ich habe es zweimal mit Kaltakquise probiert, bevor es beim dritten Mal funktionierte. Der Hauptunterschied: die Person, die ich mit der Leitung beauftragt habe. Zuerst habe ich es mit einer externen Person mit Erfahrung versucht – das ist fehlgeschlagen. Dann habe ich es intern ohne Erfahrung versucht – das ist fehlgeschlagen. Dann habe ich schließlich intern Leute mit Erfahrung eingestellt – das hat funktioniert. Da es sich um eine personenintensive und betriebstechnisch komplexe Maschine handelt, ist die Person, die Sie mit der Leitung des Teams beauftragen, von großer Bedeutung. Wählen Sie Erfahrung. Der Teamleiter sollte mehr wissen als Sie. <u>Wenn Sie im Vorstellungsgespräch nichts von ihm lernen, sind Sie an den Falschen geraten.</u>

Level 7: Ich werde zurückkommen und dieses Kapitel bearbeiten, sobald ich die Milliarde überschritten habe. Ich verspreche, ich werde die Lektionen versenden, sobald ich sie habe. Sie haben mein Wort.

<u>Letzte Punkte</u>: Ich weiß, das sieht sauber aus. Aber das ist es nie. Echte Geschäfte sind *chaotisch*. Es erfordert *viel*, herauszufinden, welche Zielgruppen, Lead-Magneten, Methoden und Plattformen am besten funktionieren. Und was funktioniert, kann man nur herausfinden, wenn man es versucht. Man muss also lange genug viele verschiedene Dinge auf viele verschiedene Arten ausprobieren, um es sicher zu wissen.

Niemand kann jemals wissen, was das absolut Beste ist, was man tun kann. Aber ich weiß eines: Je mehr Sie Werbung machen, desto mehr Leute erfahren von dem, was Sie verkaufen. Je mehr Leute über die Dinge Bescheid wissen, die Sie verkaufen, desto mehr Leute werden sie kaufen. Dies ist der Schlüssel zur *100-Millionen-Dollar-Leads*-Maschine.

Die 100 Millionen+ Dollar Lead-Maschine

Lassen Sie uns in Ihre Zukunft blicken. Ihr Unternehmen erwirtschaftet einen Jahresumsatz von über 100.000.000 US-Dollar. Es ist großartig, ein klares Bild davon zu haben, wie die 100-Millionen-Dollar-Maschine aussieht. Schauen wir mal rein, ja? An erster Stelle steht Ihre Werbung, die in vollem Gange ist …

- Ihr Medienteam skaliert unzählige kostenlose Inhalte aller Medientypen auf vielen Plattformen.

- Sie machen Ihrem warmen Publikum regelmäßig Angebote, um mehr Kunden oder Affiliates zu gewinnen.

- Ihr hungriges Publikum macht *alles*, was Sie starten, *sofort* profitabel.

- Sie haben Teams, die profitable bezahlte Anzeigen auf mehreren Plattformen schalten und skalieren.

- Ihr Kaltakquise-Team verschafft Ihnen mehr Kunden.

- Sie haben einen Affiliate-Manager, der alle neuen Affiliate-Partner lanciert und integriert.

- Sie haben Personalvermittler und Personalvermittlungsagenturen, die mehr Lead-Gewinner anwerben.

- Ihr Produkt ist so gut, dass ein Drittel Ihrer Kunden Ihnen weitere Kunden beschert.

- Ihr Führungsteam treibt dieses Wachstum ohne Sie voran.

- Und… *Sie haben mehr engagierte Leads, als Sie bewältigen können.*

Wie lange dauert das? Für Unternehmer, die wissen, was zu tun ist – von fünf bis zu zehn Jahren. Etwas Großartiges aufzubauen, auch wenn man genau weiß, was zu tun ist, braucht Zeit. Und so viele posaunen gerne „Erfolg über Nacht", aber ein Blick hinter die Kulissen zeigt eine andere Geschichte. Meine Frau und ich brauchten *mehr als zehn Jahre unserer größten Bemühungen*, um die ersten 100 Millionen US-Dollar Nettovermögen zu überschreiten. Je größer also Ihre Ziele sind, desto weiter muss Ihr Zeithorizont sein. Sie möchten Spiele spielen, bei denen Sie gewinnen, wenn Sie warten.

Alex Hormozi ✓
@AlexHormozi

Unternehmertum ist nichts für schwache Nerven.

Die Last ist schwer und der Weg lang.

KOSTENLOSES GESCHENK: BONUS-TUTORIAL – Skalierung von 0 $ auf über 100 Mio. $

Manchmal ist es nützlich, einen Bericht darüber zu hören, wie jede Phase aussieht. Wenn Sie wissen, was als nächstes kommt, können Sie noch heute damit beginnen, sich darauf vorzubereiten. Ich habe ein kostenloses Tutorial aufgezeichnet, in dem ich Ihnen dabei helfe, herauszufinden, wo Sie sich befinden und was als nächstes kommt, damit Sie gewinnen können. Sie können das Tutorial kostenlos herunterladen unter **Acquisition.com/training/leads**. Wie immer können Sie auch den folgenden QR-Code scannen, wenn Sie ungern tippen.

SCANNE MICH

Ein Jahrzehnt auf einer Seite

„Einfachheit ist höchste Raffinesse"

— Leonardo Da Vinci

Wir haben viel abgedeckt. Und ich denke, dass es dabei hilft, das Gelernte an einem Ort zu sortieren, damit es besser greift. Also habe ich diese „Rückseite der Serviette"-Liste mit dem erstellt, was wir behandelt haben und warum.

1) Wie man ab diesem Punkt einen Lead definiert. Jetzt wissen Sie, was Sie suchen: engagierte Leads, nicht einfach nur Leads.

2) Wie Sie Leads mit einem Angebot oder einem Lead-Magneten in engagierte Leads verwandeln. Und wie man sie gewinnt.

3) Die „Vier Grundprinzipien" – die einzigen vier Möglichkeiten, wie wir die Leute über die von uns verkauften Produkte informieren können.

   a) Wie wir Menschen erreichen, die uns kennen: *Fragen Sie sie, ob sie jemanden kennen*

   b) Wie Sie öffentlich posten: *Fesseln, an sich binden, Belohnen. Geben Sie Ihnen, bis sie danach fragen.*

   c) Wie man Fremde erreicht: *Listen, Personalisierung, großer, schneller Nutzen, Volumen*

   d) Wie Sie bezahlte Anzeigen für Fremde schalten: *Zielgerichtetheit, Ansprachen, Was-Wer-Wann's, CTAs, kundenfinanzierte Akquise*

4) Maximierung der Vier Grundprinzipien: *Mehr, Besser, Neu*

   a) Was hält uns davon ab, das zu tun, was ich gerade mit zehnfachem Volumen mache? Dann lösen Sie das.

   b) Die Einschränkung in unserer Werbung finden. Dann testen, bis die Einschränkung aufgehoben ist. Dann *mehr* tun, bis es wieder eingeschränkt wird.

5) Die vier Lead-Gewinner (Lead-Getter): *Kunden, Mitarbeiter, Agenturen und Partner*

   a) Wie man Kunden dazu bringt, andere Kunden zu empfehlen

   b) Wie Sie Mitarbeiter dazu bringen, Ihre Werbung ohne Sie zu skalieren

   c) Wie Sie eine Agentur dazu bringen, Ihnen neue Fähigkeiten beizubringen

   d) Wie man Affiliates lanciert und integriert

6) Bei der Werbung in der realen Welt: *Die 100er-Regel und Offen für das Ziel*

   a) Der fünfstufige One-Page-Werbeplan, um noch *heute* mehr Leads zu gewinnen.

7) Die sieben Ebenen der Werbetreibenden und die *100-Millionen-Dollar-Leads*-Maschine in Aktion.

Wie ich eingangs versprochen habe, sind das Ergebnis dieser Geschosse mehr, bessere, billigere und zuverlässig engagierte Leads. Ich hoffe, dass Ihnen dieses Buch von Nutzen sein wird. Ich hoffe, dass Sie durch die Lektüre dieser Zeilen wissen, wie Sie mehr Leads gewinnen können, als Sie derzeit haben. Und ich hoffe, ich habe das Geheimnis hinter der Lead-Gewinnung entlarvt.

Und da Sie einer der wenigen sind, die tatsächlich zu Ende bringen, was sie begonnen haben, möchte ich Ihnen ein Abschiedsgeschenk hinterlassen: eine Fabel, die mich durch meine schwierigsten Zeiten begleitet hat.

Der Vielseitige Würfel

Stellen Sie sich vor, Sie und ein Freund spielen ein Würfelspiel. Sie erhalten jeweils einen Würfel. Einer der Würfel hat 20 Seiten. Der andere hat 200. Bei jedem Würfel ist nur eine Seite grün. Und der Rest ist rot.

Der Sinn des Spiels ist einfach: *Würfeln Sie so oft Sie können grün.*

Die Spielregeln lauten wie folgt:

- *Sie können nicht sehen, wie viele Seiten Sie haben. Sie können nur sehen, ob Sie Rot oder Grün würfeln.*

- *Wenn Sie grün würfeln – Eine Ihrer roten Seiten wird grün und Sie dürfen erneut würfeln.*

- *Wenn Sie Rot würfeln - Es passiert nichts und Sie dürfen erneut würfeln.*

- *Das Spiel endet, wenn Sie aufhören zu würfeln. Und wenn Sie aufhören zu würfeln, verlieren Sie.*

<u>Was Machen Sie?</u>

Sie würfeln. Wenn Sie Rot würfeln, nehmen Sie den Würfel und würfeln erneut. Wenn andere Grün würfeln, nehmen Sie Ihren Würfel und würfeln erneut. Wenn Sie grün würfeln, nehmen Sie den Würfel und würfeln erneut. Sie reden sich immer wieder eins ein. „Je mehr ich würfele, desto mehr Grün bekomme ich." Zuerst würfelt man hin und wieder Grün. Aber je mehr rote Seiten grün werden, desto mehr Grüns kommen vor. Bei genügend Würfen wird das Treffen von Grün eher zur Regel als zur Ausnahme.

Was macht Ihr Freund?

Er würfelt ein paar Mal und trifft jedes Mal Rot. Er sieht, wie Sie ein Grün würfeln, und beschwert sich, dass Sie einen Würfel mit weniger Seiten haben *müssen*. Er argumentiert: Das sei die *einzige* Möglichkeit, dass Sie vor ihm Grün hatten würfeln können. Und obwohl es so war, haben Sie auch noch viele weitere Male gewürfelt. Also, was ist es?

In beiden Fällen würfelt er frustriert noch ein paar Mal und trifft ein Grün. Doch dann beschwert er sich darüber, wie lange es gedauert hat. Er hat mehr Zeit damit verbracht, Sie zu beobachten und sich zu beschweren, als tatsächlich zu spielen. Inzwischen haben Sie Ihren grünen Streifen erreicht. *Es ist so viel einfacher für Sie,* sagt er sich. *Sie bekommen jedes Mal Grün! Dieses Spiel ist manipuliert, worum geht es also?* Er gibt auf.

***

Wer hat also den Würfel mit 20 Seiten bekommen? Wer hat den Würfel mit 200 Seiten bekommen? Wenn Sie das Spiel verstanden haben, sehen Sie, dass *der Würfel, den Sie erhalten, keine Rolle mehr spielt*, wenn Sie oft genug würfeln.

- Würfel mit weniger Seiten würfeln möglicherweise früher grün.

- Würfel mit mehr Seiten könnten später grün würfeln.

- Aber ein Würfel mit einer grünen Seite hat *immer* eine Chance, grün zu würfeln … *wenn man ihn würfelt.*

- Jeder Würfel erreicht seinen grünen Streifen, wenn er genügend oft gewürfelt wird.

Jeder von uns bekommt einen Würfel mit vielen Seiten. Und wenn man sich die anderen Spieler ansieht, weiß man nicht, ob es ihr 100. oder ihr 100.000ster Wurf ist. Man weiß nicht, wie „gut" andere Spieler sind, wenn sie anfangen, man kann nur sehen, wie gut sie *jetzt* abschneiden. Aber wenn Sie das Spiel verstehen, wissen Sie auch, dass *es keine Rolle spielt*.

Einige beginnen früh zu spielen. Andere beginnen viel später. Der Rest sitzt am Spielfeldrand und beschwert sich über das Glück der Spieler. Ich vermute, sie haben mehr Glück, weil sie spielen. Und als sie Rot erhielten, was sie taten, gaben sie nicht auf. Sie würfelten erneut.

Das Erlernen der Werbung ähnelt stark dem Spiel mit dem vielseitigen Würfel. Sie wissen nicht, ob es funktioniert, bis Sie es versuchen. Und wenn Sie mit der Werbung beginnen, werden Sie bei Ihren ersten Würfen wahrscheinlich einen roten Treffer landen. Aber wenn Sie es oft genug versuchen, *werden Sie grün treffen.* Und wenn es funktioniert, haben Sie eine bessere Chance, dass es *wieder* funktioniert. Je öfter Sie es tun, desto einfacher wird es. Sie beginnen, das Spiel zu verstehen. Egal wie viele Spieler es gibt oder wie viele Seiten der Würfel hat, der Ihnen gegeben wird, Sie sehen die einzigen zwei Garantien:

1) Je öfter Sie würfelen, desto besser werden Sie.

2) Wenn Sie aufgeben, verlieren Sie.

Hier, also, ist mein letztes Versprechen:

<u>Sie können nicht verlieren, wenn Sie nicht aufgeben.</u>

Kostenlose Extras: Aufforderung zum Handeln

Wenn es kostenlos ist, ist es für mich!

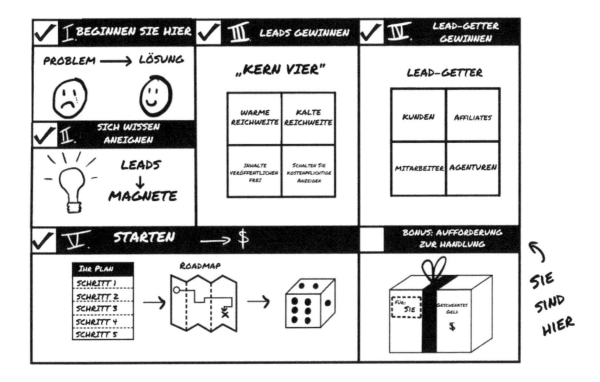

Ich werde Ihnen gleich eine Menge kostenloser Sachen geben – also bleiben Sie dran.

Dr. Kashey (mein Herausgeber) und ich haben über 3.500 Stunden mit diesem Buch verbracht. Wir haben mehr als 650 Seiten und 19 Entwürfe mit unterschiedlichen Rahmen, Themen und Schwerpunkten geschrieben. Letztendlich hinterließen die Änderungen jedoch nur das destillierteste „Was Sie wissen müssen". Wir haben 127 Seiten handgezeichneter Modelle durchgesehen, um die wenigen herauszuarbeiten, die es in das Buch geschafft haben. Abgesehen davon hoffe ich, dass diese Arbeit dazu führt, dass Sie das Geschäft Ihrer Träume ausbauen.

Wenn ich auf mein Leben zurückblicke, werden diese Bücher zu den Dingen gehören, auf die ich am meisten stolz bin. Ich könnte nicht so leidenschaftlich schreiben, wenn ich nicht glauben würde, dass die Leute es lesen würden. Und so sehr ich auch danach strebe, der Mann zu sein, der genauso hart arbeiten würde, wenn sich niemand darum kümmern würde, bin ich noch nicht am Ziel. Ihre Unterstützung und Ihre positive Einstellung machen für mich einen Unterschied. Deshalb danke ich Ihnen von ganzem Herzen, dass Sie mir die Arbeit ermöglichen, die ich für sinnvoll halte. Ich bin für immer dankbar.

Wenn Sie neu bei #mozination sind, herzlich Willkommen. Wir glauben an große Ambitionen und daran, unsere Ambitionen durch Geben und Geduld zu erfüllen. Und in diesem Sinne des Gebens habe ich ein persönliches Ziel: *zu sterben, ohne etwas übrig zu haben, das ich noch geben könnte.*

Wenn Sie also noch bei mir sind, danke. Ich möchte noch ein paar Extras anbieten.

1) **Wenn Sie Schwierigkeiten haben, herauszufinden, an <u>wen</u> Sie verkaufen sollen,** habe ich zwischen diesem und dem letzten Buch ein Kapitel mit dem Titel „Ihr erster Avatar" veröffentlicht. Stellen Sie es sich wie eine „Single" aus einem Musikalbum vor. Sie können es kostenlos unter **Acquisition.com/avatar** erhalten. Geben Sie einfach Ihre E-Mail-Adresse ein und wir senden sie Ihnen zu.

2) **Wenn Sie Schwierigkeiten haben, herauszufinden, <u>was</u> Sie verkaufen sollen**, können Sie zu Amazon oder wo auch immer Sie Bücher kaufen gehen und nach „Alex Hormozi" und 100-Millionen-Dollar-Angeboten suchen. Es sollte Sie auf den richtigen Weg bringen. Die digitale Version ist zum günstigsten Preis erhältlich, den die Plattform mir erlaubt, festzulegen und sie trotzdem als Buch anzubieten.

3) **Wenn es Ihnen schwerfällt, Menschen zum Kauf zu bewegen, werde ich mich in meinem nächsten Buch mit Überzeugungsarbeit und Verkauf befassen.** Wenn Sie dies lesen, ist es vielleicht schon draußen. Es wird entweder „100-Millionen-Dollar-Umsatz" oder „Überzeugungsarbeit" heißen. Ich habe mich noch nicht entschieden. Aber wenn Sie nach meinem Namen suchen, können Sie nach anderen Büchern suchen, die zum Zeitpunkt Ihrer Lektüre möglicherweise erschienen sind.

4) **Wenn Sie einen Job bei Acquisition.com** oder in einem unserer Portfoliounternehmen suchen – wir stellen gerne bei #mozination ein. Wir lieben dies, weil wir die besten Renditen erzielen, wenn wir in großartige Menschen investieren. Gehen Sie zu **Acquisition.com/ careers/open-jobs** und Sie können alle offenen Stellen in allen unseren Unternehmen und unserem Portfolio sehen.

5) **Wenn Ihr Unternehmen ein EBITDA (Gewinn)** von über 1 Million US-Dollar hat, würden wir gerne in Ihr Unternehmen investieren, um Sie bei der Skalierung zu unterstützen. Es macht so viel Freude zu wissen, dass unsere Portfoliounternehmen viel größer und schneller gewachsen sind als meines, *weil sie die Fehler vermieden haben, die ich gemacht habe.* Wenn Sie möchten, dass wir einen Blick hinter die Kulissen werfen und sehen, ob wir Ihnen helfen können, gehen Sie zu **Acquisition.com.** Das Senden Ihrer Informationen ist schnell und einfach.

6) Um **die kostenlosen Buch-Downloads und Videoschulungen** zu erhalten, die diesem Buch beiliegen, gehen Sie zu **Acquisition.com/training/leads**.

7) **Wenn Sie gerne Podcasts hören und mehr hören möchten,** ist mein Podcast zum Zeitpunkt des Verfassens dieses Artikels einer der Top 5 im Bereich Unternehmertum und der Top 15 im Geschäftsleben in den USA. Sie können dorthin gelangen, indem Sie überall dort, wo Sie zuhören, nach „Alex Hormozi" suchen. Oder gehen Sie zu **Acquisition.com/podcast**. Ich teile

nützliche und interessante Geschichten, wertvolle Lektionen und die wesentlichen mentalen Modelle, auf die ich mich jeden Tag verlasse.

8) **Wenn Sie sich gerne Videos ansehen**, stecken wir viele Ressourcen in unsere kostenlosen Schulungen, die für jedermann verfügbar sind. Unser Ziel ist es, es besser zu machen als alle anderen kostenpflichtigen Produkte, und Sie entscheiden, ob uns das gelungen ist. Sie finden unsere Videos auf YouTube oder überall dort, wo Sie Videos ansehen, indem Sie nach „Alex Hormozi" suchen.

9) **Und wenn Sie kurze Videos mögen**, schauen Sie sich die mundgerechten Inhalte an, die wir täglich unter **Acquisition.com/media** veröffentlichen. Sie sehen alle Orte, die wir veröffentlichen, und können diejenigen auswählen, die Ihnen am besten gefallen.

Und zum Schluss noch einmal vielen Dank. Bitte seien Sie einer dieser Geber und **teilen Sie dies mit anderen Unternehmern, indem Sie eine Bewertung hinterlassen**. Es würde mir die Welt bedeuten. Ich sende Ihnen von meinem Schreibtisch aus Impulse für den Geschäftsaufbau. Ich verbringe viel Zeit dort, daher gibt es hier eine Menge Schwingungen. Möge Ihr Wunsch größer sein als Ihre Hindernisse.

Ich hoffe, Sie und Ihr Unternehmen bald kennenzulernen. Ad Astra.

Alex Hormozi, Gründer, Acquisition.com